日本語と韓国語における語順の対照研究

日本語と韓国語における語順の対照研究

金 龍

도서출판 역락

序文

　世界の数多い言語の中で，もっとも韓国語に近い言語は日本語であると言われている．両言語はともにアルタイ語族に属するという可能性や，系統論的に共通の起源から派生したのではないかという可能性が指摘されてきたが，まだ比較言語学的に両言語の系統関係が証明されたわけではない．しかし，系統的親縁関係を考慮しなくても韓・日両言語は音韻，形態，統語，意味，表現構造，言語行動などにおいて多くの共通点と類似性を共有している．その中でも形態と統語という文法構造の類似性は極めて著しい．

　これまで韓国語と日本語の文法の対照研究は助詞(格助詞，接続助詞，副助詞，終助詞)とヴォイス(voice)，アスペクト(aspect)，テンス(tense)，モダリティー(modality)など文法範疇に集中し，両言語における相違を考察することに研究の重点が置かれていた．それは，両言語の助詞及び文法範疇の多義性と類義性の構造が異なるからである．両言語の対照研究から導き出される相違は韓国語と日本語の言語構造の理解のみならず，外国語教育及び一般言語理論の発展にも大きく貢献したと言える．

　一方，韓国語と日本語の類似性は「語順の一致」という一言に尽きるとよく言われるが，韓・日両言語の文法の対照研究で語順を扱っている研究はあまり見当たらない．語順が非常に似通っていて目立った相違が見られないからであるだろう．確かに，統語構造という視点から見ると両言語の語順は極めて類似しており，文レベルでの語順にはそれほど大きな相違は見られない．しかし，実際の言語使用という側面から両言語を見ると有標語順(marked word order)の使用頻度に比較的大きい差が見られる．

　本書は，韓国語と日本語における主語を中心とした語順変容のあり方の記述と考察を通じて，両言語の語順の特徴と言語的性格の探求を試みた研究である．対訳小説テキストを基本資料として，韓・日両言語の有標語順の使用頻度の差を測定し，両言語における語順選択原理の相違を分析した．そして，韓国語は主語前置の語順が好まれるのに対して日本語では主語後置の語順が好まれるという語順選択傾向の差を示し，ともに自由語順言語(free word order language)でありながら韓国語に比べて日本語はもっと自由度の大きい言語であり，両言語を比べる時，日本語は語用論的様式の言語であり，韓国語は統語論的様式の言語であることを主張した．本研究が韓・日両言語の理解と今後の韓・日対照研究のさらなる発展に少しでも役立てば幸いである。

　本書は，2005年2月広島大学大学院国際協力研究科に提出した博士論文に若干の修正を施したものである．記述や議論に粗さが目立ち，まだ修正すべきところが多々あるが，これから一層努力してよりよくしていく所存である．博士論文の作成と修正にあたっては，指導教員の深見兼孝先生から終始ご懇篤なご指導とご高配をたまわった．これまでのご指導に厚くお礼申し上げたい．また，浮田三郎先生をはじめ西田正先生，今田良信先生，堀田泰司先生にも多大なるご助言をいただいた．この場をかりて心より感謝の意を表したい．

　本書が出版にいたるまでには，李大鉉代表理事をはじめとする亦楽図書出版の関係者の方々にいろいろお世話になった．ここに深甚の謝意を表したい．

　なお，本研究は2008年度韓国国際交流財団の研究費支援を受けている．

2008年 10月　韓国学中央研究院ゲストハウスにて

目次

本研究の目的と意義 第1章

1.1. 本研究の目的

　日本語と韓国語は類型論的に極めて似通った言語であると言われる．言語類型論において，形態的基準に基づいて言語全体の性格を規定しようとする初期の古典的方法は20世紀に入ると構造主義言語学の考え方の流行とともにすぐさま否定されるようになる．それ以後の言語類型論は，言語そのものの分類というより言語構造のさまざまのレベルにおける特徴の類型化を目標とし，それらの特徴の間の含意的関係から人類言語の普遍性について議論を展開してきた．

　日本語が類型論的に英語などとは異なるということは日本語と英語との間にまったく共通点がないということではなく，また，日本語と韓国語が類型論的に同じ類型に属するということも，日本語と韓国語の間にまったく相違点がないということではない．少し乱暴な言い方をすると，言語類型論的に同じ類型に属したり，或いは異なる類型に属したりするのは，言語構造の特定のレベルにおいて，共通点があるかないか，或いは多いか少ないかということに過ぎない．これまでの言語類型論では分類の基準となる言語的特徴を一般化された言語構造，つまり，言語能力(仕組)の側面から議論することが多かった．

　しかし，言語研究は言語能力と言語運用の二つの側面から行われるべきであり，最近ではそのような傾向がますます強くなりつつある．言語類型とは言語構造の特定のレベルにおける一定の特徴を中心に行われる分類であるとすれば，言語運用という側面からの特徴の分類も十分可能である．これまでの言語類型論で日本語と韓国語は同じ類型に分類されることが多かったが，それは勿論両言語の構造的類似性を物語っている．しかし言語が異なるからには必ず相違が存在するはずであり，日本語と韓国語のように構造的に極めて似ている言語の相違をどのように捉えるかは言語理論という観点からも外国語教育という観点からも重要な意義を持つと思われる．

　本研究は，日本語と韓国語における主語を中心とした語順への分析・記述を試みるものである．日韓両言語は，主語の語順が自由なSOV語順の言語であり，修飾成分が被修飾成分に先行するなど語順がかなり一致している．そのために，日本語(韓国語)と英語，中国語などの対照研究では語順が議論の中心になることが多いが，日本語と韓国語どうしの対照研究では語順がほとんど問題になっていない．特に主語の語順についての研究はほとんど見当たらない．それでは，日韓両言語の語順はいったいどこがどのように似ており，そして，どこがどのように異なるのであろうか．本研究はまず言語の仕組み(構造・形式)という側面から日韓両言語の語順全般における類似と相違について体系的な整理を行う．つまり，先行研究を検討しながら，システムとしての日韓両言語の語順を考察してみる．その考察を踏まえて次に，小説という実際のテクストを使って言語運用の側面から両言語の語順を考察する．

　我々は言語を使って言語活動を営んでいるが，言語活動とは話し手(書き手)が外在的世界や内在的世界との関係において形成した判断や情報や感情や意思や要求を聞き手(読み手)に発話・伝達することによって成り立っている活動である．その言語活動におけるもっとも基本的な言語単位は文である．文は言語活動の場において，語(或いは成分)を構成材料として文法規則に則って組み立てられる．文は実際には単独で存在せず，文連続の中，つまり文章や談話の中に存在することが多い．文章や談話は，文が存在する場であり環境である．文は，文章や談話といった文連続の中に存在することによって，文のあり方にある変容を帯びることがある．

　本研究は，文の構成要素である主語を中心として，両言語における語順変容のあり方の記述・分析を試みる．さらに，日韓両言語の語順についての考察から，言語運用という側面での両言語の言語的性格の相違の一面について考えてみる．本研究の考察で日本語は語用論的様式言語(pragmatic mode language)の性格が強いのに対して，韓国語は統語論的様式言語(syntactic mode language)の性格が強いということが明らかになる．両言語のこのような相違は，日韓それぞれ言語社会の文化的背景と密接な関係があるように思える．日本語と韓国語のように構造的に極めて似ている言語どうしの対照研究では，このような言語運用の側面からのアプローチが特に重要な意義を持つのである．

1.2. 本研究の意義

1.2.1. 日本語と韓国語の類似性

　日本語と韓国語は，文法構造などにおいて多くの類似性を有しており，ともにアルタイ語族に属するという可能性や，系統論的に共通の起源から派生したのではないかという可能性なども指摘されている．両言語の文法構造の類似点としては，次のような幾つかの文法事項が挙げられることが多い．つまり，基本語順がSOVであり，語順が比較的自由である．形態的に膠着語に属し，文法関係の表示は項や付加詞のいずれも後置詞(助詞)によって表される．人称・数・性による述語の屈折変化がない．敬語表現において主体敬意を表わす文法的な接辞が存在する．主要部と付属部の配列において付属部が常に主要部に先行する．助詞や主成分の省略が可能である．その他にも，音韻構造，語彙構造，および言語表現構造などにおいての類似も数多く見られる．

　日本語と韓国語の類似性について，渡辺・鈴木(1981:16)は，「日本語を考え，日本文化を論ずる時，朝鮮語を無視して，よくも本が書けたものだという，恥ずかしさと無念さを感じない時はないほど，朝鮮語と日本語は文法といい，発想といい，瓜二つの言語なのだ」と述べている．また，町田(1999:158)も両言語の類似性について，「基本語順がSOVだとか，形容詞とか連体修飾語は名詞の前にくるだとか，とにかく文法については，朝鮮語と日本語で違うところをさがすほうが苦労するくらいです」と述べている．このような記述の客観性や科学性はともかく，文法構造や文法の仕組みと結びついた発想，及びものの言い方などにおいてほかの言語とは比べられないほど多くの共通点を有していることは確かである．

　日本語と韓国語のこのような類似は，一体何に由来するのであろうか．日本語と韓国語に現在見られる相似点について，まず，過去における歴史的な事実からその原因を考えることができる．その一つは，日本も朝鮮半島もともに長い間，中国文明の強い影響の下にあったということである．両者とも物質文化の点で中国文化の多大な恩恵を蒙っていることはもちろんであるが，そのうえ，朝鮮半島経由で仏教，儒教を受けつぎ，さらに言語表記の手段としての漢字まで受け入れた日本が，朝鮮半島の国々と精神文化や道徳的思考といった文化要素まで共有する結果となったため，現在両言語に見られる言語や文化上の類似性が出現したと言えよう．

　次に，1910年から三十六年にわたり日本の朝鮮半島に対する植民地支配が続き，その間に徹底した朝鮮文化の日本化，日本語化を強制したことである．ここでは，日本化が即ち近代化であるという歪んだ姿でしか社会の発展が見られず，したがって現在の文物制度，言語表現(漢字表現)などの面で見られる共通点は，日本がかつて「朝鮮」に強制的に押し込んだものの結果であるものが少なくない．そして，まだ推定の域を出ないものではあるが，歴史的事実としてもう一つ考えられることは，日本と朝鮮半島の地理的位置から，この二つの言語を話す人々が極めて長い間，海峡を挟んで隣人関係にあり，相互の往来が非常に密接であったという事実である．一般に，二つの言語の間にたとえ系統上の親近性がなくても，近接した地域内で頻繁な交流が相互の話し手同士の間に長期にわたって見られた場合，双方の言語はいつの間にかいくつもの文法的類似性を示すようになることが知られている．つまり，言語接触の研究で考察されてきた「構造的借用」(structural borrowing)[1]の可能性も完全に排除できない．日本と朝鮮半島の場合，考古学の成果が示すように，有史前もかなり古い時代から民族の移住，交易などの相互交渉が見られたわけであるから，その接触による言語変容が往復的な形で起こったことは充分に考えられる．

　以上のように，日本と朝鮮半島が歴史的，地理的，文化的に古来密接な接触を持っており，特に日本が朝鮮を支配した植民地時代には日本語の使用が強制されたこともあり，日本語と韓国語が歴史を通じて相互に語彙・文法両面において様々な影響を与えあったことは疑いのない事実である．しかし，古代以来日本に対して朝鮮よりも大きな文化的影響力を持ってきた中国大陸の漢民族の言語ですらも，日本語や韓国語の文法構造に及ぼした影響は漢文訓読を通じたごく限定的なものであることを考えると，日本語と韓国語の著しい類似性は言語接触のみによるものとは考えにくい．そこで考えられるのは，日本語と韓国語は同じ系統に属する言語ではないかということである．

　日本語と韓国語の「同系論」は，両言語の文法的類似性を解釈するうえでもっとも魅力的な学説であり，かつて日本と朝鮮半島，西洋の多くの言語学者たちが両言語の系統に関心を持ち様々な側面から科学的研究をすすめてきた．大矢透，金沢庄三郎，新村出，山田孝夫，村山七郎，服部四郎，小倉進平，前間恭作，河野六郎，長田夏樹，大野晋，李基文，金思燁，金芳漢，Martin などがその代表的な研究者であると言えよう．しかし，この魅力的な学説に対して，現在の言語学は決定的にそうだとも違うとも答えることはできない状態である．それはヨーロッパの諸言語の場合と違い，研究の手がかりとなる古い資料がひどく不足しているうえに，たとえ日本語と韓国語がかつて同じ起源，またはごく近い関係にあったとしても，それは恐らく今から数千年以上も前という極めて古い時代でのことらしく，証明が難しいからである．

　李基文(1974:36)は，「韓国語と日本語は一般的な構造において顕著な類似性を見せているが，具体的な言語財(語彙や文法的要素)においては，顕著な類似はそうたやすく見当たらない．今まで探し出したものの中で，同起源にさかのぼる蓋然性の大きい語彙は二百あまり，文法的要素は十五あまりあると言えるが，同起源を決定的に証明するほど精密な音韻対応の法則を確立し得ないことが大きな難関になっている．これは端的に，両言語が親族関係にあるとしても，よほど疎遠なものであることを暗示していると言えよう」，と述べている．日本語と韓国語の同系関係が明らかになるには，新たな研究資料の発掘とツングース語などアルタイ諸言語との多角的比較研究が必要であるだろうが，現段階で両言語にとって相手言語がもっとも有力な同系候補であることは間違いない．Shibatani(1990:100)も，実際，過去から現在までの日本語系統論に関して行われてきた様々な仮説を検討し，「現在のところ，朝鮮語が日本語にとって最も親族語である可能性が高い唯一の言語である(At the moment Korean is the single most likely sister language candidate for Japanese)」と述べている．

1.2.2.「日本語特殊説」及びその批判

　日本語と韓国語の著しい類似点にもかかわらず，以前はその類似点が必ずしも広く認識されておらず，それが日本語の特異性を強調する議論の要因の一つともなっていた．周知のとおり，一時期，日本社会と日本語学界では日本語特殊説およびそれについての賛否の議論が大ブームとなっていた．非常に大雑把に言うと「日本語特殊説」とは，概ね「世界の言語の中で日本語は変わった特殊な言語である」という日本語観を指す．日本語特殊説はその発生起源をみると，「外からの視点」というもっぱら外国の論者によってなされるものと，「内からの視点」というもっぱら日本の論者によってなされるものがある．

　外からの外国の論者による日本語特殊説は最近に始まったことではない．池上(2000)によれば，今から約四百五十年も前，宣教師のザビエルは日本語を「悪魔の言語」と評したことがある．ほぼ四百年も前，宣教師のロドリゲスは『日本大文典』(1608)の中で，「この国語はある点で不完全なものである．何となれば，名詞は格による変化を欠き，単数複数の別および性の区別をもたず，動詞は人称および単数複数の別を欠き，その他にもヨーロッパの言語にはみられない欠陥がある」と記述した．また，ほぼ百年ばかり前，日本の大学で初めて言語学なるものを教えたイギリス人教師チェンバレンも『日本事物誌』(1890)の中で，ロドリゲスが触れたのとほぼ同じ日本語の「欠点」を挙げたうえ，日本人の思考の流れる経路がヨーロッパの場合と比べて著しく異なっていると記述した．[2] その後20世紀に入って，ある時期日本がもっぱら豊かな経済力ということで世界の注目をあびるようになると，日本語は世界でもっとも注目される言語の一つとなった．その結果，外国人の日本語についての単なる好奇心は真剣な関心と変わり，さまざまなレベルで日本語に対する観察なり考察がなされるようになった．

　日本人による日本語特殊説には明治以後日本人自らが身につけた西欧的知見を踏まえて母語である日本語を見返したものもあれば，主に外からの視点の日本語論に誘発される形で外からの視点を取り込んで比較対照的な考察を試みたものもある．「言い切らない表現」，「主語なし文」，「ウナギ文」，「コンニャク文」，助詞の省略，敬語体系，コ・ソ・ア指示詞体系，翻訳不可能な言い回しなどは，日本語の特異性を主張する古典的な例である．日本語特殊説は時には「英語標準説」や「欧米語標準説」に同調して，「日本語ペシミズム」や「日本語不完全論」を生み出し，「日本語変革論」や「日本語廃止論」にまでエスカレートした．また，時にはそのような言語を使っている日本人がどのようなアイデンティティーの持ち主なのか，という「日本人論」，「日本文化論」へと発展することになる．

　日本語に対する外からの視点であれ内からの視点であれ，日本語特殊説の根底には西欧の価値基準で物事を判断する「西欧中心主義」(Euro centrism)と，アジア・アフリカなどを比較の対象からはじき出しての日本語と西欧という世界二分法による「二極化した思考パターン」が働いている．当然ながら日本語特殊説は多くの研究者たちの激しい批判を浴びた．日本語特殊説の背景について柴谷(1981:46)は次のように述べ，明治以来の西欧志向，西欧中心主義が日本人の言語観に強く反映されていると指摘した．

　しかしながら，注意しなければならないことは，これらの日本語観は英語その他の印欧語のコンテクストにおいて育まれてきたという事実である．親族関係にある英語，ドイツ語及びフランス語に多くの共通性が見られ，日本語だけが非常に特異な言語のように映るのは当然のことである．もし，日本語，朝鮮語，そしてトルコ語を中心に据えて英語を見れば，英語は特異な言語であると感じるだろう．このように，我々が日本語が特異だと考えることは，西洋先進国の物差しで日本語を位置づけ，世界を把握するという明治以来の西洋志向が原因している．しかし，言語に関しては，印欧諸語は一つの語族に過ぎず，それらを中心とした言語観はそれなりに限られたものでしかない．日本語が真に特異な言語であるかどうかを見極めるためには，西欧語だけを対象にするのではなく，「世界の言語」というコンテクストで日本語を見つめなければならない．

　グロータース(1985:97)は，「外国語を知らないほど日本語の特色が多くなる」という所謂グローダースの「反比例法則」なるものをもって日本語特殊説を痛烈に批判し，日本語特殊説の起源は西洋語中心主義にあることを指摘した．角田(1991)は130の言語を分析した自らの言語類型論と対照言語学の研究成果を踏まえ，日本語特殊説について真っ向から反論を展開した．そのほかに，渡辺・鈴木(1981)，マーチン(1985)，鈴木(1987)，田中(1989)，中村(1989)，大石(1990)，佐藤(1998)など多くの研究者たちが，日本語特殊説について批判を展開した．

1.2.3. 本研究の意義

　日本語と韓国語は構造的に極めて似ている言語であり，とりわけ文法構造においては語順がほぼ同じであるとも言われている．渡辺(1987:67)は，「日・韓両語の類似性を，要約するならば，語順の一致という一言につきる」と指摘した．このような，極めて似ている日韓両言語の語順について比較対照研究を行う意義を，筆者は次の三つの側面から考えてみたい．

　第一に，本研究は日本語と韓国語における語順の対照研究であるが，まずは，「日本語と韓国語の対照研究」という側面からその意義を考えてみる．従来，日本語や韓国語の研究は，印欧諸言語との比較を前提にその特徴なり特質が議論されたように思われる．他の言語との対照研究は，類型論的に大きく異なった英語，フランス語，ドイツ語などとの対照が生産的に行われ，その成果も大きい．しかしながら，対照研究が類型論的特徴の大きく異なった言語間で行われなければならないという必然性はない．日本語と韓国語は類型論的に同じタイプの言語として，両言語の違うところを見つけることが難しい一面もあるが，しかしそれ故に両言語の対照研究で得られる特徴ないし特質というものは特別な意味を持つ．今日は，「世界の言語」というコンテクストの中で日本語と韓国語を考えるようになりつつあり，日本語と韓国語の対照研究も以前に比べれば数多く見られるようになった．しかし，研究の量と質において他の印欧諸語との対照研究に遅れていることは否定できない．

　第二に，これまでの日本語と韓国語の対照研究では，「両言語の語順はほぼ同じである」という先入観の下に，直接的に両言語の語順を取り扱った研究は少なかった．日本語と韓国語の語順の類似性は広く認められているが，しかし，その類似性が過度に強調されると実際に両言語の間に存在する微妙な違いが見逃される恐れもある．また，当然ながら語順の研究も言語能力と言語運用という二つの方向から行われなければならない．本研究でも明らかになるように，言語運用という側面から仔細に検討すると実際には両言語の語順に微妙ながらもかなり一貫した相違が見られる．本研究はこれまでの先行研究を検討しながら，両言語の語順全般における類似と相違について体系的な整理を試み，さらに言語運用という視点から両言語の主語を中心とした語順について比較対照と考察を行うが，これは日本語・韓国語の言語的特徴の究明に積極的な意義をもたらすと思われる．

　第三に，本研究の考察で得られる両言語の特徴というものが直ちに日本語・韓国語教育の現場で応用できるとは思わないが，しかしこのような研究成果の蓄積は必ず言語教育への貢献につながると信じたい．　以下ではこの三点を中心に本研究の意義について少し述べてみたい．

　まずは，最初の一点目について考えてみよう．　多くの研究者たちが指摘しているように，極端な日本語特殊説は「西欧中心主義」，「欧米語標準説」などに由来した行き過ぎの思い込みであることは明らかである．　日本語特殊説の内容の多くは，　もっぱら西欧諸言語というコンテクストの中で日本語の「非文法性」，「非論理性」，「不完全性」などを論じたが，現時点での言語研究はこのような問題について判断を下すのにかつてよりもっと豊かな視点やデータを持っている．　例えば，日本語の「ウナギ文」などの「非論理性」について言うと，テクスト言語学や談話分析と呼ばれる分野での研究では，テクストないし談話レベル(具体的な場面で使われる言語表現)での意味は，文法と辞書の規定で完全に律されるものではなくて，話し手，聞き手としてそれに関わる人間の主体的な認知の営みに多く依存するものである，という認識が当然のこととなっている．語用論では，文はその字義どおりの意味からは時には一見想像もつかないような意味で具体的なコミュニケーションの場面で機能しうるものであり，それがどのような過程を通じて起こるかを示してくれる．　また，具体的なデータの問題として，韓国語や中国語でも日本語の「ウナギ文」　のような表現が普通に使われるという報告があるし，英語のような言語でさえも "I'm a hamburger"，" I'm coffee"，"I'm fish" といった表現が実際に使われることがあると言われている．[3]

　しかし，だからと言って日本語の特徴をめぐる議論(日本語論)に決着がついたわけではない．言語普遍(一般化志向的言語類型論)の立場から見ると，ある特定の言語にしか存在しないといった意味での言語の特徴というものを見つけるのは極めて難しい．　一方，まったく同じ構造を持つ自然言語が二つと存在しない限り，それぞれの言語は自然言語であるという共通点と同時に，　一種の「個性」(特質)というべきものを有していることも確かである．「ウナギ文」のような文を生み出す構造は韓国語や中国語にも備わっており，また英語のような言語でさえも潜在的ながらその構造を備えていると言え

るが，しかしだからといって，「ウナギ文」などに日本語の特徴的なものが
何もないと決着つけるのは，少なくとも今の時点では妥当ではない．

　言うまでもなく，「ウナギ文」や「コンニャク文」とか「主語なし文」な
ど，これまで日本語の「特徴」と言われているものは，英語のような言語に
対する「特徴」である．日本において，従来，日本語と類型論的に大きく異な
る他言語(主に英語，フランス語，ドイツ語など)との対照研究が生産的に行
われてきたが，このような対照研究から得られる知見は，外国語教育という
観点から大きな意義をもつだけではなく，文法理論の観点からも，二言語の
対照研究に基づいて興味深い汎言語学的一般化を導き出せる可能性が
少なくない．しかし，本当の意味での日本語の「個性」に迫るには，構造的に
日本語に似ている韓国語のような同じタイプの言語との比較対照を行う必
要性がある．日本語の言語的「特徴」から「日本人論」，「日本文化論」など議
論するなら殊にそうであろう．

　渡辺・鈴木(1981:78)は，「現代日本語論は，ひたすら日本語を欧米語と比較
することにより，いわゆる日本語の特色を見出し，その特色を日本人論，日
本文化論へと拡大展開させている．誰一人として，言語的に日本語に最も近
い朝鮮語からの視角をとり入れて，　日本語の特色を捉えようとしたものが
いなかった．その結果，数多くの誤解が生まれている」と述べ，当時の現代
日本語研究における誤った日本語論に警鐘を鳴らした．韓国語母語話者で，
大学の韓国語講師であり，また，言語学を専門とする研究者である渡辺から
見れば，歴史的，地理的，文化的，言語的にそれほど日本語に近い韓国語に目
を向けてくれないことが残念で，そしておかしく思えて仕方がなかったの
であろう．柴谷(1981)，鈴木(1987)なども指摘したように，近代化におけ
る「脱亜入欧主義」以来，アジアの言語や文化には目を向けようとしない
日本人の「西欧中心主義」の価値観，言語観は相当根深いものであったと言
えよう．

　無論，構造的に日本語に似ている言語として必ずしも韓国語が選ばれな
ければならないという必然性などどこにもない．しかし日本語にとって韓
国語は，言語構造そのものの他にも歴史的，地理的，文化的にもっとも身近

な言語であるだけに，韓国語との対照研究は日本語論，日本人論，日本文化論の研究にまたとない「魔法の鏡」を提供してくれるはずである．韓国語には，日本語と他の極端に異なる言語の対照研究では見逃されていた日本語の数多くの映像が鮮やかに映し出されるからである．要するに，かつての日本語特殊説はともかく，日本語の特徴を考える上で韓国語はまたとない貴重な比較対象言語であり，日本語の研究に豊富で繊細な言語資料を提示してくれるはずである．ここに，主に日本語の特徴を考えるという立場から日本語と韓国語の比較対照の重要性を述べてきたが，逆に韓国語の特徴を考える上でも同じことが言える．日本語の場合と同じように，韓国語の特徴を考える上で日本語はまたとない絶好の比較対象言語となる．実際，韓国語の研究でも身近な日本語に眼を向けず，西欧諸言語との比較から韓国語の固有の特徴を議論した研究が少なくない．[4]

　ここまでは，言語的，歴史的，地理的，文化的に最も近い韓国語と日本語の対照研究である，という位置づけから本研究の意義について考えてみた．つまり，構造的に多くの類似性を有する日本語と韓国語の対照研究では，極端に異なる言語との比較対照で見逃されがちな，もっとも日本語らしい，或いは韓国語らしい特徴が見えてくる可能性が大きい．また構造的にさまざまな類似性をもっている両言語の対照研究は，両言語の本当の特質に迫るもっとも豊富で繊細な言語資料を提供してくれる．

　次は，二点目について考えてみる．身近な韓国語に目を向けず，ひたすら欧米語との比較により日本語の特徴を捉えようとする誤った日本語論についての渡辺・鈴木(1981)などの批判から，すでに二十年あまりの年月が経った．最近になっては，ヨーロッパ諸言語や中国語ほどではないが，日本語と韓国語の対照研究も数多く見られるようになり，韓国語に対する日本語研究者の関心も高まりつつある．[5]　そして今は，日本語の文法的な特徴を記述する際に，類似した特徴を持つ韓国語の言及がなされるのが一般的となっている．しかし，1.2.1で引用した渡辺・鈴木(1981)，町田(1999)の記述のように，両言語の構造的類似点が過度に強調されると，両言語の共通点と相違点が単純化され，逆に相違が見逃される恐れがある．実際に，日韓両言語における相違とは様々なレベルに渡って現れるのである．

　再び「ウナギ文」を例にして見よう．所謂「ウナギ文」は，日本語の特色を示す例文としてたびたび登場する「名文」である．英語の話し手やフランス語の話し手に日本語の「ウナギ文」のような言い方をするかと聞けば，そのような言い方をしないという答えが返ってくると言われる．しかし池上(2000)，奥津(1981)などによると，フォーマルな場面では使わないが，又は「俗用で品位を欠く言い方」，「だらしない(sloppy)言い方」ではあるが，場合によって(極めて限られた場合)英語やフランス語でも日本語の「ウナギ文」と同じ意味の型として受け取られる表現が使われるということが確認された．[6] これは，日本語の「ウナギ文」のような表現構造は，英語やフランス語にも潜在的に使われうるものとしては存在していることを示してくれる．つまり，「ウナギ文」のような表現構造そのものの有無だけについて言えば，日本語も英語もフランス語も何の違いがなく，日本語の「ウナギ文」は特異でも何でもない．しかし，そのような構造に基づいて現実に文が生み出され，使用される点になると，英語やフランス語の方はその範囲や頻度などにおいて日本語より強く制約されている．そこにはじめて日本語の「ウナギ文」の「特徴」というものが浮かび上がるわけである．一方，韓国語や中国語にも日本語の「ウナギ文」のような表現構造が存在するということは広く知られている．そして，実際にそれが使用される範囲や頻度において英語やフランス語などとは著しい違いを見せており，その点では日本語に似ている．ところで，日本語を韓国語，中国語と比較した場合，英語やフランス語と比較対照する場合と違うとは言え，それが使われる条件，範囲，頻度などまったく同じであるとは考え難い．つまり，それぞれの言語の「個性」というべきものの存在の可能性を排除することはできないのである．要するに，ある言語についてその言語の「特徴」ということを問題にする場合に，他の言語と特徴的に異なるように見える構造(或いは同じように見える構造)及びその構造の存在有無を見るだけでは不十分であり，問題となる特徴的な構造をその言語の話し手がどのように履行するかというパフォーマンスの面での特徴を確認しなければならない．

　さらに，語順について考えてみよう．日本語と韓国語は数多くの類似点を有しているが，その中でも構造的にもっとも類似している部分の一つが語順である．両言語とも基本語順がSOVであり，主に格標示によって文法機能が表されるために，修飾成分と被修飾成分の語順は除き，成分配列の順序がかなり自由である．日本語と韓国語の語順の類似性について，渡辺・鈴木(1981:25-26)は，「…何かを英語で言おうとすれば，多くの場合，私たち日本人は一度頭の中で考えたことを，あれこれと英語の文法に合わせて組替えなければいけない．…ところが朝鮮語の場合は，頭に浮かんだ通りの文を，ただ一字ずつ朝鮮語の単語に置き換えていけば，立派な朝鮮語の文が自然とできてしまうのだ．関係代名詞といった日本人になじみのない発想の転換を行う必要もなく，一つひとつの単語の順序を動かすこともないのである．だから翻訳に際しても〈訳し上り〉とか〈訳し下り〉などまったく必要がない」と述べている．確かに日本語を韓国語に翻訳する場合に(又はその逆の場合も)，単語を一つずつ置き換えるだけで「立派な韓国語(又は日本語)の文」が自然とできてしまうことが多い．それくらい日韓両言語の語順は類似している．しかし，まさにそこが落とし穴でもある．

　日本語と英語との対照研究において，文法面での対照研究の中心は語順であった．日本語はSOV言語であり，英語はSVO言語であるために，両言語の語順に鏡像(mirror image)関係が見られるほど表面構造の違いが目立ち，その結果，対照研究の「成果」が得やすいからではないかと思われる．[7] 一方，日本語と韓国語の対照研究では，語順がほとんど議論の対象となっていない．両言語ともSOVの自由語順言語あるために，共通点ばかりが目立ち，違いを探すのが難しいからであると思われる．当然といえば当然であるが，しかし，先にも述べたように，言語の「特徴」ということを問題にする際，異なるようにみえる(或いは同じであるようにみえる)構造を見るだけでは明らかに不十分である．例えば，日本語の「今日はいい天気ですね」という表現を，韓国語で「오늘 좋은 날씨군요」と直訳して言っても文法的には何の問題もない．しかし，これが韓国語らしい表現であるとは言い難い．どちら

かと言うと自然な韓国語としては受け入れ難い表現である．韓国語母語話者なら「오늘 날씨가 좋아요」と言うのが普通である．逆に韓国語の「오늘 날씨가 좋아요」を日本語で「今日は天気がいいですね」と言っても文法的には何の間違いもないが，どこかぎごちない日本語であると言われる．このように，単語を一つずつ置き換えるだけで「立派な韓国語(又は日本語)の文」が自然とできてしまうことが多いが，ここでの所謂「立派な韓国語(又は日本語)の文」というものが，必ずしも「自然な韓国語(又は日本語)」であるとは限らない．そこには両言語の話し手に好まれる語順傾向(あるいは表現傾向)の違いというものが存在する可能性も十分あり，その語順傾向の違いは両言語の特徴を議論する上で非常に重要な意義を持つと思われる．

　従来，言語研究では，話し手の頭脳や精神に内在すると思われる，文法的な文を作り出したり理解したりする言語能力(competence)が学問の研究対象として選択されることが多かったが，しかし，それは決して言語能力の行使の仕方，つまり，言語運用(performance)の研究が重要ではないことを意味するのではない．[8] 言語研究において言語能力と言語運用は車の両輪のようなもので，どちらも欠かすことのできない存在である．これまでの日本語と韓国語の対照研究で，両言語の「SOVの自由語順」という構造的面での語順の類似性だけが強調され，その構造が実際に両言語の話し手によってどのように履行されるかという言語運用面での問題にはあまり関心が持たれなかったようである．本研究は，これまでの対照研究ではほとんど触れることのなかった日韓両言語の言語運用面での語順現象に注目し，両言語の語順のズレを観察し，そこから日本語及び韓国語の言語的特徴へのアプローチを試みる．行き詰まっているように見える両言語の語順研究に一つの方向を提示するものと考える．

　最後に，本研究は韓国語を母語とする上級(超級)日本語学習者(或いは日本語を母語とする韓国語学習者)への学習指導にも役に立つものと思われる．日本語教育現場で，外国人が話す日本語を聞いて，顔を見なくてもどの国の人であるかが分かるとよく言われる．それは，その話者の母語の特徴が日本語を話すときにもよく現れるからである．無論，外国語習得におけるこのような母語の干渉(負の転移)は，日本語教育だけではなく他の外国語を学習する際にも現れる現象である．

　外国語の学習において，母語の音声面での影響が非常に強いと言われるが，ここでは本研究と直接に関係する語順について言及する．日本語と韓国語は文法構造が極めて相似しており，語順はほとんど同じであるとよく言われる．そのために，短い文などでは，同じ順序に訳語を並べておくだけで意味が充分に通じるということが多い．意味が通じるだけではなく，訳語を並べておくだけでそのほとんどが立派な文法的な文となる．このような日韓両言語の類似点は，韓国語を母語とする初級・中級の日本語学習者(或いは日本語を母語とする韓国語学習者)にとっては，目標言語に親しみやすく，習得に積極的な影響を与える．しかし，長い文を一語一句一節ずつ相手言語に置き換えていくと，その一語一句では充分意味が通じるし，尚且つ文法的な文になるが，どこか少しばかりへだたった感じがすることも少なくない．例えば，長い韓国語文を日本語と同じ順序に訳語を並べておくとしよう．長く綴られた日本語の訳文を読みおろすと日本語は間違ってはいない，語順もまさに日本語である，意味もそう無理なく通じる．ただ全体としてなんとなくおかしく，微妙な違和感がある．初級・中級の学習者の場合は，文法能力と語彙の習得が主な目標となるために，文法的な文であり意味が通じれば外国語の学習において多少の「違和感」や「おかしさ」とかはやむを得ないとも思われることが多い．ところが，上級(超級)の外国語学習者には，高度の文法能力・語彙能力とともに，社会生活をする上で必要な総合的なコミュニケーション能力が求められる．初級・中級の学習者とは異なり，高度の文法・語彙能力を身に付けているが故に，コミュニケーションにおいては，先に述べた「違和感」や何とも言えない「おかしさ」などが意外な誤解をまねくことも予想される．外国人だからこそ，正しくてわかりやすい文章を書くことが求められるということもある．多少標準から外れた「おかしな」文を書いても著名な作家ならば独特の文体ということで認められるが，一般人なら悪文とされ，外国人の場合は誤りとされるというようなことも起こりうるのである．つまり，異言語によるコミュニケーションは文法能力と語彙能力を身に付けるだけでは不十分で，その言語社会の言語運用における共通の慣習としての言語表現を身に付けなければならない．日本語と韓国語の場合，文法構造が非常に似ており，語順がほぼ同じであるために学習者側からは微妙な「違和感」とか「おかしさ」に気づき難い(或いは，気づいたとしても直し難い)一面があるが，その際，適切な指導が必要となる．勿論，それは高度のテクニックを必要とする難易度の高い仕事である．本研究で得られた結果がそのまま言語教育現場での指導に応用できるとは思わないが，このような細かい研究の蓄積は上級(超級)学習者の外国語教育に豊富で有益な資料を提供するものと考える．

1.3. 研究方法と構成

1.3.1. 方法について

本研究は，日本語と韓国語における主語をめぐる語順の類似と相違に対する考察を試みるものである．通常，文は複数の構成素(成分)の配列によって構成される．語順とは，文の構成素どうしの相対的位置関係であるが，複数の構成素の位置関係を同時に考察することは極めて難しい．本研究では，二つの構成素の相対的位置関係を中心に両言語の語順を考察する．考察の対象となる構成素を，日本語は大文字のAとB，韓国語は小文字のaとbで表す(Aとa，Bとbは同質の言語単位であると仮定する)とき，構成素A(a)とB(b)の組み合わせはAB(ab)かBA(ba)になる．そして，日韓両言語の二つの構成素A(a)とB(b)の配列の対応関係は次の四つのパターンになる．つまり，(Ⅰ)AB/ab，(Ⅱ) BA/ba, (Ⅲ)AB/ba (Ⅳ)BA/abである．

日韓両言語の構成素A(a)とB(b)の配列が言語側の強制的支配を受けない場合，日本語のABが必ずしも韓国語のabと，或いはBAがbaと対応するという保証はない．と言うより，両言語の統語規則が極めて類似しており基本語順が同じであるために，同じ出来事や事柄を言語化する際，両言語で同じ語順(ⅠとⅡのパターン)が選択される可能性が非常に高いと考えられるが，実際の言語使用(翻訳)ではそうでもないこと(ⅢとⅣのパターン)も少なくない．日本語と韓国語の翻訳における(Ⅲ)と(Ⅳ)パターンの存在は，翻訳の態度に左右されることも大きい．

　翻訳には，対極的な二つの基本態度がある．即ち，形式的等価を意図する翻訳(FE訳)と，動的等価を意図する翻訳(DE訳)の二つである．翻訳とは，資料言語(SL)のテクストを，目標言語(TL)の等価テクストによって置き換えること[9]であるが，FE訳とは，SLテクストとの形式的対応を強調する翻訳である．DE訳とは，SLテクストとの内容的対応を重視して表現の完全な自由さをめざす翻訳である．両者間に好ましい妥協が得られない場合は，内容を形式に優先させなければならない．日本語と韓国語の場合は，構造的に極めて類似しているためにFE訳の可能な範囲が非常に広いが，しかし厳密なFE訳は，聖書の行間訳とか，古典作家の逐語訳とかのように，限られた範囲で使われることが多い．仮にFE訳が可能であるとしても，それが自然な形のTLの表現であるとは限らない．一方，DE訳は，SLテクストの伝達内容にもっとも近い自然な等価訳で，TL文化の言語使用者がもっとも「われわれは全くそのとおりの言い方をする」と言うような翻訳である．日本語と韓国語の場合，どうしてもSLテクストの形式を再現できないと言うようなことが少ないために，(Ⅲ)と(Ⅳ)のパターンの存在はDE訳の結果であると考えられる．ただし，日本語と韓国語の翻訳で，FE訳とDE訳を明確に区別することは難しい．

　本研究のおもな考察対象は(Ⅲ)と(Ⅳ)であるが，そのためには当然ながら(Ⅰ)と(Ⅱ)についても触れなければならない．

　両言語の語順の考察にあたって，日本語と韓国語の対訳小説から用例を採集し，それを分析と考察の基礎資料とする．そして，データ資料の客観性を図るために，日本語から韓国語，韓国語から日本語への翻訳と，第三言語である中国語から日本語, 韓国語への翻訳の三種類の訳本を使用する. 小説というジャンルは, 作者の個人的スタイルなど文体的要因が関係することが多いが, しかし一方, その言語の日常レベルでの特徴が凝縮した形で出てくることも多い. また, 個人による固有のスタイルもその社会に共有され慣習化されたものを下地にしてその上に現れるものであるために, 言語事実の記述に欠かすことのできない要素でもある.

　本研究は, 日本語と韓国語の対照研究として, 日本語と韓国語の語順における特徴, 更にそこから両言語の言語的特徴を描き出すことを目指しているが, 本文の記述にあたってはやや日本語中心の, 日本語よりの進め方をする.

1.3.2. 研究資料について

　翻訳とはある言語で表現された文章の内容をほかの言語になおすことである. 日本語と韓国語は構造的に極めて似ているために日本語の文章を韓国語に翻訳する場合, 特殊な構造や慣用的表現を除けば, 訳文の表現を原文の表現構造(語順)のほぼ同じところまで近付けることができる. ここで特殊な構造とは, 構造的には明らかに韓国語と違うと思われる日本語の「られる構文」(受動構文)や広義的な語順の問題とみなすことができる複合動詞の後項の語順などのことである. 例えば, 「この子に泣かれた」のような迷惑受身文を韓国語ではそのまま直訳(構造的直訳, 或いはFE訳)できず, 「이 아이가 울어서 애를 먹었다」のように「意訳」(FD訳)しなければならない. 「風に吹かれる」も「바람에 불린다」のように直訳できない. また, 「働きすぎる」「使いこなす」「話し合う」のような複合動詞なども日本語の構造とおりに翻訳することができない. 特殊な慣用的表現とは, 「行ったり来たりする-왔다 갔다하다」「後にも先にも 이전에도 이후에도」のように出来事や時間的順序が同じ語順で直訳できない表現のことである. 語の意味的レベルで直訳不可能な表現も多い. その他にもまた, 「黄色い声」など直訳不可能な慣用表現も多いが, 本研究では成分の配列に関わることだけを問

題にする．しかしながら日本語と韓国語の場合は，基本語順が同じであり，そして格成分の語順が比較的に自由であるために訳文が原文と同じ語順で翻訳できることが多い．

　本研究では対訳小説を基本資料として，二つの構成素の相対的な位置関係を中心に日韓両言語の語順を考察するが，考察の対象となる構成素を，日本語は大文字のAとB，韓国語は小文字のaとbで表す(Aとa，Bとbは同質の言語単位であると仮定する)．そしてAB型(日本語)とab型(韓国語)を無標の語順と規定する．そのとき，日韓両言語の基本語順が同じであるために日本語小説のAB型の表現が韓国語でもab型に翻訳される可能性が高いと考えられる．しかし，両言語にはAB型とBA型，ab型とba型という二つの配列形式が並存し，それらが同じ命題的意味を表すために，日本語のAB型が韓国語では必ずab型に翻訳されるとか，或いはBA型が必ずba型に翻訳されるという保証はない．両言語ともAB型，ab型が無標の語順であるとは言え，文脈や構文的条件によってはAB型，ab型よりBA型，ba型のほうがもっと相応しい場合もあるだろうし，また，日本語と韓国語におけるBA型とba型の選択される条件が異なることもあり得る．つまり，日本語のAB型が韓国語のba型に，或いはBA型がab型に翻訳される可能性も十分あると考えられる．実際，本研究のAB型とBA型，ab型とba型の分布に関する調査から両言語の語順選択に微妙な違いがある可能性が提起された．

　対訳小説を研究資料とするとき，訳本の選択に留意しなければならない点がある．まず，翻訳作品はどんな読者をターゲットにするかという翻訳の目的によって訳文のスタイルが異なることがある．例えば韓国語に翻訳された日本の小説を例にしてみると，日本語学習者を主なターゲットに翻訳された小説が多いが，この類の翻訳小説は母語との比較から効果的に日本語を習得させることを目的とするために，訳文が多少不自然であっても文字とおりの「直訳」をする場合がある．つまり，原文の文の要素を逐一翻訳して，できるかぎり文の構造(形式)を原文に近づける．当然，このような「直訳」では原文と訳文における語順のズレが少ない．それに比べると，一般大衆読者向けの翻訳ではできるかぎり読者に馴染まれる言語表現を選択しようとする傾向がある．

　次に，翻訳はある言語で表現された内容を他の言語になおすことであるが，一般読者向けの翻訳であっても，なおされる言語の表現を優先するか，それともなおす言語の表現を重視するかという訳者の態度によって訳文のスタイルに違いが見られることもある．例えば，『탁류(濁流)』の訳者の三枝寿勝は，訳書のあとがきで次のように述べている．「…文体と作品の構造とはかなり密接な関係を持っているのだ．文体を無視すれば荒唐無稽なあらすじしか残らぬのはあたりまえである．どうすれば原文を生かせるのか．原則は，原文においてさまざまな表現のしかたがあるのにそのうちのある表現が選ばれているなら，その採用されなかった表現との対比において，採用された表現を再現することであろう．その際，原文の饒舌な語りを日本語における饒舌な語りにあてはめるやり方が考えられるが，今回はその方法をとらなかった．採用しようとしたのは原文にある文の要素をいちいち訳文に反映させるというやり方である．いわゆる直訳と言われ評判のよくないやり方に近いかも知れない．私はこのやり方で意識的にできるかぎりぎごちない日本語の表現を提示しようとした．…双方の習慣が違っていると言うなら，こちら側が相手の習慣に合わせる可能性だって残っているはずである」[10] 三枝寿勝の言うように，意識的に「相手の習慣に合わせる」翻訳では当然両言語のズレが少なくなる．翻訳作品としてどちらがいいか悪いかは別として，対照研究の資料としては訳文側の言語習慣に合わせた翻訳がよいと思われる．

　本研究では対訳小説資料を，日本語(SL)から韓国語(TL)への翻訳，韓国語(SL)から日本語(TL)への翻訳，中国語(SL)から日本語(TL)・韓国語(TL)への翻訳という三種類の対訳小説を使った．日本語の小説を韓国語に翻訳したり，或いは韓国語の小説を日本語に翻訳したりするとき，訳文(TL)が原文(SL)の表現構造に引きずられる可能性がある．一方，中国語は日本語・韓国語とは異なるタイプの言語であるために中国語(SL)から日本語(TL)，或いは韓国語(TL)へ翻訳するとき，日本語と韓国語どうしの翻訳で見られる原文の表現

構造の影響が少ないとも考えられる．中国語から日本語に翻訳されたもの
は韓国語など意識せず，同じく，中国語から韓国語に翻訳されたものも日本
語など意識するはずがない．つまり中国語から日本語・韓国語へ翻訳され
た訳文の表現は，日本語から韓国語，韓国語から日本語へ翻訳された訳文の
表現よりもっとそれぞれの言語の自然な形に近い表現であると考えること
もできるのである．その意味で中国語原作(SL)の日韓対訳小説資料は日本語
と韓国語の対照研究の貴重な資料となる．

1.3.3. 本研究の構成

　本研究は日本語と朝鮮の語順の対照研究であるが，まず第1章では日本
語特殊論をめぐる論争及び日本語と韓国語の対照研究の文脈の中で本研究
の意義について考えてみた．これまでの日本語と韓国語の研究では，語順
が自由でないと言われる違うタイプの言語との比較対照から両言語の語順
の「自由さ」などが強調されたが，同じタイプどうしの日韓両言語の対照研
究は日本語と韓国語の「特質」を考える上で極めて重要な意義を持つと思わ
れる．

　続く第2章では，語順の類似と相違という観点から両言語の語順体系を概
観し，言語運用の側面からの語順研究の意義を強調した．日韓両言語は，語順
が比較的自由なSOV型の言語として，言語能力という側面では，当然ながら
一部相違も存在するが，しかし統語文法的規則で識別できる相違は少ない
と言える．その為に，言語運用の側面からの対照研究が非常に重要な意義を
持つことになる．

　第3章，第4章，第5章では，対訳小説から採集した両言語の語順がずれる
用例を中心に，同一主語複文における主語と連用節の語順，引用表現におけ
る主語と引用節の語順，そして他動詞構文における主語と目的語の語順に
ついて具体的な考察を行ってみた．これまでの日本語と韓国語の研究では，
主語の省略に関心が集められることが多かったが，主語の語順問題にはほ
とんど注意が払われなかったようである．日本語と韓国語の主語の語順は

比較的に自由であるが, 実際の言語運用の側面から主語の語順を観察して見ると, 両言語の主語の出現位置に微妙なズレが見られる.

　第6章の総括では, これまでの考察をもとに, 言語運用という側面から両言語の語順の類似と相違を見直し, さらに, そこから両言語の言語的性格の相違について考えてみた. 本研究で考察された主語をめぐる両言語の語順の微妙なズレは, 両言語の語順の自由度に何らかの違いがあることを示唆してくれる. このような語順の自由度の違いは, 両言語の言語的性格の違いを示す重要な根拠の一つとなる.

日本語と韓国語の語順研究概観 第2章

2.1. 言語類型論と日本語，韓国語

2.1.1. 對照言語學と言語類型論

　言語を比較する言語研究の分野に比較言語学(歴史言語学, comparative linguistics)と言うものがある．比較言語学とは，親縁関係や同系性が推定される諸言語を比較することにより，同系性や親縁性を見出したり，あるいは共通祖語を再構したりしようとする学問である．関係が不明な言語間で比較を行う研究には，対照言語学(contrastive linguistics)というものがある．対照言語学とは，二つ，或いは，二つ以上の言語について，音韻，語彙，文法などの言語体系，さらにはそれらを用いる行動である言語行動のさまざまな部分をつき合わせ，どの部分とどの部分とが相対応するか，あるいは，しないかを明らかにしようとする言語研究の一分野である．このような対照言語学にもっとも隣接する言語研究の分野として言語類型論と呼ばれるものがある．

　言語類型論(linguistic typology)は，世界の言語を系統や分布の違いを超えて比較し，言語の様々なレベルにおける構造上の相違と共通性を類型として捉えようとする学問である．そこには，言語間の相違を重視する立場(Schlegel, Humboldtの古典的類型論・形態論的類型論など)と，　言語的普遍性を重視す

る立場(Greenbergの語順類型論など), という二つの側面を認めることがで
きる。古典的類型論は, その進化論的見方や印欧語優先の考え方, また, 形態
基準を唯一のものとして言語の全体的な性質を規定し, 言語を分類するた
めの根拠とする基本的方法に問題があるものの, 語の内部構造に注目した
ことは, 言語構造のかなり核心的な部分の一面を捉えている。古典的類型
論の観点から日本語と韓国語は典型的な「膠着語」(agglutinative language)であ
ると一般的に言われる。

　一方, Greenbergの語順類型論を代表とする現代の類型論研究は, 言語は外
見上の相違にも関わらず, 同一の原理に従って組み立てられているとする
立場から, 異なったタイプの言語間の関係やその異なり方を規定し支配す
る共通の原理, 普遍的原則の発見をその目的とするが, それは言語そのもの
の分類というよりは, むしろ言語構造の様々なレベルにおける特徴の分類
を目指すものである。Weil(1887)の下降型言語(langues descendants)と上昇型
言語(langues ascendants)の分類, Tesnière(1959)の遠心的言語(langues centrifuges)
と向心的言語(langues centripètes) の分類, Greenberg(1963)のSOV, SVOとVSO言
語の分類, Lehmann(1973)のOV型言語とVO型言語の分類, Vennemann(1974)の
operand-operator型言語とoperator-operand型言語の分類, Slobin(1979)のverb-
initial型言語とverb-final型言語の分類など, これらは言語構造の普遍性を重視
する類型論研究である。日本語と韓国語は, 言語構造の多くのレベルにおい
て同じ類型に属することになる。

　言語を単に構造的観点からではなく, 機能的観点から言語の類型を取り
扱う研究もある。Li and Thompson(1976)は, 言語を主語の文法機能の強さに
よって主語優勢言語(subject prominent)と主題優勢言語(topic prominent)とに
分類した。日本語と韓国語は, 主語優勢言語(英語)とも主題優勢言語(中国語)
とも異なる, 主語と主題が共存する言語であると言われる。また, Givón
(1979)は, 言語をpragmatic mode言語と syntactic mode言語と両分した。[11] そ
の他にも, 韓国語については言及していないが, 池上(1981a)は日本語と英語
の対照研究において, 〈スル〉的言語と〈ナル〉的言語の分類を試みた。[12]

2.1.2. 再び両言語の構造的類似性

　言語類型論による分類で，日本語と韓国語は言語構造の多くのレベル(ある程度の抽象度の高さによって設定された言語的カテゴリー)において同じ類型に属する．ところで，言語類型論の基本的な考え方からすると，言語の外見上の相違とは，結局，人間の共通の原理やパターンによって具体化されることに過ぎない．そのために，世界の言語と比較した場合，ある特定の言語にしか存在しないといった意味での言語の特徴というものを見つけるのは極めて難しいことである．とは言うものの，言語類型論はある言語が世界の言語との対照の上で，どの程度特異であるかを判断することを可能にしてくれる．

　ところで，歴史的な類縁関係や地理的分布などを考慮に入れず，二つ以上の言語を比べるという点で，言語類型論は対照言語学と似通った点があると言えるが，言語類型論がさまざまな言語のあいだの類似や相似を類型的な見方で捉え，主に類型の普遍性を求めようとするのに対して，対照言語学は，言語の個別性を求め，個々の異同の具体的な事実を重視する．その意味では，個別言語の特徴を求めるには対照言語学的な方法がもっと有効であると言えるかも知れない．しかし，言語類型論と対照言語学の目指す方向がやや異なるとは言え，その研究対象，研究目的と研究方法などまったく異なるわけではない．対照言語学的な視点なしでの言語類型論とはあり得ないし，同じく，言語類型論的な視点なしでの対照言語学的な研究もあり得ない．[13]

　前章で，日本語と韓国語の類似点について少しばかり述べたが，その類似点を他言語との比較の中で見るために，まずここでは対照言語学，言語類型論的な視点で日本語と韓国語に言及した先行研究のいくつか見てみよう．

　京都大学人類学研究会(1974)は，日本語，英語，韓国語など22の言語の音韻構造，表記，語彙，文法構造の12項目について比較対照を行い，日本語の特質を複数言語との比較の中で捉えようとした．[表2－1]は，日本語と韓国語の類似を観察するために，京都大学人類学研究会(1974)から20言語を取り出して諸言語の特徴を表したものである．ここに選ばれている比較項目は，も

[表 2-1]　日本語と韓国語の類似性(その1)

構成要素		解説番号	スワヒリ語	アラビア語	ペルシア語	ヒンディー語	タミール語	チベット語	ビルマ語	タイ語	クメール語	ベトナム語	インドネシア語	タガログ語	中国語	韓国語	日本語	英語	フランス語	スペイン語	ドイツ語	ロシア語
母音	長短対立	①	-	+	+	+	+	-	+	+	+	-	-	(+)	-	+	+	-	-	-	+	-
母音	音素数	②	5	6	5	5	5	5	8	9	10	11	6	3(5)	8	9	5	9	11	5	7	5
子音	清濁対立	③	+	+	+	+	+	+	+	+	+	+	+	+	-	-	+	+	+	+	+	+
子音	有無気対立	④	-	-	-	+	+	+	+	+	+	+	-	-	+	+	-	-	-	-	-	-
子音	n/対立	⑤	-	-	-	+	+	+	+	+	+	+	+	+	+	+	-	+	(+)	-	+	-
声調		⑥	-	-	-	-	-	2	4	5	-	5/6	-	-	6	-	(4)	-	-	-	-	-
文字		⑦	R	A	A	S	S	S	S	S	S	R	R	R	C	KC	JC	R	R	R	R	Cy
上層語彙		⑧	A	A	A	S	S	S	S	S	S	C	SA	H	C	C	C	GL	GL	GL	GL	GL
語順	動詞	⑨	A	A	B	B	B	B	B	A	A	A	A	A	O	B	B	A	A	A	AB	A
語順	関係詞節	⑩	a	a	a	a	b	b	b	a	a	a	a	a	b	b	b	a	a	a	a	a
語順	前(後)置詞	⑪	a	a	a	b	b	b	b	a	a	a	a	a	b	b	b	a	a	a	a	a
語順	形容詞	⑫	a	a	ab	b	b	ab	ab	a	a	a	a	ab	b	b	b	b	a	a	b	b

⑦ Sanskrit*/ Roman/ Chinese/ Korean/ Japanese/ Arabic/ Cyrillic

⑧ Sanskrit/ Chinese/ Arabic/ Hispanic/ Greek/ Latin/ Japanese

*ヒンディーからクメールまではそれぞれ固有の文字があるが, Sanskrit系の文字である.

[表 2-2]　日本語と韓国語の類似性(その2)

特徴		日本語	アイヌ語	朝鮮語	モンゴル語	トルコ語	ビルマ語	中国語	サモア語	タイ語	ベトナム語	フランス語	ロシア語	英語	ドイツ語
音韻上特徴	① 語頭にr音が立たない	O	O	O	O	O	O	O	×	×	×	×	×	×	O
音韻上特徴	② 語頭に濁音が立たない	O	O	O	O	×	O	O	O	O	×	×	×	O	×
音韻上特徴	③ 語頭に子音群が立たない	O	O	O	O	O	O	O	O	×	O	×	×	×	×
音韻上特徴	④ rとlとの音韻的対立がない	O	O	O	O	×	O	O	O	O	×	O	×	O	×
音韻上特徴	⑤ 濁音と清音の音韻的対立がない	O	O	O	×	×	O	O	O	O	×	O	×	O	×
音韻上特徴	⑥ 子音群がない	O	O	×	×	×	O	O	O	O	O	×	×	O	×
音韻上特徴	⑦ 重母音がない	O	O	O	O	O	×	×	×	O	×	O	O	×	O
音韻上特徴	⑧ 単語はだいたい2音節からなる	O	O	O	O	O	O	×	O	×	×	×	O	×	×
音韻上特徴	⑨ 単語は原則として母音で終わる	O	O	O	×	×	O	O	O	O	O	×	×	×	×
文法上特徴	⑩ 語順は「主語－目的語-動詞」である	O	O	O	O	O	O	×	×	×	×	×	×	×	×
文法上特徴	⑪ 「てにをは」にあたるものがある	O	O	O	O	O	O	×	×	×	×	×	×	×	×
文法上特徴	⑫ 形容詞は名詞の前におかれる	O	O	O	O	O	(×)	O	×	×	×	(×)	O	O	O
○印の数		12	12	11	9	7	10	8	7	6	3	3	3	5	3

ちろん言語類型論研究でよく使われるものである．文法構造のレベルでは語順の項目だけが選ばれたが，これはグリーンバーグの語順類型論に倣ったものであると思われる．[表2−1]で分かるように，語順について言えば，日本語，韓国語，タミール語が同じ語順の言語であり，チベット語とビルマ語がそれに近い．そして，フランス語，スペイン語，タイ語，インドネシア語などが，日本語と逆の語順をとる言語であり，英語は日本語とかなり違うが，共通する部分もある．

　安本(1991)は，世界の主な諸言語の音韻上・文法上の諸特徴に基づいて，どの言語が日本語に近いかを[表2−2]のように示している．[表2−2]は，安本(1991)から言語の数を一部減らし少し簡略化して表したものである．比較した項目は全12項であるが，その中に音韻レベルの項目が9項を占めており，その内容が言語類型論的方法より日本語の系統関係などを研究する比較言語学的性格も窺える．

　文法レベルの3項目中，二項目は語順，もう一項目は日本語の「てにをは」を挙げている．全体的に見ると，現代韓国語は全12項目中，11項が日本語と同じで，もっとも日本語に近く，次にアルタイ諸語とビルマ語となり，ヨーロッパ諸語はもっとも日本語とはかけ離れた言語となる．文法レベルの特徴を見ると，韓国語は日本語と同じ特徴を持っていることになり，ビルマ語も文法構造的に日本語に近いと言えそうである．

　玉村(1998)は，日本語と韓国語，中国語，英語を対象に，様々なレベルにおける「徴標」の類似度で四つの言語の類似と相違をまとめている．玉村(1998:50)のまとめた「日本語とコリア語・中国語・英語との徴標別類似度(2)」を見ると，音声構造部分を除くと朝鮮はもっとも日本語に近い言語である．とりわけ，文法レベルの語順，性，数，助詞などの「徴標」において，日本語と韓国語はほぼ同じである．

　京都大学人類学研究会(1974)と安本(1991)では，比較対象言語に特定の比較項目(言語的カテゴリー)があるかないか，同じか違うか(○か×か)を基準に言語的特徴の類似と相違を判断しているのに対して，玉村(1998)では，言語特質の相違を「程度」の問題として異なる捉え方をしているようにも見える．しかし，「類似度」の基準など明確でない部分も多く，本質的に前者と異なるものであるとは考えられない．

　Li&Thompson(1976)は，主語優勢言語(subject-prominent, SP)と主題優勢言語(topic-prominent, TP)という概念を用いて，言語は両極に位置するSP言語からTP言語へ，またTP言語からSP言語への循環を繰り返すという仮説を提示した．[14]

[図 2-1] SP言語とTP言語 (Li ＆ Thompson, 1976)

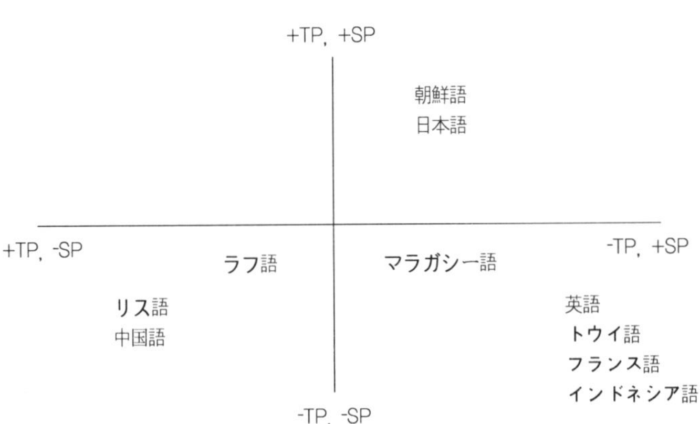

　SP言語からTP言語へ移行する段階に「Both TP and SP」或いは，「Neither TP nor SP」言語があり(よって言語は4つに分類される)，日本語と韓国語はSPからTPへと移行する「Both TP and SP」の段階に置かれてあることになる．[図 2-1]で見るように，日本語は韓国語とともに，主題と主語がほぼ拮抗する言語，つまり主題表現の中に行為者を表わす用法も含まれる言語として分類され，中国語やラフ語に比べると主語性がやや勝ると判定されている．Li&Thompson(1976)によると，主題優勢言語は語順が比較的に自由である．日本語と韓国語は，SPとTPが共存する言語であるために，統語的制約によって支配される固定語順とともに語用論的制約によって支配される自

由語順が許されるのである.

　以上, 複数の言語との比較という視点から日本語と韓国語に言及した先行研究のいくつかについて, その概略を観察して見たが, そこからは次のようなことが窺える.

　まず, 世界のどの言語と比べても日本語と韓国語はもっとも近い(似ている)同じ類型の言語である可能性が非常に高いと言える(アイヌ語は除く). ただ, それは主にある特定の言語的カテゴリー(言語的徴標)がそれぞれの言語に存在するかしないか, 相対応するかしないかを基準としている. 次に, 複数言語の比較でよく使われる言語的カテゴリー, 比較項目, 徴標などから見る限り, 日本語と韓国語がもっとも近い言語であるとしても, 日本語と韓国語しかもっていない特徴というものは存在しない. [図2-1]で, [+SP, +TP]言語に日本語と韓国語だけを挙げているが, 世界の言語の中, 日本語と韓国語のほかに[+SP, +TP]の言語がないとは考えにくい. なお, 日本語しか, 或いは韓国語しか持っていないという意味での特徴と言うものも存在しない. 言語の類型化は, 必ず抽象化という操作をともない, 一つの言語にしか存在しない所謂「個性」というものが切り捨てられるために, 当然のことであるかもしれない. 最後に, 文法レベルの比較項目には必ず語順の問題が取り上げられるが, 日本語と韓国語の語順と同じ特徴を持つ言語(SOV, PO, GN, AN語順及び自由語順)は日本語と韓国語の他にもいくらでもある.

2.2. 日韓両言語における語順の類似性

2.2.1. 基本語順について

　言語は, 地図, グラフ, 絵画, 写真など平面的に広がる特徴を持つ記号に対して, 時間の流れに沿って一つ一つ並んで出てくるという特徴を備えて

いる．このような構成素の線条性(linearity)は，言語のもつもっとも一般的
な特徴である．それ故に，2.1の観察からもわかるように現代の言語類型論
では構成素の配列の順序が中心的なものとなっている．また，対照言語学，
類型論的な視点で日本語と韓国語に言及した研究のほとんどにおいて，両
言語の語順の共通点が強調されている．その中でも基本語順がSOVであり，
そして語順が比較的自由であるということがもっとも大きな共通点として
挙げられる．本節からは，基本語順と自由語順という問題を中心に両言語の
語順の類似性について考えてみる．

　基本語順という概念は，Greenberg(1963)の語順類型論の「基本語順型」(Basic
Order Type)という概念に由来したもののように思われる．

　Greenberg(1963)の類型論では，語順を類型化する基準として，はじめに
四つの基本的な要素が選ばれる．そして，その四つの特徴的な要素の組み
合わせによってそれぞれの言語の基本語順タイプが決定される．まず，平
叙文の中の主語(Subject)，目的語(Object)，動詞(Verb)の相対的位置によって決
定される文の基本的な構造である．論理的には，SVO，SOV，VSO，VOS，
OSV，OVSという六つの組み合わせが存在する．しかし，目的語が主語に先
行するような言語は，実際にほとんど存在しないことから，SVO，SOV，VSO
という三つの基本的なタイプが立てられることになる．次に，名詞(Noun)
に対する接置詞の相対的位置，つまり，前置詞(Preposition)が用いられるか，
後置詞(Postposition)が用いられるかよりPRとPOという二つのタイプが立て
られる．第三の基準は，名詞に対する属格(Genitive)の相対的位置により，NG
とGNという二つのタイプが区別される．最後に，名詞に対する修飾的形容
詞(Adjective)の相対的位置により，NAとANの二つのタイプが区別される．こ
のような四つの語順特徴(基準)の組み合わせによる語順タイプを，語順類
型論ではそれぞれの言語の「基本語順型」(Basic Order Type)と呼ぶ．以上のよ
うな類型化を行うそれぞれの基準相互の間には，直接のつながりはないが，
経験的に，或いは統計的な操作により含意的な相関関係が存在することが
明らかになった．例えば，SOVの語順をとる言語は，殆どがPO，GNであり，
AN/NAである．また，SVOの語順をとる言語はかなり高い確率でPR，NG，

NAである.

　ロマンス語などはSVO, PR, NG, NAタイプの言語であるのに対して, 日本語と韓国語は, SOV, PO, GN, ANタイプの言語であると言われるが, 一般にSOV言語, つまり, 基本語順がSOVであると呼ぶことが多い. 通常, 言語類型論的な観点から日本語, 韓国語をSOV言語と呼ぶ際に, そこには, PO, GN, ANという特徴も内包されることになる.

　さて, 言語類型論的な観点から見ると日本語と韓国語の基本語順はSOVであるが, しかし, 両言語においてOSVの語順も普通に使われるということを見逃してはならない. つまり, 両言語において, SとOの位置はかなり自由であり, SOVとOSVのどちらも文法的な語順となる. にもかかわらず, SOVを基本語順とみなす根拠は何であろうか. 日本語と韓国語の基本語順がSOVであるという言語類型論的な見解を, 我われは当たり前のこととして受け入れてきたが, このような直感的に自明であると思われることを証明することは決して容易ではない. 久野(1973)と金承烈(1988)は, それぞれ日本語と韓国語の基本語順がSOVである統語論的な根拠のいくつかについて触れている. 以下2.2.2では, この二つの研究を中心に, そして言語類型論の提供する言語普遍性を参考にしながら両言語の基本語順がSOVである根拠を整理してみる. その主な目的は二つある. まず, 語順が比較的自由な両言語語順の対照研究において, 基本語順を明確にすることはもっとも基本的で必須の作業でもある. 本研究は日韓両言語の主語を中心とする語順を問題にするために, 主語と目的語と動詞からなる基本語順の問題を明確にしておかなければならない. 基本語順の根拠を整理することで, 両言語の基本語順が同じであることを確認すると同時に, 基本語順と基本語順から外れる「変位語順」(変異語順)の区別を明らかにする. 次に, 基本語順の根拠を整理することを通じて, 両言語の基本語順の根拠となるものにおいて多くの共通点を持つことを示し, それによって間接的に両言語の語順構造の類似性(当然, 相違点も含まれる)を記述する.

2.2.2. SOV基本語順の根拠について

　日本語と韓国語は典型的な動詞末尾(Verb final)型言語であり，述語(動詞)が文末に位置するのは鉄則とも言われる．そのために，日本語と韓国語の基本語順はSOVとOSVのどちらかである．以下，言語普遍の観点，両言語における統語的現象という順番で観察してみる．

2.2.2.1. SがO(V)に先行する普遍傾向

　言語類型論の言語普遍性の観点から見ると，世界諸言語において主語が文頭に置かれる傾向は言語普遍的な傾向である．Greenberg(1963)は，45の含意的普遍性を提案しているが，その普遍性の一番目の法則が次のものである．

　　名詞の主語や目的語をもつ平叙文において支配的な語順は，ほとんど常に主語が目的語に前置する語順である('In declarative sentences with nominal subject and object, the dominant order is almost always one in which the subject precedes the object'). (Greenberg, 1963:77)

　Greenberg(1963)は，SVO, SOV, VSO, VOS, OSV, OVSの六つの語順タイプの中で，実際に現れる語順はSVO, SOV, VSOに圧倒的に集中しており，VOS, OSV, OVSのタイプは非常に稀な語順タイプであると言う．前者と後者の違いは，前者ではSがOに先行し，稀であると言われる後者では，OがSに先行することである．Greenbergの上記の法則(1)は，ここから導かれたのである．Greenbergの言語普遍の法則(1)には例外があると知られているが，しかし，その例外の数は極めて少ないものである．Tomlin(1986)と松本(1987b)は，それぞれ世界の402と1408の言語を対象に，基本語順の分布を次の[表2−3]のようにまとめている．

[表2-3] 基本語順の分布

	Tomlin(1986:22)		松本(1987b:4)	
タイプ	言語数	百分率	言語数	百分率
SOV型	180	45	711	50.5
SVO型	168	42	510	36.2
VSO型	37	9	143	10.2
VOS型	12	3	37	2.6
OVS型	5	1	5	0.4
OSV型	0	—	2	0.1
計	402	100	1408	100

　[表2-3]から分かるように，世界の言語の基本語順の分布を見ると，SO型の語順が圧倒的に多い．Tomlin(1986)では95.8％，松本(1987b)では96.9％になる．OSの語順は極めて少ないが，その中でVOS型はそれぞれ12と37で，かなりの言語にVOSが基本語順として存在するとも言える．しかし，このVOS語順について，Keenan(1978:288)は，すべてのVOS言語において，SOVは有標的ではあるがやはり文法的な語順として存在する，と指摘した．とすれば，Greenberg(1963)普遍性の第一法則はかなり有効的なものであると考えられる．また，世界の諸言語の語順の考察から発見されるもう一つの特徴は，主語先頭(Subject-initial)型の言語が動詞先頭(Verb-initial)型の言語より圧倒的に多いということである．この点について，Keenan(1978)，Hawkins(1976) などが統計的な数字で示しているが，[15] Tomlin(1986)と松本(1987b)の[表2-3]の数字からも窺える．それでは，世界の言語において主語が目的語の前，先頭に立つ基本語順が圧倒的に多いのは何故だろうか．

　この問題について，Keenan(1976)は「既知の情報は先頭に来る」(old information comes first)原則，「関連性原理」(Relevance Principle)と「意味解釈の原理」(Principle of Semantic Interpretation)などで解釈を与えている．Keenan(1976)はまた，すべての言語において人間主語をとる動詞の数がその他の動詞に比べて遥かに多いことを指摘している．Givón(1976)は，通常主語が[+animate]，とりわけ[+human]の意味論的素性をもつ名詞からなる傾向に注目し，主語のこのような素性を話題性, 主題化と関連付けて解釈を与えている. 言語には主題を節の文頭に配置する一般的傾向があるために, 節の主語は談話の主題になる傾向がある. 通常, 主語が主題として現れることが多いので, 結果的に目的語, 或いはほかの成分より節の先方の位置に現れるということである. 多くの言語で, この節の文頭位置が主語の適格位置と移り変わってしまったのである. Comrie(1989)は, 人間の認知構造との関連からの解釈を提案する. 他動詞構文で, 主語は動詞によって表現される行為の出発点であり, その行為を制御する主体でもある. 一方, 目的語は行為の影響をこうむる客体である. 主語のこのような特徴から, 人間は主語が目的語に先行して文頭に置かれる語順を好み, それが多くの言語の語順に反映されたという.

2.2.2.2. SがOV/VOに先行する普遍傾向

他動詞構文におけるVとOの強い結束性, 凝集性は以前から言語研究者, とりわけ言語類型論研究者たちの注目を集めていた. S, O, Vの組み合わせによる六つの語順類型中, Sの介入によりO, Vが離接配置される言語はVSO, OSVの二つである. 松本(1987b)の[表2−3]からも分かるように, OとVの隣接配置の言語が89.7％を占めるのに対してO, Vの離接配置の言語は, VSOが10.16%, OSVが0.14%で, 計10.3％になる.[16] さらに, Sの文頭志向, SのOに先行する傾向はもっとも言語普遍的傾向であることを前の部分で述べてきた. つまり, OとVが離接配置されるVSO, OSVの中, VSOの場合はSがOに先行する普遍傾向によるものとして別途に扱わなければならない. そうすると, 本当の意味でOとV離接配置される言語はOSVだけで, わずか0.14％しかならないということになる. Tomlin(1986)のデータを見ても同様である. このようにOとVの離接配置の言語が少ないのは, OV(VO)構造の凝集性の強さによるものであると言われている. Tomlin(1986:74)は, 「他動詞の目的語は, 主語より動詞との結束がもっと強い」というVerb-Object Bonding(VOB) 原則を提案している. Lehmann(1978:6-9)は, 動詞は文のもっとも基本的な成分であり, 動詞と目的語の結合構造は二つ以上の要素からなる構造の中でもっとも原初的構造

(primary construction)であると指摘した．またSlobin(1979:69)も，〈動詞－目的語〉は文のもっとも基本的な核であると指摘した．

　OV(VO)構造の強力な凝集性と直接的な関係のある統語的現象には，Lehmann(1973)の提示した動詞修飾句(verb modifier)と目的語修飾句(object modifiers)の対称的配置という語順原則がある．それを図式で表わすと次のようになる．

> 言語のverb modifierとobject modifierの対称配置[17]：
> 　　　　VO型言語：modifier VERB OBJECT modifier
> 　　　　OV型言語：modifier OBJECT VERB modifier

　修飾句対称配置は，動詞と目的語を隔離させる恐れのある他の成分の介入を回避するための装置であり，言語普遍的原則であると言われる．そしてこれは，動詞と目的語の強い凝集性の現れである統語的制約の結果であり，また，文処理(sentence processing)において，人間の短期記憶(short-term memory)に与える負担を最小限にとどめようとする認知心理的制約の結果でもあると考えられる．

　日本語と韓国語における，OV構造の結束の強さを物語ると思われる言語現象について，少しばかり観察して見よう．

（I）文副詞の位置(Sentence Adverbial Placement)：
　通常，日本語と韓国語の文全体を修飾する文副詞の位置は文頭であるが，その他の位置に現れることもよくある．しかし，文副詞がOとVの間に介入することは少ない．

> **(1)**　a. <u>さいわい</u>太郎は家で本を読んでいた．
> 　　　b. 太郎は<u>さいわい</u>家で本を読んでいた．
> 　　　c. ?太郎は家で<u>さいわい</u>本をよんでいた．
> 　　　d. ??太郎は家で本を<u>さいわい</u>読んでいた．

(2)　a. <u>다행히도</u> 철수는 집에서 책을 읽고 있었다.
　　b. 철수는 <u>다행히도</u> 집에서 책을 읽고 있었다.
　　c. [?]철수는 집에서 <u>다행히도</u> 책을 읽고 있었다.
　　d. ^{??}철수는 집에서 책을 <u>다행히도</u> 읽고 있었다.

　目的語と他動詞が隣接配置した(1a)と(1b)，(2a)と(2b)は自然な文である．文修飾の副詞が介入した(1c)と(2c)は非文ではないが，極めて不自然な文である．

（Ⅱ）慣用句(Idioms)：

　日本語と韓国語の慣用句の内部構造において，SVの構造より，OVの構造が著しく多い．[表2−4]は，両言語の動詞慣用句におけるOV構造の分布を比較したものである．森田(1985)は，日本語の動詞慣用句を，自ら採集した慣用句の中で用例数の多い三つのグループだけをカウントしている．金龍(1988)は，動詞慣用句，名詞慣用句，形容詞慣用句，副詞慣用句など韓国語の慣用句全体を取りあげたが，森田(1985)と比較するために動詞慣用句の三つのグループだけを取り出して比較してみる．

[表2−4] 慣用句におけるOVとSV構造の分布

日本語(森田, 1985)			韓国語(金龍, 1988)		
N＋ヲ＋V	647	62%	N＋ul＋V	1457	69%
N＋ガ＋V	186	18%	N＋ka＋V	530	25%
N＋ニ＋V	204	20%	N＋e＋V	135	6%
計	1037	100%	計	2122	100%

　金龍(1988)は，形態標識と関係なしにOV，SV構造と思われるものはすべてカウントしている．森田(1985)と金龍(1988)のグループ分けの基準に少々ずれがあるので平行比較するのにはいささか問題があるようにも思われるが，両言語のOV構造とSV構造を比較すれば，両言語ともOV構造の慣用句が著しく多いのである．

(Ⅲ)　同族目的語(Cognate Object)：

　日本語と韓国語には，同族主語はあまり見あたらないが，同族目的語数多く存在する．

　　(3)　歌を歌う，踊りを踊る，包みを包む ……
　　(4)　꿈을 꾸다, 춤을 추다, 잠을 자다 ……

　ただ，「実が実る」，「열매가 열다」のような同族主語も一部見られるが，同族目的語ほど多くない．

(Ⅳ)　借用(Borrowing)：

　外国語を借用する際に，多くの言語では名詞だけを借用し，そこに「do, make」の意味を持つ動詞をつけて新しい動詞を作るのが一般的である．日本語では「－する」，韓国語では「－하다(hata)」を使うのが一般的である．

　　(5)　運動(を)する，チェックイン(を)する，Enjoyする ……
　　(6)　운동(을)하다, 체크인(을)하다, Zerox 하다 ……

　外来語動詞の構造はNVであるが，NはいつもOであり，Sではない．これは，日本語と韓国語においてOV構造がもっとも基本的な構造であることを物語ると思われる．最近，日本語では「事故る」のような造語法が見られるようになったが，「事故を起こす」，「事故が起きる」という解釈から分かるように，OV構造ともSV構造とも言えそうである．しかし，それは決して生産的であるとは言えない．

　そのほかにも，OV構造の凝集性と直接・間接的に関係を持つと思われる言語現象がいろいろあるが，これは日本語，韓国語だけではなく，言語普遍的なものであると言われる．言語普遍的にOV/VOが，強い凝集性をもつ基本構造であるとすれば，Sは自然とOV/VOの外側に置かれることになるが，主語がOに先行し，さらに文頭に立つのが普遍的であることを考えるとSが

OV/VOに先行するのも言語普遍であると言える.

2.2.2.3. 両言語における統語的現象

　以上で, 言語普遍という側面から, 主語が文頭に立つ傾向, 主語が目的語に先行する傾向, 主語がOV構造に先行する傾向を観察してみたが, 所詮それは世界の諸言語を観察する際に見られる傾向であることにすぎず, 日本語, 韓国語の基本語順を決める決定的な証拠にはならない. 久野(1973)と金承烈(1988)は, それぞれ日本語と韓国語の統語的現象から基本語順の根拠に触れている.

（Ⅰ）ガ格(－ka/i格)重出文と無標識語順：

　日本語には,「主語＋目的語＋動詞」の語順が文法的であって,「目的語＋主語＋動詞」の語順で非文法的な文型がある.

    (7)　a. 太郎がコーヒーが好きなこと
        b. *コーヒーが太郎が好きなこと
    (8)　a. 太郎が英語が話せること
        b. *英語が太郎が話せること

　久野(1973:49-57)は, 目的格を表す「ガ」を認め, 「状態を表す他動詞,他形容詞, 他形容動詞が目的語をマークする助詞として「ガ」をとる」と主張する. そして「僕がお金がほしい, 僕が花がすきだ, 僕がお茶が飲みたい …」のような文を二重主格文と区別して, 「お金が, 花が, お茶が」などを目的語と見なす. (7a), (8a)で, 「太郎が」は主語であり, 「コーヒーが」と「英語が」は目的語である. ここで, 主語と目的語の形態が同じ「ガ」格をとるために語順を固定することが必要となる. 久野(1973:266)は, 語順変換規則に文の多義化を防ぐため, 「同じ格助詞を伴った名詞句は, 語順を変えられない」という原則があることを指摘し, これをもって(7b), (8b)が非文法的文となる原因を解釈した. そして, 「目的語＋主語＋動詞」の語順で文法的でありながら「主語＋目的語＋動詞」の語順が非文法的であるようなことはないが，もし，「目的語＋主語＋動詞」が基本語順であるとすれば，(7b)，(8b)に限って，「目的語＋主語」が義務的に「主語＋目的語」と変換されなければならない．何故そのような規則が存在するのか自然な説明を与えることができない，と久野は言う．

　それでは，久野(1973)の日本語の基本語順に関する以上の解釈で，韓国語の基本語順も解釈できるだろうか．残念ながら韓国語の場合は事情が少々異なる．

　　(9)　a. [?]영희가 철수가 좋다.
　　　　　（ヨンヒがチョルスが好きだ）
　　　　b. 영희가 철수를 좋아한다.
　　　　　（ヨンヒがチョルスを好きだ）
　(10)　a. 영희가 철수(i)가 좋아서 노상 그(i)를 졸졸 따라다닌다.
　　　　　（ヨンヒがチョルスが好きで，いつも彼につき従う）
　　　　b. 철수가 영희(i)가 좋아서 노상 그(i)를 졸졸 따라다닌다.
　　　　　（チョルスがヨンヒが好きで，いつも彼女につき従う）

　韓国語では，(9a)が非文法的文に近い．通常は(9b)のような文が使われるが，その際，目的語は必ず目的格(ul/rul)をとる．つまり，「同じ格助詞」にはならないのである．(9a)のような文が成立するのは，主語が一人称であるときか，(9a)が従属節である場合のみである．主語と目的語が逆転した(10a)と(10b)ではその文の意味が異なるが，久野の「同じ格助詞を伴った名詞句は，語順を変えられない」という原則が有効であることになる．しかし，従属節に見られる語順現象から単文・主節の語順を断定するには無理がある．従属節と主節の語順が異なるのはよくある．例えば，ドイツ語では主節の語順はSVOであるが，従属節の語順はSOVであると言われる．

　金承烈(1988)は，久野(1973)の「ガ格重出文」のアプローチからは，韓国語の基本語順を断定することが難しいことを指摘し，格標識が省略されるか，或いは現れない無標識語順をもって韓国語の基本語順を説明している．

(11)　a. 아빠(가) 엄마(를) 사랑해. (パパ　ママ　愛している)
　　　b. 엄마(가) 아빠(를) 사랑해. (ママ　パパ　愛している)

　(11a, b)は, 格標識が省略された無標識語順である. 文の同義性を排除するためには主語と目的語の語順は固定されなければならない. つまり, 主語と目的語は無標識語順をとるとき, 語順を変えられないのである. (11a)では「パパ」が主語,「ママ」が目的語となり, (11b)ではその逆となる. このことは, 韓国語は基本語順が「主語＋目的語＋動詞」であることを物語っている. 金承烈(1988)は, これについて隣接条件(Adjacency condition)で解釈を与えている. つまり,「一つの構造体をなす成分は, それらが特定の構造体の成分であることを明示的に表わす統語的装置がないときは, 必ず隣接配置されなければならない」(金承烈, 1988:40). 韓国語は動詞末尾型言語であり, Lehmann(1978), Slobin(1979)のOV構造がもっとも原初的で基本的構造であるという主張が正しいとすれば, (11a)では「ママ」, (11b)では「パパ」が動詞の「愛する」に隣接配置されなければならない. このように, 目的語が優先的に動詞に隣接配置されると, 主語は文頭に押し出されることになるが, その結果, (11)に見られるようなSOVという語順が固定される. ところで, 日本語も韓国語のように格標識が省略されることがある. とすれば, 金承烈(1988)のアプローチは日本語にも省略可能な条件としてそのまま適用できることになる.

　(Ⅱ) 再帰代名詞化と語順：
　久野(1973)は, 日本語の基本語順が「主語＋目的語＋動詞」であるとすれば, 次の文の文法性, 非文法性が自然に説明できると主張する.

(12)　a. 太郎が自分をほめた.
　　　b. *自分が太郎をほめた.
　　　c. ?自分を太郎がほめた.
　　　d. *太郎を自分がほめた.

　再帰代名詞化が，常に，主語を先行詞として前向きに適用される規則で，語順変換に先行する規則だと仮定すれば，(12b)の非文法性は，この規則が逆向きに，目的語を先行詞として適用されたことのためであり，(12d)の非文法性は，この非文法的な(12b)がそのもとになるからである，他方，(12c)が，(12b)と(12d)よりはるかに文法性が高いのは，再帰代名詞化条件が犯されていないからである，と久野(1973)は言う．さらに続けて，もし「目的語＋主語＋動詞」が基本語順であれば，「太郎が自分をほめた」の意味で，(13)が文法的であってもよさそうなはずである．ところが，(13)は完全に非文法的である．

(13)　*太郎を自分がほめた．（12d）

　久野(1973)のこのアプローチは韓国語の場合もそのまま適用できる．(12)と(13)を韓国語に訳して置き換えると次のようになる．韓国語文の文法性と非文法性が日本語とまったく同じである．

(14)　a. 다로오가 자기를 칭찬했다.
　　　b. *자기가 다로오를 칭찬했다.
　　　c. ?자기를 다로오가 칭찬했다.
　　　d, *다로오를 자기가 칭찬했다.
(15)　a. *다로오를 자기가 칭찬했다.

(Ⅲ)「ハ」(-nun/un)の〈主題〉と〈対照〉：
　日本語の主語に「ハ」が附加されると，＜主題＞と＜対照＞の何れとも解釈しうる文ができるが，目的語に「ハ」が附加されると，＜対照＞としか解釈できない文が派生するのが普通である．これは，韓国語も同じである．主語に「ka/i」が附加されると，＜主題＞と＜対照＞の何れとも解釈できるが，目的語に「ka/i」が附加されると，＜対照＞としか解釈できないのが普通である．

(16)　a. <u>太郎は</u>花子を殴った.（〈主題〉又は〈対照〉）

　　　b. <u>花子は</u>太郎が殴った.（〈対照〉のみ〉）

(17)　a. <u>다로오는</u> 하나코를 때렸다.（〈主題〉又は〈対照〉）

　　　b. <u>하나코는</u> 다로오가 때렸다.（〈対照〉のみ〉）

　久野(1973)は，SOVが基本語順であるとすれば，基本語順で文頭に現れる構成要素のみが文の主題となり得る，という極めて自然な説明が可能であるが，OSVが基本語順だとすると，何故，(16a,b)に見られるような現象が一般的なのか，自然な説明ができなくなると言う．久野の主張が正しいとすれば，韓国語においてもこのような統語現象が基本語順の判断の根拠の一つとなるのである．

(Ⅳ) 主語化と語順：

　久野(1973)は，「主語化」という規則を提案している．主語化とは文頭の「名詞句＋の」を「名詞句＋が」に変えてその文の新しい主語にするものである．

(18)　a. 文明国の男性の平均寿命が短い.

　　　b. 文明国の男性<u>が</u>平均寿命が短い.

　　　c. 文明国<u>が</u>男性の平均寿命が短い.

　　　d. 文明国<u>が</u>男性が平均寿命が短い.

　主語化は，主語の句頭に現れる「名詞句＋の」には適用できるが，目的語の句頭に現れる「名詞句＋の」には適用できない.

(19)　a. このクラスの生徒が他のクラスの学生を羨ましがっている.

　　　b. このクラスが生徒が他のクラスの学生を羨ましがっている.

　　　c. ?このクラスが他のクラスの学生を生徒が羨ましがっている.

　　　d. *他のクラスがこのクラスの生徒が学生を羨ましがっている.

　　　e. *他のクラスが学生をこのクラスの生徒が羨ましがっている.

　(19b)は，主語の句頭に現れた「このクラスの」が，主語化されて生じた形式である．(19d)は，目的語の句頭に現れた「他のクラスの」が主語化されて生じた形式である．(19b)は文法的であるが，(19d)は完全に非文法的である．(19d)の非文法性が，「他のクラスが」と「学生を」とが隣接していないことに由来するのではないことは，(19c)の文法性，(19e)の非文法性が示す通りである．(19c)では，「このクラス」と「生徒が」とは隣接していないが(19c)は，(19d)，(19e)よりはるかに文法性が高い．久野は，この現象はSOVが基本語順だとすれば自然な説明を与えることができると言う．すなわち，主語化は，文頭の「名詞句＋の」にのみ適用し，主語化の適用後，語順変換によって，古い主語の残り部分と，文の他の構成要素とが語順を変え得ると言えるわけである．他方，OSVを基本語順だとすれば，何故文頭にあるはずの目的語から，「名詞句＋の」を「名詞句＋が」として抽出できず，何故文頭にない主語から，それが可能であるかの説明ができないことになる．久野(1973)の文頭名詞句の主語化によるアプローチも，基本的にそのまま韓国語に適用できそうである．(18)を韓国語に訳して置き換えると次のようになる．

(20)　a. 문명국의 남성들의 수명이 짧다.
　　　b. 문명국의 남성들이 수명이 짧다.
　　　c. 문명국이 남성들의 수명이 짧다.
　　　d. 문명국이 남성들이 수명이 짧다.

(21)　a. 이 학급의 애들이 다른 학급의 학생들을 부러워한다.
　　　b. 이 학급이 애들이 다른 학급의 학생들을 부러워한다.
　　　c. ?이 학급이 다른 학급의 학생들을 애들이 부러워한다.
　　　d. *다른 학급이 이 학급의 애들이 학생들을 부러워한다.
　　　e. *다른 학급이 학생들을 이 학급의 애들이 부러워한다.

　日本語と同じように韓国語でも，久野の主語化が主語の文頭に現れる「名詞句＋ui」には適用できるが，目的語の文頭に現れる「名詞句＋ui」には適用できないのである．つまり，韓国語においても，主語化が基本語順判断の根拠の一つになると言えそうである.

　（Ⅴ）スクランブリング(Scrambling)と語順：
　Chomskyの GB 理論では, 英語のような文の成分の位置が形式的に固定される言語を「階層型言語」(configurational languages), 韓国語や日本語のような文の成分の位置が形式的に固定されない言語を「非階層型言語」(non-configurational languages)と区分したことがある.[18]　階層型言語と非階層型言語を区分する主張のもっとも中心的な提案を主語と目的語の関係に限って見ておくと, 階層型言語では主語と目的語が VP という接点の存在によって構造上, 非対称的な位置に生成される(S[[NP][VP][[NP][V]]])のに対して, 非階層型言語ではそうした非対称性が構造上表示されず(S[[NP][NP][V]]), 「平板構造」(flat-structure)を持つということになる. 日本語と韓国語がこのような「平板構造」を持っているとすれば, 主語, 目的語が特定の統語的位置に結びつけられる必要性がなくなり, したがってその語順が自由であることが自動的に説明されることになる.

　しかしこの提案は, ある意味で普遍文法構造を目指す生成文法のこれまでの研究成果を否定するものでもあった. つまり, 階層構造やそれに基づいて規定される移動変形操作などに関する英語を始めとする階層言語研究で明らかになったもっとも重要な統語上の一般化が, 日本語, 韓国語のような非階層型言語の分析には直接の関わりを持たないことになるのである. 80年代以後の「原理とパラメータのアプローチ」(Principles and Parameters Approach)と呼ばれる考え方を基本とする生成文法研究では, そのような問題がすぐさま見直され, それまでに普遍文法に含まれていると論じられてきた階層構造や移動変形といった観点から日本語や韓国語も英語と基本的に同じ土俵上で分析可能であるだけではなく, そうした観点からの分析が必要であるという経験的な議論が多くの研究者によって提示された(竹沢・Whitman,1998:12参照). その基本的論点は, 日本語などは主語が目的語に先行する SOV が基本語順であり, 英語と同じように VP の介在によって主語と目的語が非対称的な位置に生成されるという階層性の存在に関する主張と,さらにそれと連動して，　OSVの語順は移動変形操作(Move-α)の一種である「スクランブリング」が目的語を文頭に移動することによって派生されるとする移動操作の存在に関する主張である．以下，日本語を例にして紹介するが韓国語の場合も適用される．

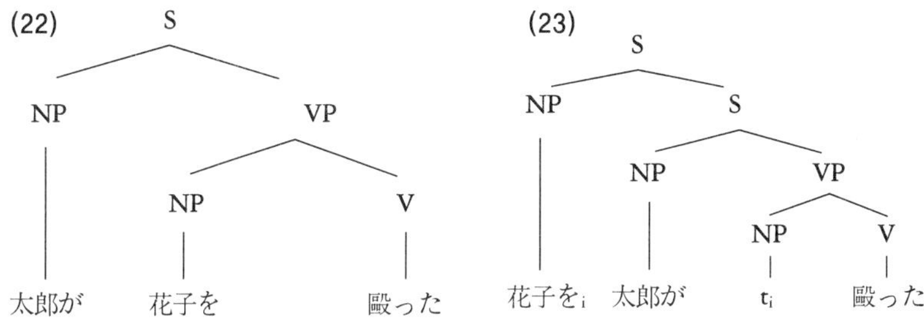

(22)で示すように，D構造では動詞の位置を除いて英語と同様のVP構造を持っている．そしてこれにスクランブリングが適用されて，(23)に示すように，目的語が元の位置に「痕跡」(trace，移動された要素と同一の指標をもつtで示される)を残して前置され，それがSに「付加」(adjoin)することによってS構造が派生される．

　日本語の階層性とOSV語順をめぐるこのような分析が英語の分析の単なる当てはめでないことを示す証拠として幾つかの統語現象が議論されたが，竹沢・John Whitman(1998)は，遊離数量詞現象を使って，日本語の階層性と移動の証拠を示している．これについて詳しく述べる余裕がないが，非常に大まかに言うと次のようである(例文はそのまま引用)．

(24)　a. 学生が三人酒を持って来た．
　　　b. 学生が酒を三本持って来た．
(25)　*?学生が酒を三人持って来た．

(24)では，主語と目的語を修飾する数量詞(numeral quantifiers, NQ)がそれぞれの後ろに現れており，どちらも問題のない文である．しかし(25)のように主語とそれを修飾する数量詞の間に目的語が介入すると極めて不自然な文になる．主語と数量詞の間に時間を表わす文副詞などが介在できるために，「隣接性」(adjacency)の観点からはこの現象が説明できない．しかし，(22)のような階層構造を用いるとそれがうまく説明できるのである．つまり，(25)は「NQとそれが修飾するNPとは同じ接点によって直接支配されていなくてはならない」という遊離数量詞の姉妹関係制約(相互c－統御制約)に違反する文だからである．

　竹沢・Whitman(1998)は続いて，　OSVの語順がSOVからスクランブリングによって派生されたことを示す証拠を，　遊離数量詞現象を使って説明した．(25)とは違って，(26b)は，目的語とそれを修飾するNQの間に主語が介入しても不自然な文にはならない．目的語がVP内の位置から文頭に移動されたと考えればこれは簡単に捉えることができる．

(26)　a.　^{?*}学生が酒を三人持って来た．（＝(25)）
　　　　b.　酒を学生が三本持って来た．

(27)

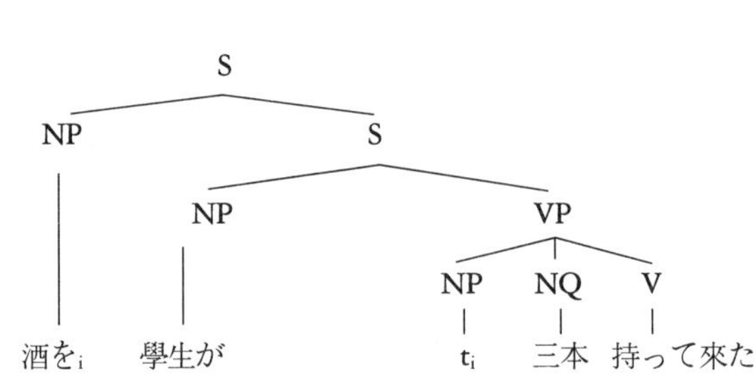

　この構造では，移動する際に残された痕跡tとNQが姉妹関係にあり，先述の姉妹関係制約を，「NQは，それが修飾するNP，或いはそのNPの痕跡と同じ接点によって直接支配されていなければならない」と少しだけ改定すれば(26a)との対比がきれいに説明できる．このことは日本語のOSVの語順がSOVの語順から派生されたとする考え方を支持するものであると考えられる．

　Whaley(1997)は，言語の基本語順を判断する方法として次の四つ傾向を提案した．a)ネーティブスピーカーによって基本語順と強く感じられる語順が基本語順になる傾向がある．b)より頻繁に現れる語順が基本語順になる傾向がある．c)もっとも無標の語順が基本語順になる傾向がある．d)文脈のない文の語順，語用論的にテキストのもっともニュートラルな部分で現れる語順が基本語順になる傾向がある．最初のa)は母語話者の直感のことである．日本語も韓国語も母語話者の直感ではSOVがOSVより自然な文，つまり基本語順であると思われる．次のb)は頻度のことであるが，Hawkins(1983:13)もある言語に二つの語順が許容される場合どちらが基本語順であるかについて，「一つの語順がもう一つの語順より頻繁に出現するとき，より頻繁に現れるほうが基本語順である」と指摘した．われわれは，日本語と韓国語において経験的，統計的に「…が…を」と「…ka/i…ul/rul」の出現頻度が「…を…が」と「…ul/rul…ka/i」より優勢であることを知っている．国立国語研究所の統計[19]によると，「…が…を」の頻度数が「…を…が」の約17倍である．韓国語においては，柳東碩(1986:578)は，「我われは経験的に国語において'主語＋目的語＋述語'の語順が'目的語＋主語＋述語'の語順よりはるかに多く発話されることを知っている」と，指摘した．また，本研究の統計でもSOVがOSVの約18倍であることが([表5－4]と[表5－5]参照)明らかになった．c)の無標の語順とは音韻，形態，統語のレベルで最小限の標識をもつ成分配列のことである．形態のレベルにおいては，日韓両言語のSOVとOSVに付加的な形態標識がない．しかし統語のレベルでは，OSVがSOVからかき混ぜ規則によって派生されたとすれば，当然OSVが有標の語順となるはずである．そして，音韻のレベルでもOSVに追加的イントネーションなど付加され，より有標的な語順となる．Hawkins(1983:13)も「一つの語順が文法的に無標的で，もう一つが有標的であるとき，無標的であるほうが基本語順となる」という基準を提案した．最後のd)は，中立的な条件での語順のことを指す．特別な文脈とか語用論的条件がないとき使われる語順のほうが基本語順に相応しい．例えば，特定の成分を強調する文の語順は当然ながら基本語順としては相応しくないのである．日韓両言語において，文脈のないときよく使われるのはOSVではなくSOV語順である．そのために，日本語と韓国語を外国語として教えるとき，はじめに教えるのはOSVではなくSOVである．以上のように，Whaley(1997)の基本語順を判断する四つの方法で日韓両言語の語順を見ると，両言語の基本語順はSOVであると考えられる．

2.2.3. 両言語の語順体系

　2.2.1で日本語と韓国語の基本語順がSOVであることを確認し，2.2.2ではその根拠を整理した．そして，両言語のSOV基本語順の根拠となるものに多くの共通点があることがわかった．2.2.3では，両言語の語順体系の全体を視野に入れてその類似点を観察してみたい．

2.2.3.1. 語順体系の類似性(Ⅰ)－付属成分と主要成分の語順

　これまで，日本語と韓国語の基本語順がSOVであることを確認したが，前の部分でも少し言及したように，言語類型論でのSOVという基本語順特徴はその他の語順特徴と含意的な相関関係を持つことになる．基本語順以外の語順特徴について，2.1の両言語の構造的類似性を記述する際にも少し触れたが，ここでは角田(1991)を中心にもう少し観察してみたい．角田(1991)は，言語類型論の観点から130の言語の19項の語順特徴を付録にまとめ，語順という側面から世界言語の中での日本語の位置づけを示している．以下，日本語と韓国語の語順体系の類似性を観察するために角田(1991)の附録から日本語，韓国語，英語，タイ語の語順を取り出して表にまとめると次の[表2－5]ようになる．ここで，英語を選んだのは，日本語の特徴を議論する際に，しばしば英語との比較対照がその前提となることが多いからである．そして，タイ語を選んだのは，タイ語は語順全体において一貫して日本語・韓国語と逆の語順をとることが多いので日本語・韓国語の語順の説明に有益だと思うからである．

[表2-5] 日本語, 韓国語, 英語, タイ語の語順

語順 ＼ 言語	日本語	韓国語	英語	タイ語
[1] S, OとV	SOV	SOV	SVO	SVO
[2] 名詞と側置詞	＋	＋	－	－
[3] 所有格と名詞	＋	＋	＋－	－
[4] 指示詞と名詞	＋	＋	＋	－
[5] 數詞と名詞	＋	＋	＋	－
[6] 形容詞と名詞	＋	＋	＋	－
[7] 關係節と名詞	＋	＋	－	－
[8] 固有名詞と普通名詞	＋	＋	－＋	－
[9] 比較の表現	＋	＋		
[10] 本動詞と助動詞	＋	＋	－	－＋
[11] 副詞と動詞	Vより前	Vより前	様々	様々
[12] 副詞と形容詞	＋	＋	＋－	
[13] 疑問の印	文末	文末	無し	文末；質問の焦点直後
[14] 一般疑問文でのS, V倒置	無し	無し	有り	無し
[15] 疑問詞	平叙文式	平叙文式	文頭	平叙文式
[16] 特殊疑問文での, V倒置	無し	無し	有り	無し
[17] 否定の印	動詞語尾	V又は助動詞の直前；否定助動詞	Vの直後	否定の焦点の直前
[18] 條件節と主節	＋	＋	＋－	＋－
[19] 目的節と主節	＋	＋	－	－

　角田(1991)の附録は，130種にものぼる厖大な量の言語について，その語順特徴をまとめているために，そこに選ばれた19の比較項目とは，比較対象諸言語の最大公約数的なものであると考えられる．よって，角田自身も言っているように附録の表に示したものは，あくまでも諸言語の語順特徴の概略である．しかしながら，附録は諸言語の語順のもっとも基本的な特徴を押さえていると思われる．一般に，語順とは文節(語の集まり)の中での語の順序，文の成分の中での文節の順序，文の中での文の成分の順序，及び文の中での節の順序などをまとめて言うものであるが，附録はその殆どに

ついて触れている.

　[表2－5]から分るように, 全体的に見て日本語とタイ語の語順はかなり一貫して逆であるが, 日本語と英語の語順は共通する部分もかなりある. 一方, 日本語と韓国語は[17]の否定の語順を除くと語順全体がほぼ同じである. 否定の印について, 角田(1991:21)は「日本語では, 動詞, 形容詞などは －(a)na－, －enなどの接尾辞で示す」 と述べ, 韓国語との違いを示しているが, 実は韓国語と共通点を持っている. 日本語とは違って, 韓国語には先行否定(pre-verbal negation)と後行否定(post-verbal negation)の区別があるが, 先行否定には否定副詞「아니/안, 못」が使われる. 先行否定は日本語にはないものである. 後行否定には「－지 아니하다/않다, －지 못하다」が使われる. この後行否定は見方によっては構造的に日本語とまったく同じであるとも考えられる. 角田(1991)は附録で, 否定の印について日本語は「動詞語尾」, 韓国語は「否定助動詞」 と区別しているようであるが, 日本語の「nai, －en/n」を否定助動詞と見る観点もある. 韓国語の後行否定の「－지」は, 否定接尾辞であり, 「아니하(다)/않(다), 못하(다)」は日本語の「ない, ん」と同じ助動詞(補助用言)である. 両言語の動詞構造の違いから日本語の「未然形(－a)」 と韓国語の否定接尾辞(－지)が同じであるとは言えないが, 否定の語順という観点から見るとまったく同じである. [1], [2], [3], [6]について, 日本語と韓国語がSOV, PO, GN, ANの語順をとることは前節でも述べたとおりである. また, [3]～[9], [11], [12], [18], は, それぞれ修飾するものと修飾されるものの語順である. [表2－5]で分かるように, 日本語と韓国語では修飾するものが一貫して修飾されるものに先行する. 一般言語学ではhead(主要部)とdependent(付属部), 或いはhead (中心部)とmodifier(修飾部)という用語がよく使われる. この用語で日本語と韓国語の語順の基本的な規則を整理してみると[表2－6]のようになる.

[表2-6]　日韓両言語の語順規則(Aは常にBの先に立つ)

A　付属部	B　主要部
目的語	動　詞
主　語	動　詞
副　詞	動　詞
副　詞	形容詞
本動詞	助動詞
名　詞	側置詞
所有格	名　詞
指示詞	名　詞
數　詞	名　詞
形容詞	名　詞
關係節	名　詞
固有名詞	普通名詞
從屬節	主　節

　つまり，　日本語と韓国語において付属部は常に中心部に先行するのである．本動詞と助動詞，名詞と側置詞などについて，[20]　どちらが主要部でどちらが付属部かの判断に難しい部分もある．ただ，日韓両言語において，それらの相対的な語順は厳しく制限されており，英語やタイ語とは逆の語順をとる．もっと言えば，両言語において格成分内部の語順と述語成分内部の語順(文節内部語順)は固定されているのである．

　普通名詞と固有名詞の語順は，外来語を使うホテルの名前などでは，「<u>ホテル</u>クレリオン東京, <u>ホテル</u>モントレ山王, <u>호텔</u> 센트로, <u>호텔</u> 그린월드」のように両言語とも「普通名詞－固有名詞」の語順になることがある．しかし，「固有名詞－普通名詞」の語順が一般的である．また，数詞と名詞の語順では，「学生(が)<u>三人</u>(が)きた, お酒(を)<u>一杯</u>(を)飲んだ, 학생(이) <u>세 명</u>(이) 왔다, 술(을) <u>한 잔</u>(을) 마셨다」のように，数量詞が修飾する名詞に前置することも後置される(数量詞の遊離)こともできるが，　非常に興味深い統語現象である．ただ，両言語の数量詞有遊離現象には少し違い見られる．それについては，塚本(1986)が詳しく考察を行っている．

　従属節と主節の語順において，日本語と韓国語は，従属節が常に主節の先に立つ．しかし英語とタイ語は，条件節は普通主節に先行するが目的節は必ず後行し，主節と従属節の語順に一貫した規則性が見当たらない．一方，英語とタイ語には，意味的条件によって従属節と主節の語順が規制される原則が働いている．[21]

　要するに，日本語と韓国語の語順体系におけるもっと基本的な語順規則は，従属部が主要部の先に立つという文法的規則である．その意味で，日本語と韓国語は典型的な「主要部末尾型」(head-final)言語である．

2.2.3.2. 語順体系の類似性(Ⅱ)－格成分の語順と修飾成分の語順

　以上で見たように，日本語と韓国語において付属部と主要部(修飾成分と被修飾成分を含む)の語順は文法的にかなり厳しく制限されている．しかし，もう一方で，両言語とも格成分どうしの語順，修飾成分どうしの語順などはかなり自由な一面もある．両言語の主要部と付属部の語順を「固定語順」(Rigid Word Order)と呼ぶならば，付属部どうし(正確には，修飾成分どうし，格成分どうし，或いは係り成分どうし)の語順は「自由語順」(Free Word Order)と呼ぶことができる．「自由語順」という特徴は，両言語の語順のもう一つの共通点である．[表2－7]は，両言語における転換可能な主な語順パターンを大まかにまとめたものである．

　日本語と韓国語の格成分の語順が自由であることは広く知られている．両言語とも基本語順がSOVとOSVのどちらであるかを決めることが難しいほど目的語と主語の語順は自由である．主格と目的格の他にも時格，位格，与格，道具格，手段格，状態格などいろいろあるが，それらの格による補語成分どうしの語順もかなり自由である．日本語と韓国語の格成分のこのような語順特徴について，言語類型的観点から両言語を非階層構造の平板的言語であると解釈する研究もあれば，生成文法理論の枠組みの中でスクランブリング規則を使って解釈する研究もある．[22]　しかし，いずれにしても格成分の出現位置の転換を可能にするのは発達した格標識である．つまり，日本語と韓国語の格成分の文法的機能は語順より格標識によって表されるのである.

　修飾成分どうしの語順には, 主名詞を修飾する(連体修飾)形容詞と形容詞, 形容詞と動詞, 指示詞と形容詞, 指示詞と動詞, 名詞と形容詞, 名詞と動詞の語順などと, 述語を修飾する(連用修飾)副詞と格成分の語順などが挙げられるが, 日本語と韓国語においてそれらの語順は比較的に自由である. ただ, 修飾成分どうしの語順転換は, 中国語のような主に語順によって文法的機能が表示される言語にも見られる統語現象である.

[表2-7] 日本語, 韓国語の格成分と修飾成分の語順

成分の語順	例
格成分 ＋格成分	○ 次郎に本をあげる⇔本を次郎にあげる
	○ 철수에게 책을 주다⇔ 책을 철수에게 주다
形容詞 ＋形容詞	○ 安くて美味しい店⇔美味しくて安い店
	○ 싸고 맛있는 음식점 ⇔ 맛있고 싼 음식점
指示詞 ＋形容詞	○ この赤い帽子 ⇔ 赤いこの帽子
	○ 이 빨간 모자⇔ 빨간 이 모자
指示詞 ＋動詞	○ あの輝く星 ⇔ 輝くあの星
	○ 저 빛나는 별⇔빛나는 저 별
名詞の ＋形容詞	○ ピアノの美しい音色 ⇔ 美しいピアノの音色
	○ 피아노의 아름다운 음색 ⇔ 아름다운 피아노의 음색
名詞の ＋動詞	○ 父の震える右腕 ⇔ 震える父の右腕
	○ 아버지의 떨리는 오른 팔⇔ 떨리는 아버지의 오른 팔
形容詞 ＋動詞	○ 彼女の濡れた赤い顔 ⇔ 彼女の赤い濡れた顔
	○ 그녀의 젖은 빨간 얼굴 ⇔ 그녀의 빨간 젖은 얼굴
副詞(陳述) ＋格成分	○ ぜひこの問題を調べてください ⇔ この問題をぜひ調べてください
	○ 꼭 이 문제를 조사해 주세요⇔이 문제를 꼭 조사해 주세요
副詞(接續) ＋格成分	○ 彼はしかしながらそれが言えなかった⇔しかしながら彼はそれがいえなかった
	○ 그는 그러나 그 말을 못했다⇔ 그러나 그는 그 말을 못했다

副詞(様態) ＋格成分	○ ゆっくり酒を飲む ⇔ 酒をゆっくり飲む ○ 천천히 술을 마신다 ⇔ 술을 천천히 마신다
副詞(時間) ＋格成分	○ 彼が今日來る ⇔ 今日彼が來る ○ 그가 오늘 온다 ⇔ 오늘 그가 온다
副詞(評価) ＋格成分	○ 父は幸いにも倒れなかった ⇔ 幸いにも父は倒れなかった ○ 아버지는 다행히도 알지 않았다 ⇔ 다행히도 아버지는 알지 않았다

2.2.3.3. 語順体系の類似性(Ⅲ)－統語的制約と心理的制約の語順

　日本語と韓国語の格成分の語順が比較的に自由であるのは，格成分の文法的機能が主に形態標識よって明示的に表示されるからであると考えられる．したがって，格標識が明示的でない場合とか，格の意味が同一の形態標識によって表示される場合などは，その語順を固定しなければならない．また，修飾成分の語順が自由であるのは，二つ，或いは二つ以上の修飾成分が被修飾成分に対して，構造・文法的に対等の資格を持ち，同等の修飾機能を果たすからであると考えられる．したがって，構造的，機能的同質性が保証できない場合にはその語順の転換が不可能となるのである．

　格成分と修飾成分の語順が自由であることは，裏を返して言えば，両言語の格成分と修飾成分の語順は文法規則の強制的支配をそれほど受けないということでもある．しかし，日本語と韓国語において，すべての格成分とすべての修飾成分の語順が自由であるわけではない．なお，語順が自由であると言われる格成分と修飾成分の場合においても，そこに何の制約もないというわけではない．

　自然言語は時間の流れに沿って一つ一つ並んで出てくる線条性の特徴を持っている．そのために，どの言語にも，特定の成分が線条上の特定の位置に置かれなければならない，というような語順制約(constraints on word order)がある．大まかに言うと，語順制約には統語的制約と心理的制約というものがある．つまり，自然言語における構成素の配列は，言語の統語的規則の制約とともに，言語主体の心理的働きの制約も受けるのである．言語によっては，構成素の配列において統語規則の制約が強かったり言語主体の心理的働きの制約が強かったりなどの違いはあるが，統語的制約，或いは心理的制約をまったく受けない言語とは考えられない．

　日本語と韓国語は中国語，英語のような言語に比べて語順が自由であると言われるが，しかし述語と格成分(補足語)の語順，修飾語と被修飾語の語順などは統語・文法的に厳しく制約されている．また，目的語や主語の語順が自由であるとは言え，両言語にはSOVという基本語順が認められる．この基本語順というものは主に統語・文法的規則に支えられていると考えられる．つまり，主語と目的語は，文の中核成分である述語と直接結びついて統語的関係を持ち，両言語のverb-finality規則により共に述語の左側に配置される．ただ，目的語と主語は互いに直接的な統語的関係を持たないために，それらの前後位置は，それぞれの述語との統語・意味的関係，結びつきの強さによって間接的に決められる．日本語と韓国語においても構造的，意味的に目的語と述語との結びつきがもっとも強く，目的語が述語に隣接配置された結果，主語が目的語の外側に置かれることになり，所謂SOVという基本語順ができあがるのである．他の補足語の語順も基本的に同じ原理で決まる．

　日本語の学校文法では橋本進吉の考え方に従って，格成分(補足語)の語順に一定の決まりがないとされているが，しかし，古くは，岡田(1899)において，「主部→対部→補部→客部→説述部」の語順と補部の「時→所・方向・又は動作の終結→品物→目的・原因・又は結果」の語順を「正序」としており，最近では，実際の文章から，佐伯(1975a)は「位格(トキ→トコロ)→主格→与格→対格」「発格→着格」となる傾向を，宮島(1962)は「時→所→主体→ようす・対象→結果」「状況語→陳述成分→主語→目的語→連用語→補語」となる傾向を指摘している．

　韓国語研究でも，兪吉濬(1909)，朴勝彬(1932)などによって「正序」，「順置」，「正側」などが指摘された．このような「正序」とか，「傾向」などは，いわゆる「基本語順」，「標準語順」，「自然な語順」とも言われる無標の語順であるが，そこには前述の主語と目的語の語順の場合と同じような統語的制約が働いていると考えられる．逆に言うと，日本語と韓国語の場合，補足語(格成分)の文法的機能が主に格標識によって明示的に表示されるために，補足語の語順に対する統語的制約は非常に緩やかで，間接的であると言える．しかし，緩やかであれ間接的であれ，そのような統語的制約が間違いなく存在するために，「正序」とか「傾向」という語順が云々できる．統語的制約は安定した語順を指向するからである．[23]

　しかし実際，言語の語順とは統語的規則の制約だけではなく，言語主体の認知・心理的嗜好や志向の制約も受けることになる．つまり，言語主体は実際の言語使用において，ただ受身的に統語・文法的規則に従うのではなく，伝達の目的を達成するために様々な文脈や状況に応じて統語・文法的規則の許す範囲内で，意図的に構成素に対する再配列を行うことができるのである．例えば，日本語と韓国語において，SOVが基本語順であるが，実際の言語行為では話し手の主観的な意図によってOSV語順になることもよくある．また，日本語や韓国語のような動詞末尾型言語では，動詞の直前に直接目的語，その前に間接目的語，さらにその前に様々な状況格を置くのが無標の語順であるが，(28)，(29)のように目的語が関係節を含む複雑な構造になると，目的語成分が動詞の直前の位置を離れて間接目的語に先行する傾向がある．

(28) a. 太郎は花子に昨日妻がデパートから買ってきた赤い靴をあげた．
　　 b. 太郎は妻が昨日デパートから買ってきた赤い靴を花子にあげた．
(29) a. 철수는 영희에게 어제 아내가 백화점에서 사온 빨간 신을 줬다.
　　 b. 철수는 아내가 어제 백화점에서 사온 빨간 신을 영희에게 줬다.

　これは，Hawkins(1983)の所謂「重さによる配列の原理」(Heaviness Serialization Principle)で解釈できる統語現象であるが，文法の強制的支配によるものではなく，聞き手の文の理解における負担を最小限にしようとする言語主体の認知的な理由と密接な関係を持つ．なお，(28b)，(29b)で，時間語が関係節の中に移動している．これも時間語の修飾範囲を明確にしようとする話し手の心理的働きによるものである．日本語と韓国語の修飾語どうしの語順においても，文法の強制的支配が働かない場合が多いが，その際の語順は主に言語主体側の心理制約によって決められる．

　日本語と韓国語は，格成分の語順，修飾成分の語順などが言語側の強制的支配を受けないことが多いだけに，語順における心理的制約の働きが大きい．ただ，ひと言で心理的制約と言っても，それは統語的制約ときれいに区別できるわけでもない．そして，心理的制約には様々な複雑なものが含まれる．それについては，後でまた各章で詳しく述べることにする．

2.3. 両言語における語順の相違点

　日本語と韓国語の構造的類似性のために，両言語の語順において目立った相違はそれほど多くないように見える．しかし，細部においては当然ながらかなり違う場合が少なくない．以下，両言語順における主な相違点を整理してみたい．

2.3.1. 文末表現における文法要素の語順

　日本語と韓国語において，語順の相違点が比較的にはっきりした形で現れるのは文末表現の語順であると言えよう．両言語の文末表現の語順に触れた研究には，浜田(1969)，北嶋(1977)，油谷(1992)などがある．これらを参考にしながら両言語の文末表現の語順を少しばかり観察してみよう．

　日本語と韓国語は共に膠着語として，実質的な意味を表す用言の語幹に文法的意味を表すいくつかの拘束形式が連続的に付加されるが，文の成分の場合とは違って，文法的意味を表す要素が拘束的であるために，両言語において，それらの語順が一致するかしないかが比較的にはっきりしてい

る. 例えば, 日本語の「行かれませんでしょうか」は, 「語幹＋尊敬＋否定＋丁寧＋推量＋疑問」の語順をとるが, 韓国語の「가시지 않겠어요?」は, 「語幹＋尊敬＋否定＋推量＋丁寧＋疑問」という語順になる. ここで両言語の違いは, 「丁寧」と「推量」が逆の語順をとるということである. また, 「丁寧」と「否定」, 「時制」などの語順にも違いが見られるが, その特徴と言えば, 韓国語では丁寧語尾が常に文末に位置するのに対して, 日本語では韓国語のように文末に位置することもあるが, 「丁寧」が先行するパターンが一般的である. この他にも, 尊敬や「ている」が加わったときの語順, 否定疑問と付加疑問における否定と過去・相などの語順など, いろいろ興味深い問題が多いが, 比較的際立った違いだけをまとめると[表2-8]のようになる.

[表2-8] 日本語, 韓国語の文末表現における語順の相違

文法要素	語　順	例
丁寧・否定	丁寧＋否定 否定＋丁寧	行きません. 行かないです.
	否定＋丁寧	가지 않아요
丁寧・過去	丁寧＋過去 過去＋丁寧	食べました. 寒かったです.
	過去＋丁寧	갔어요
丁寧・否定・過去	丁寧＋否定＋丁寧＋過去 否定＋過去＋丁寧	出かけませんでした. 出かけなかったです.
	否定＋過去＋丁寧	가지 않았어요.
丁寧・推量	丁寧＋推量	行きませんでしょうか.
	推量＋丁寧	가시지 않겠어요?

2.3.2. 複合語における構成素の語順

　複合語とは語基と語基との結合したものを指すが, 複合名詞, 複合動詞の他にも複合形容詞, 複合形容動詞, 複合副詞など様々なものがある. そしてその意味構造は並列関係のものと修飾関係のものとに分けられる. 並列複合語の構成要素配列において, 両言語に多くの共通点が見られる(両言語で

同じ意味を表わす語基から構成される複合語)が，当然，相違も見られる．ただ，文末表現における両言語の相違は，言語の「構造的な差異」と言えるほど一貫性があるのに対して，複合語における相違は，「偶然のズレ」と言えるほど量的に少なく，一貫性というものがほとんど見られない．それでもその中には興味を引くものがある．[表2－9]は日本語と韓国語の複合語における語順の相違の主なパターンをまとめたものである．それに基づいて両言語の複合語における語順の違いを見てみる．

　複合語の語基が意味・構造的に並列的な関係にある場合，語基と語基の配列は基本的にその言語の文法規則の強制的支配を受けない．つまり，言語側からは，ある語基が必ず語頭に置かれなければならないという必然性はない．しかし，そこに何の原則(制約)もないということでもない．一般的に言って，並列複合語の語基の語順は，言語主体の現実世界に対する認識と概念化の仕方により制約され，その語順が固定されることが多い．言語主体の世界に対する認識と概念化は，人類共通の普遍的な一面があれば，同じ文化を共有する特定の社会集団に特有のものという一面もある．Ross(1982:282)のMe－First原則は並列表現における構成要素の順序を制約する普遍的原理の一つであると言われる．Me－First原則とは大旨次のようなものである．われわれは通常，自分(Me)を原型的なもの，典型的なもの，もっとも規範的なものと考えることが多いが，言語表現において並列される二つの成分のうち，もっとも自分(Me)をよく描いたもの，よく特徴付けたもの，或いは自分に近いものを前に配置する．よって，近称指示詞は遠称指示詞に先行し(this and that)，人が動物に先行し(man or beast)，有情が無情に先行し(people and things)，成人が非成人に先行し，男性が女性に先行(men, women, and children)する傾向がある．これらは，自分(Me)が発話行為における時間・空間的中心に位置する成人であり男性であり人間であることを表わしている．その他にも「論理的思考の原則」，「時間的順序の原則」，「言語習慣の原則」[24]など様々な原則が提案された．ただ，並列複合語の語順には社会・文化的な価値観の制約も働くのである．

[表2-9] 日本語，韓國語の複合語における語順の相違

複合語の類型	例
名詞の複合形	縦横/横縦－가로세로, 後先/前後ろ－앞뒤, 昼夜－밤낮, 白黒/黒白－흑백, －아래위, 良妻賢母－현모양처(賢母良妻), 古今東西/東西古今－동서고금(東西古今)……
副詞の複合形	あちこち－여기저기(こちあち), あれこれ－이것저것(これあれ), かれこれ－그럭저럭……
形容詞の複合形	青黒い－검푸르다, 赤黒い－검붉다……
動詞の複合形	飲み食いする－먹고 마시다, 行き來する－오고가다, 受け渡しする/やり取りする－주고받다……　着替える－갈아입다, 乗り換える－바꿔타다, 考え直す－고쳐 생각하다, 出し遅れる－늦게 내다, 書き續ける－계속 쓰다……

　日本語と韓国語の並列複合語の場合，構成素の語順に(漢語も含めて)言語を越えた共通なものが多い．例えば，「手足－손발，天地－하늘땅，兄弟－형제，妻子－처자」などは，空間的位置，世代的位置の上下関係から配列される．「良し悪し－좋고나쁨」などは，肯定要素から否定要素の順に配列される．このように両言語に共通点が多いが，違いも見られる．例えば，「縦横」も「横縦」も韓国語では「가로세로」(横縦)になる．韓国語では漢語の「縦横(종횡)」は存在するが固有語として「세로가로」(縦横)は存在しない．「白黒」は韓国語で漢語「흑백」(黒白)のように構成素の配列も逆になる．ただ日本語には「黒白」(こくびゃく，くろしろ)も存在する．「後先」と「前後ろ」は韓国語では「앞뒤」(前後)となり，「뒤앞」(後前)にはならない．漢語としても，日本語の「前後」に当たる「전후(선후)」は韓国語にも存在するが，「후선，후전」(後先，後前)は存在しない．は韓国語では「밤낮」となり，配列が逆となる．ただ漢語としては「日夜(にちや)，昼夜(ちゅうや)」に対応する「주야(昼夜)」が韓国語にもある．[25]

　副詞的な機能をする「あちこち，あれこれ，かれこれ」なども両言語の語順が逆になる．韓国語の「이・그・저」は，おおよそ日本語の「こ・そ・あ」に対応するが，ここで指示詞と指示詞系列形容詞の複合において，日本語は「遠＋近」の語順をとるのに対して，韓国語ではその逆の「近＋遠」の語順

をとり，一貫性が見られる．

　複合形容詞「青黒い，赤黒い」，複合動詞の「飲み食いする，着替える，乗り換える」なども構成素の配列が韓国語とは逆になる．日本語の「受け渡しする/やり取りする」は韓国語では「주고받다」になる．[26]「着替える，乗り換える，考え直す」などは厳密に言えば語基が並列的な関係にあるとは言い難い．韓国語では「갈아입다，갈아타다，고쳐　생각하다」のように修飾と被修飾の関係になるが，その造語法の違いは両言語の構造上の微妙な違いを映し出している．

　「行き来する」は，日本語では「遠＋近」の語順となるのに対して，韓国語では「近＋遠」の語順となり，その対立は，「行ったり来たりする－오고가다(왔다 갔다하다)」のように複合語の上の慣用的な表現のレベルでも保たれているようである．指示詞と指示詞系列形容詞の複合において両言語の逆の配列が確認されたが，その延長として慣用的表現のレベルでも日本語の「遠＋近」配列，韓国語の「近＋遠」配列という一貫性が見られる．例えば，「あの手この手－이런 방법 저런 방법，ああやれこうやれ－이래라저래라，ああでもないこうでもない－이것도 아니고 저것도 아니고，あの人この人－이 사람 저 사람……」と対応される．また，時間的な前後関係を表す名詞の複合語の「後先」に対応する韓国語は「뒤앞」ではなく「앞뒤」であるが，このような構造の違いは，「<u>後にも先にも</u>，あんなに朝から晩まで恋愛に熱中していたことはない．<u>이전에도 이후에도</u> 그렇게 아침부터 밤까지 연애에 열중했던 적은 없다.(『角砂糖』)のように，語より上のレベルでも見られる．

2.3.3. 副詞的修飾語(成分)の語順

　品詞論の観点から副詞という品詞が認定されているが，実際に，「副詞とは何か」，「これは副詞か」という問題になると迷うことが少なくない．機能という側面から見ると，副詞はおもに用言(動詞，形容詞，形容動詞など)

とか文を修飾する働きをする(一部体言を修飾する副詞もある). しかし, 用言や文を修飾する機能をするのは副詞だけではない. 形容詞(「早く」), 形容動詞(「きれいに」), 動詞の活用形(「いそいで」), 名詞の転用(「今日」「今」), 連語(「しらずしらず」「あっという間に」)なども同じ機能をする. また, 副詞の修飾の様相は多岐にわたっており, 下位の機能も多種多様であるために, その実体は非常にとらえにくい. 研究者によっては重視する面も異なり, それにしたがって名称が異なったり, 名称が同じでもその下位クラスに属する個別の副詞が異なったりすることも少なくない. ここでは, 機能を中心にもとの品詞や語構成に関わらず「副詞的修飾成分」 と一括して扱うことにする.

　日本語も韓国語においても, 副詞的修飾成分の語順はかなり自由である. つまり, 副詞を含めて副詞的修飾成分の位置的転換が比較的に自由である. しかし, 副詞的修飾成分の語順が比較的自由であるからといって, すべての副詞的修飾成分がそうであるということではない. また, 副詞的修飾成分の語順に何の原則もないということでもない. 一般的に言って, 副詞的修飾成分どうしの場合, 主観的なものから客観的なものへ, 述語と結びつきの弱いものから強いものへ, 広い範囲を修飾するものから狭い範囲を修飾するものへ, 述語との共起制限が少ないものから多いものへなど,という原則が両言語の副詞的修飾成分の配列には存在する. 述語を修飾する副詞と格成分の語順は比較的自由ではあるが, それでもその順序は, 副詞的修飾成分と格成分のどちらが長いか, どちらに指示性があるかといった要因によって変化する.[27]

　副詞的修飾成分の語順が比較的に自由である, という点では日本語と韓国語は非常に類似している. しかし, 副詞的修飾成分の位置転換の具体的な仕方や度合のことになると, 両言語の相違を捉えるのが非常に難しい. 副詞的修飾成分は文のさまざまな層を作用域として機能しており, 両言語の副詞的成分のスコープが必ずしも同じであるとは考えられないからである. ただ, ここでは両言語において意味・機能的にもっとも近いと思われる成分(構成要素)を前提に, 著しく異なると思われる相違のパターンについてごく簡単に触れておきたい.

　　まず, 連語的(慣用的)性格の強い次の副詞の語順についてみよう. 日本語において, 分量表現(数量表現)を伴って「これ以上の, なおさらに」という意味を表す副詞「もう」は, いつも分量表現(数量表現)に先行する. 日本語の副詞「もう」に対応する韓国語の副詞に「더」がある. しかし韓国語の「더」は常に分量表現(数量表現)の後ろに置かれる. 例えば, 「もう少し(二時間)待ってください－조금(두 시간) 더 기다려주세요」, 「もう一つ(一羽)あげるよ－하나(한 마리) 더 줄게」, 「もう三人要ります－세 명 더 필요합니다」, 「もう一回やります－한 번 더 하겠어요」などのようになる. また, 繰り返しの意味を表す「もう一度」は, 韓国語では副詞「다시」を使い, 「한 번 다시」とも「다시 한 번」ともなり, 副詞が数量表現の前にも後ろにも来る. ただ, 否定の表現を伴い同じことが繰り返されることがない意を表す「두 번 다시」(二度と再び)は, 「다시 두 번」と言わない.

　　次に, 「さらに」という程度の意味を表す副詞「もっと」の語順を見よう. 韓国語では程度副詞の「더」が「もっと」にもっとも近い.

(30)　a. 僕はホテルに<u>もっと</u>泊まりたい.
　　　　b. 僕は<u>もっと</u>ホテルに泊まりたい.
　　　　c. <u>もっと</u>僕はホテルに泊まりたい.
　　　　d. 나는 호텔에 <u>더</u> 머물겠다.
　　　　e. 나는 <u>더</u> 호텔에 머물겠다.
　　　　f. *<u>더</u> 나는 호텔에 머물겠다.

　　文の「自然さ」という点で若干差はあるものの, 日本語では程度副詞「もっと」の位置が非常に自由である. それに対して, 韓国語の程度副詞「더」は文頭に置かれることができない. これに似たような統語的現象は少なくない.

(31)　a. 由紀は<u>ゆっくりと</u>学校へ行った.
　　　　b. <u>ゆっくりと</u>由紀は学校へ行った.
　　　　c. 유키는 <u>천천히</u> 학교에 갔다.

　　　　d. *천천히 유키는 학교에 갔다.
(32) a. 剛史は<u>とても</u>やさしい.
　　　b. <u>とても</u>剛史はやさしい.
　　　c. 다케시는 <u>매우</u> 착하다.
　　　d. *<u>매우</u> 다케시는 착하다.
(33) a. 星が<u>きらきらと</u>ひかる.
　　　b. <u>きらきらと</u>星がひかる.
　　　c. 별들이 <u>반짝반짝</u> 빛난다.
　　　d. ?<u>반짝반짝</u> 별들이 빛난다.
(34) a. 剛史は由紀を<u>ギュッと</u>抱きしめた.
　　　b. 剛史は<u>ギュッと</u>由紀を抱きしめた.
　　　c. <u>ギュッと</u>剛史は由紀を抱きしめた.
　　　d. 다케시는 유키를 <u>꼭</u> 끌어안았다.
　　　e. ?다케시는 <u>꼭</u> 유키를 끌어안았다.
　　　f. *<u>꼭</u> 다케시는 유키를 끌어안았다.

　(31)で，副詞が文頭に来る韓国語の文(d)は日本語の文(b)に比べると明らかにおかしい文である．(32)も同じである．(33)では，日本語の(b)が非常に自然な文であるのに対して韓国語の(d)は少し違和感がある．(34)では，日本語の文(a),(b),(c)すべて自然な文であるが，韓国語の文(e)はかなりおかしく，(f)は非適格文である．(34)の文を「由紀は剛史にしっかりと抱きかかえられた」のように受身文に変えても同じである．

　このように，両言語の副詞的修飾成分の文中位置に違いが見られる．しかし，連語的性格の強い表現での語順を除くと，両言語における副詞の位置の相違は決してはっきりしたものではない．上の例からもわかるように，その違いは「自然さ」程度のことで現れることが多い．これについては後半でまた詳しく触れることになる．一言で副詞的修飾成分の語順といっても，そこには副詞と副詞の語順，形容詞と形容詞の語順，動詞と動詞の語順，形容詞と副詞の語順，副詞成分と格成分の語順などさまざまなものが含まれ，非常に複雑であるが，ここではごく一部について触れた．

2.3.4. 連体修飾語の語順

　ごく概略的に言って，文法的修飾機能には体言(名詞)を修飾する機能と用言(動詞,形容詞など)を修飾する機能がある．先に触れた副詞的修飾成分は後者のほうであるが，ここでは体言を修飾する機能を持つ連体修飾成分の語順について少しばかり触れておきたい．

　すでに言及したように，日本語と韓国語は主要部末尾型言語として中心部(head)である被修飾語の名詞(「核名詞」と呼ぶ)と修飾部(modifier)の語順は固定されており，その位置転換は基本的に不可能である．しかし，核名詞に二つ以上の修飾語(句・節)が先行するとき，その修飾成分どうしの語順は比較的自由であり，位置転換が可能な場合が多い．ごく大雑把言うと，核名詞の前に置かれる連体修飾成分には動詞，形容詞，名詞，連体詞(冠形詞)などがあるが，修飾名詞が連体格の形態標識(格助詞)を持つ場合，これらの修飾成分の位置転換は比較的自由である．しかし，連体修飾語どうしの語順が自由であるからといってそこに何の制約もないということではない．佐伯(1975a, 1975b, 1998)，野田(2000)，呉(2000)，小池(2000)，森田(1994)，蔡琬(1986)，金承烈(1988)，成耆哲(1992)，深見(2000)などは音韻・意味・機能の諸側面から日本語と韓国語の連体修飾成分の語順について触れている．これらの研究によると，文法の強制的支配を受けない連体修飾成分どうしの語順にも，微妙ながらもある種の原理らしきものが働くこともあり，特定の要素が特定の条件下で特定の位置に置かれることが多いという「傾向」も一部見られる．

　日本語と韓国語の連体修飾語の語順についての対照研究は，現在まだほとんど行われていないのが実情であり，今の段階では両言語の相違というものを指摘することはできない．それについては，これからの活発な研究が期待される．ここでは連体修飾の語順と関係する言語現象の幾つかをあげてみることにする．

　　(35) a. 昨日，友だち三人が遊びに来た．
　　　　　 b. 昨日，三人友だちが遊びに来た．

  c. 어제 <u>친구 세 명</u>이 놀러왔다.

  d. [*]어제 <u>세 명 친구</u>가 놀러왔다.

(36) a. <u>家族三人</u>東京で暮らせる日を夢みた.

  b. <u>세 가족</u>이 도쿄에서 함께 살 수 있을 날을 꿈꾸었다.

(37) a. タクシーは<u>国道199号</u>を走った.

  b. 택시는 <u>199번 국도</u>를 달렸다.

 (35a)の「友だち三人」は, 体言(名詞)と体言(数量詞)結合で, 統語的に「友だち」と「三人」は同格成分であるが, 意味的には「三人」が「友だち」を修飾している. その意味で「友だち三人」は後置修飾(post head modifier)の連体修飾構造をなしている. 韓国語(35c)でも同じである. 一方, (35b)の「三人友だち」は同格成分ではない. 「三人」は意味的に「友だち」と関わっているが, 統語的には副詞的役割をする. 韓国語では日本語のような構造が回避される(35d). つまり, 副詞的役割をする成分が名詞を修飾する位置(名詞の前)に現れる曖昧な構造が韓国語では許されない. 韓国語では, 副詞的役割をする数量詞「세 명」を「어제 친구가 <u>세 명</u> 놀러왔다」のように副詞本来の位置に戻すか, 「어제 <u>세 명의</u> 친구가 놀러왔다」のように「세 명」に連体格(属格)の「의」を与え, それの連体的機能をはっきりさせなければならない. 数詞が副詞的役割をする恐れのない場合は, 数詞に連体格を与えない. 例えば, 韓国語では「어제 <u>세 친구가</u> 놀러왔다」と言う文は成立するが, この文の数詞「세」には, 副詞的役割もし得るという機能的曖昧さがない. ちなみに, 数量表現において, 日本語は「<u>友だちが三人遊びに来た</u>」の文がもっとも無標(unmarked)のパターンであるのに対して, 韓国語は「<u>친구 세 명이</u> 놀러왔다」のような文がもっとも無標である. 日本語では数量詞が副詞的役割をする表現が好まれるのに対して, 韓国語では名詞的に使われる表現が好まれると言えよう. (36)の「家族三人」と「세 가족」は, 慣用化された表現とも言えようが, 日本語は数量詞が副詞的に核名詞を修飾するのに対して, 韓国語は数詞が連体語として核名詞を修飾した結果, 両言語の語順が逆になっている. (37a)の「国道199号線」は「199号国道」と言えない

ことはないが，日本語では一般的に前者が使われるようである．韓国語では，ごく特別な場合を除けば(37b)の「199번 국도」のように，数量詞が核名詞の前に置かれ核名詞を修飾する語順が一般的である．つまり，日本語では前置修飾(pre-head modifier)の連体修飾構造が一般的でありながら後置修飾(post-head modifier)の連体修飾構造も使われる．それに対して韓国語では基本的に後置修飾の構造だけが使われると言えよう．

2.4. まとめ

　本章では，先行研究を検討しながら語順の類似と相異という観点から両言語の語順体系を概観してみた．日本語と韓国語は言語構造の様々なレベルで多くの類似点を共有しており，その中でも語順が「一致する」ということは広く知られている．両言語は基本語順が同じであり，そして，格の形態標識による文法機能表示の結果，かかり成分どうしの語順が比較的に自由である．当然ながら両言語語順の細部においては相違も認められる．しかし両言語の語順に見られる相違とは，基本的に構成要素が固定化された語のレベル，或いは慣用的な表現のレベルのものが多い．文の構成要素の語順になると，統語的規則で識別できる相違は比較的少ないと言える．つまり，言語構造という側面から両言語の語順を見るとき，両言語は極めて類似している．ただし，この場合の類似とは，あくまでも「言語能力」という側面からの類似であり，実際の言語運用で言語能力がどのように履行されるのかという問題の研究は非常に興味深い課題である．次章からは言語運用という側面で両言語の語順の類似と相違について考察してみたい．

複文における主語と連用節の語順 ^{第3章}

3.1. はじめに

　第2章では，日本語と韓国語の語順全体における類似と相違について概観してみた．そこからわかるように，文末表現や複合語のレベル(語の構成要素のレベル)，一部慣用的表現のレベルでは両言語の語順の違いが少し見られるものの，文の成分のレベルになると両言語の語順は極めて似ている．第2章で，文の成分のレベルの副詞などの語順の違いについても少し触れたが，しかし両言語において，そのような違いは決して多く見られない．また，実際は，その「違い」を判定することも非常に難しい(第2章の例文30〜34参照)．通常，修飾成分と被修飾成分は隣接配置されることが望ましいが，左方支配型の自由語順言語である日本語と韓国語の場合，被修飾成分の左側であれば，副詞的修飾成分は基本的にどの位置にも置かれることができる．その際，他の成分の介入により修飾成分と被修飾成分の統語的関係が曖昧になることがある．介入する成分が複雑になるほど曖昧さも増し，次第に「非文法的な文」になる．しかし多くの場合，母語話者なら当該成分の意味・統語的特徴からそれらの統語的関係を正確に推理することもできる．すると，修飾成分と被修飾成分の間に他の成分が介入するとき，どこまでを「文法的な文」，或いは「非文法的な文」と判定するかが非常に難しくなる．

つまり，「文法的な文」と「非文法的な文」に一線を画することは容易でない．これは，文の成分のレベルで日本語と韓国語の語順を比較対照するとき，ただ統語・文法的観点から両言語の相違を考察することは極めて難しいことを意味する．しかし，この場合の所謂「文法的な文」と「非文法的な文」を連続的なものとして捉えると，選択可能な幾つかの語順が，実際両言語においてどのように選択され使われるかに微妙なズレがあると考えることができる．第1章でも述べたように，ある言語の特徴を問題にするとき，言語の構造を見るだけでは不十分で，その構造がその言語の話し手によってどのように履行されるかというパフォーマンスの面での特徴も確認しなければならない．

　日本語と韓国語は基本語順が同じであり，また語順が比較的自由である点でも極めて似ている．しかし，言語が異なるからには，実際の両言語の語順選択に何らかの相違が見られるはずである．人間の言語行為とは言語の統語・文法的規則だけではなく，言語主体(言語使用者)の認知・心理的制約も受けるからである．Weil(1878)によれば，語順は，何よりもまず，言語主体の心の動き，思考の順序を映すものである．第3章からは言語の統語的規則の強制的支配を受けない成分の語順について考察してみたい．　本章は複文における主語と連用節の語順について考察する．

3.2. 複文と主語について

3.2.1. 複文と連用節

「複文」とは「単文」に対立する文法概念である．しかし日本語においても韓国語においても，複文の概念と範囲，及びその下位分類に定説があるわけではない．本章では，日本語と韓国語の複文における主語の語順をめぐって考察を行うことになるが，その前にまず，両言語の「複文」の概念について，筆者の基本的な認識を示しておきたい．ただ，複文の概念と複文構造の本質に関わる問題に深く立ち入るつもりはない．両言語の語順を比較するにあたって，複文構造の類似性と対応関係を示すためのもっとも基本的な認識と立場だけを述べておきたい．

　まず，複文と単文の概念に関わる問題から考えてみる．文はその構造から単文(simple sentence)と複文(complex sentence)に分けられる．単文とは単一の述語を中心としたまとまりからなる文のことである．これに対して複文とは，複数の述語を含み，それぞれの述語を中心とした複数のまとまりからなる文であると考えられることが多い．そして複文における文のような形をしている述語を中心としたまとまりを節(clause)と呼んでいる．また，複文を構成する複数の節の中で，原則として文末の述語を中心とした節が文全体をまとめる働きをするが，これを「主節」(main clause)と呼んでいる．主節は，一般的にそれだけで文として独立できるものである．一方，主節以外の節は，主節に依存することで文の一部を構成するが，それらを一括して「従属節」(subordinate clause)と呼んでいる(研究者によって，主節に対して従属的関係でなく，対等に並ぶ関係にある「並列節」を認めることも多い．また，並列節からなる文を複文と区別して重文(compound sentence)と呼ぶこともある)．日本語の複文研究において，南(1974)，益岡・田窪(1992)など大方の研究はこのような考え方をもとに複文の構造を記述している．複文を複数の節が集まってできたものと考えるこのような考え方を「節の結合説」とも呼ぶことができるが，これに対して，複文は単文の一部分が拡張されるとき，それが節になったものであると考える「成分の拡大説」がある．野田・益岡(2002)によると，複文とは単文の述語，又は格成分が「限定的拡張」，或いは「並列的拡張」により節になってできたものである．[28]

　複文の概念の画定において，「結合説」にせよ「拡大説」にせよ(その他の観点からの研究も含めて)，共通しているのは節というものの存在を基準としていることである．そして節を「文のような形をしている」ものと見ることである．[29] つまり，複文の下位分類は別として，単文であるか複文であるかの区別は，節を規定する基準によって決まることになる．ところで，日本語の場合(韓国語もそうである)はこの節の規定基準が極めて曖昧で，複文と単文の境界が容易に定まらないことが多い．節を主語と述語からなるまとまりと考える見方もあるが，しかし英語やドイツ語とは違って，日本語や韓国語のような言語では主語が文構成の必須成分ではない．述語文で主語は任意であり，省略されることもできる．単文におけるこのような主語の任意性はそのまま「文のような形をしている」と言われる節のレベルに反映されることになるが，どの程度の「述語を中心としたまとまり」，或いは「拡大された成分」を「文のような形」と認めるかはいつもはっきりしているわけではない．[30] 要するに，文に近い形をしている節を複文の概念画定の基準とする際，複文と単文の境界が決めにくい問題点がある．

　韓国語の場合も大体日本語の場合と同じことが言える．韓国語の複文研究においても節を含んでいるかどうかのことで単文と複文を区別することが多いが，節については，主語と述語を備えているということを節の条件と考える観点(徐正洙, 1996等)と，主に述語を中心としたまとまりで節を規定する観点(野間, 1997等)がある．しかし先にも言及したが韓国語においても主語が文構成の必須成分でないために日本語の場合と同じように単文と複文の境界問題が提起される．また，韓国語の複文研究では，節の概念そのものを認めない見方もある．[31] 節という概念は「主語＋述語」を文構成の基本条件とする印欧諸語に適するものであり，述語中心の構造をとる韓国語には適しないと考えるわけである．節を認めない研究では，「진술단위」(陳述単位)をもって複文の概念を画定しているが，この「진술단위」というものも結局は述語を中心とする文に近い形をしているものである．

　以上述べたように，複文の概念は文に近い形をしている部分を含んでいるかどうかを基準にして画定されるが，その際，複文と単文を分けることが難しく，境界が決めにくい場合もある．複文と単文の違いが単に文の形をしている部分を含んでいるかどうかの違いであるとすれば，複文は，文として単文と本質的に違うものではないことを意味する．そういう意味では，複文と単文を区別することはそれほど大きな意味を持たないと言えるかもしれない．しかし複文が単文をもとに言語の文法的規則によって組み

立てられるものであるとしたら，言語構造の記述で複文の概念の画定は当
然重要な意義をもつのである．

　本研究では，述語を中心としたまとまりである節を含む文を複文と考え
ながら，単文と複文の関係については両者の連続性を認め，もっと基本的
な単文らしい単文から，複文らしい複文まで様々な段階があると考える．そ
して，野田・益岡(2002)の指摘した次の五つの性質をもって両言語のもっと
も単文らしい単文，或いはともっとも複文らしい複文を判断する条件とす
る．より多くの性質を備えているほどより典型的な単文，或いはより典型
的な複文になると考える．

　　　(a) 節の述語といえるものがないほうが単文，あるほうが複文
　　　(b) 節の述語が格成分を伴わないほうが単文，伴うほうが複文
　　　(c) 節の述語がテンスの対立をもたないほうが単文，もつほうが複文
　　　(d) 節の述語が実質的意味をもたないほうが単文，もつほうが複文
　　　(e) 節の述語が現れていないほうが単文，現れているほうが複文

　次に，両言語の複文の節の種類(下位分類)について少しばかり触れてみる．
複文とは文全体をまとめる働きをする主節と，主節に対して特定の関係で
結びつく従属節(並列節も含む)からなる文である．ところで，一言に従属節
と言ってもその中には様々な異質のものが含まれている．研究者によって
重視する面が異なると，節の分類の仕方もずいぶん異なることもある．

　本研究では日本語の節の下位分類を次のように規定する．まず，従属節
を，主節に対する従属のしかたの違いによって名詞節，連体節，連用節の三
つの種類に分ける．名詞節は，名詞に相当するもので，節全体が文の述語を
補う名詞の働きをする節である．名詞節は，埋め込み節と呼ばれたり，補足
節と呼ばれたりすることもある．連体節は，名詞を修飾する節であり，関係
節と呼ばれたりすることもある．連用節は，述語を修飾したり，或いは文全
体を修飾したりする従属節である．連用節は広い意味で副詞節と呼ばれた
り，狭い意味で従属節と呼ばれたりすることもある．従来の並列節につい

て，「主節との対等の関係」を認めながらも，並列節の連用修飾的な働きを重視し，本研究では並列節を広義的連用節として扱うことにする．ここで挙げた3種類の節は，文構造の中のどんなレベルで働くかという点で違いがある．連用節は述語に直接かかっていく連用成分(副詞的成分)として働くものであり，成分レベルのものである．名詞節は格成分や述語の中心的な要素である名詞として働くものであり，格助詞や「だ」がつかなければ成分になれないので，成分より下のレベルのものである．連体節は成分の中にある名詞を限定する働きをするものであり，名詞節よりさらに下のレベルで働くものである．

　韓国語の場合も様々な分類の仕方があるが，記述の便利を図るために本研究では日本語の分類に従うことにする．徐正洙(1996)の分類を基に，両言語の節の対応関係を示すと次のようになる．徐正洙(1996)は複文を「対等文」(対等接続文)と「非対等文」(包有文, embedding sentence/従属接続文)に二分し，さらに非対等文(包有文)を「副詞節包有文」，「冠形節包有文」，「引用節包有文」と三分した．大まかに言うと，「対等文」とは並列節を持つ複文であり，「非対等文」とは従属節を持つ複文である．「副詞節包有文」は連用節を持つ文のことである．「冠形節包有文」とは，「関係節」，「冠形化補足節」，「名詞化補足節」を持つ文であり，日本語の名詞節と内の関係にある連体修飾節，外の関係にある連体修飾節が「冠形節」に含まれることになる．すると，本研究で呼んでいる連用節には，およそ韓国語の「対等文」(対等接続文)の並列節，「副詞包有文」(従属接続文)の副詞節(従属節)が対応する．名詞節には，「名詞化補足節」と「冠形化補足節」の一部が対応する．そして連体節には，「関係節」と「冠形化補足節」の一部が対応する．引用節は，日本語では名詞節(補足節)の一つとして扱うことが多い．[32]

3.2.2. 主語について

　本章では複文における主語と連用節の語順について考察することになるが，まずここで主語について少しばかり触れておきたい．

　主語とは曖昧な概念であり，そのために主語の問題は日本語や韓国語の文法研究ではしばしば大きな論争を起こす重要なテーマとなってきた．主語をめぐる論争は大まかに言うと，主語廃止論と主語必要論の対立があり，また，主語必要論は主語と主題の関係をめぐりいくつかの流派に分かれるようである．日本語と韓国語の文法研究では，現在おそらく主語を必要とする立場の研究者が多数派を構成していると思われるが，主語とは何かという問題はいまだにはっきりされているわけではない．それについて詳しく言及する余裕はないが，本研究では暫定的に仁田(1997)に従い主語を次のように規定する．つまり，主語とは述語の表す動きや状態や関係を体現する主体として，文の表している事態が，それを核として形成されている，といった事態の中心をなしている構成素である．また，実際の記述において「名詞成分＋ハ」「名詞成分＋モ」などといった主題形式を持っているものは原則的に文の成分に戻すことができると考え，それらも主語とみなす．そして久野(1973)，柴谷(1978)，仁田(1997など)に従い，「与格主語」と「主格目的語」を認める立場を取る．

3.3. 同一主語複文と主語の位置

3.3.1. 同一主語複文における連用節と主語の語順

　連用節とは，文全体をまとめる働きをする主節に対して従属的な関係で結びつく従属節の一種で，主節の述語を修飾したり，或いは文全体を修飾したりする働きを持つ節である．本研究では連用節の概念を広義的に規定し，並列節の中の連用節的性格を持つものも連用節として扱うことにする．並列節とは，主節に対して対等な関係で並べられる従属節のことである．典型的な並列節は，並列節の部分と主節の部分を入れ替えても意味は変わらない．述語の連用形，「〜たり」という形式，接続助詞「し」などによって従属節が主節に結び付けられる場合は，その従属節は並列節の性格を保持するが，述語の「～て」という形式によって従属節が主節に結び付けられる場合は，並列節の性格を持つこともあるし連用節に移行することもある．つまり，並列節には，主節と入れ替えても意味が変わらない典型的な並列節もあれば，連用節の性格が強い周辺的な並列節もある．

　複文は，二つ以上の節から構成されるわけであるが，節とは複文を構成するところの，述語を中心としたまとまりであるために，連用節を持つ複文の基本構造を　[(NP1)VP1＋(NP2)VP2＋(NP3)VP3＋……＋(NPn)VPn]　のように表すことができる．複文は二つ以上の節から構成される文であるので理論的に節がいくらあってもかまわないが，実際は二つから四つくらいが普通である．

　連用節を持つ複文において，連用節と主節が一つの共通の文法的主語を持つ場合がある．これを本研究では同一主語複文と呼ぶ．南(1974)の従属節の分類から見ると「A類の従属句」(～ながら，～まま，～て，～[連用形など)の複文が典型的な同一主語複文になるが，「B類の従属句」，「C類の従属句」の複文も共通の主語をもつことができる．主節に対する連用節の従属度が大きいほど同一主語複文になりやすい．南(1974)の「A類従属句」の複文は，主節に対する従属度が大きく，従属節と主節は義務的に同一主語を持たなければならない．同一主語複文において主語は一回だけ(或いは一箇所だけに)現れるのが普通であり，その主語は主節の直前に現れることも，従属節の直前に現れることもできる．ただ，複文は複数の述語のかたまり(節)から構成されており，それらの複数の述語が同一の主語を支配するとしたら，主語(NP)が文頭に置かれる　[[NP][(NP1)VP1＋(NP2)VP2＋(NP3)VP3＋……＋(NPn)VPn]]　のような配列が普通の語順であると考えられる．日本語も韓国語も典型的な左方支配型の言語であるために，直接支配される成分は支配する成分の左方に置かれなければならないからである．

　　(1)　a. <u>太郎は</u>コーヒーを飲みながら新聞を読んだ.
　　　　　<u>다로오는</u> 커피를 마시면서 신문을 읽었다.

  b.　コーヒーを飲みながら<u>太郎は</u>新聞を読んだ.

   커피를 마시면서 <u>다로오</u>는 신문을 읽었다.

 (2)　a.　<u>太郎は</u>何も言わずに席を離れた.

   <u>다로오</u>는 아무말도 없이 자리를 떴다.

  b.　何も言わずに<u>太郎は</u>席を離れた.

   아무 말도 없이 <u>다로오</u>는 자리를 떴다.

 (3)　a.　<u>太郎が</u>いれば必ず手伝ってくれる.

   <u>다로오가</u> 있었으면 꼭 도와줄 것이다.

  b.　?いれば<u>太郎が</u>必ず手伝ってくれる.

   *있었으면 <u>다로오가</u> 꼭 도와줄 것이다.

　例文(3)のようなある種の条件節複文に限っては主語の後置が不自然な場
合もあるが, (1)(2)のように多くの場合, 同主語複文の主語の位置は自由で
ある. つまり, 従属節の前に置かれることも, 主節の前に置かれることもで
きる. 久野(1978)などでは, (1)(2)のような同一主語複文で主語が一回だけ現
れるのを主語の省略と看做すが, 本研究は主語の相対的位置に関心を持つ
ために, 同一文中において一つの主語が複数の節に共有されている同一主
語複文を主語の省略があると看做さない.

　主語と連用節の語順は同一主語複文だけではなく, 「今日は遅いので彼は
戻ってきた→彼は今日は遅いので戻ってきた」, 「雨が降るので彼は戻って
きた→彼は雨が降るので戻ってきた」 のような異主語複文でも主節の主語
が自由な場合がある. これについては, 今回の考察の対象から外し, 本研究
では同一主語複文の主語だけを扱うことにする.

3.3.2. 日本語の同一主語複文における主語の位置

　同一主語複文において主語は複数の節に共有されることになるが, 理論
上, その主語は複数の節の左方に置かれることが望ましい. 節とは述語を
中心としたまとまりであり, 述語末尾型言語では述語に結びつくすべての
成分が原則的に述語の前に置かれるからである. しかし, 日本語と韓国語

では主語が従属節の右側に置かれることも少なくない．主語が従属節の前に置かれる主語の前置をAB型，従属節の後ろ，主節の前に置かれる主語の後置をBA型と表すとき，AB型とBA型が並存するということである．理論上はAB型が自然な語順，つまり無標の語順であると考えられるが，実際の言語運用においてはAB型よりBA型の方が自然な場合もある．また，作者(話し手)が意図的にBA型の語順を使う場合もある．それでは，実際の言語使用テキストにおいて日本語のAB型とBA型の分布はどうなるのであろうか．[表3－1]は，6篇の日本語小説を対象にAB型とBA型の分布状況を調査してその数値をまとめたものである．

[表3－1] 同一主語複文における主語の位置－日本語

作　品	大きさ	AB型	BA型
オリオン座からの招待状 (淺田次郎)	321	28(49%)	29(51%)
鉄道員(淺田次郎)	300	57(51%)	54(49%)
ブラジル風のポルトガル語 (大江健三郎)	240	74(81%)	17(19%)
死者の奢り(大江健三郎)	536	135(79%)	36(21%)
山の音*(川端康成)	390	60(88%)	8(12%)
道草*(夏目漱石)	395	59(91%)	6(9%)
計	2182	413(73%)	150(27%)

　[表3－1]で，「大きさ」とは，構造と長短に関係なく，句点を基準に数えた地の文の数である．ただし会話文(括弧でくくられた部分)は含まない．地の文の中に含まれる会話文(地の文とつながっている部分)は地の文としてカウントした．作品名に「*」が付いているのは，中編・長編小説の中から短編小説の大きさと同じ分量(文庫本40頁くらい)を抜粋したテキストである．AB型とBA型の数値は，連用節を持つ同一主語複文の中で実際それぞれが占める文の数である．
　表を見ると，AB型とBA型の分布は作品(或いは作者)によってかなり偏りがある．浅田次郎の二つの作品では五分五分の割合で現れる．大江健三郎の二つの作品では8:2の割合で現れている．「山の音」と「道草」ではBA型の占める数値がもっと小さい．[表3−1]の数値から次のことが言える．日本語の小説において，AB型とBA型の分布は作品のよってかなり偏りがある．しかし，全体的にAB型がBA型より優勢である可能性は高いが，その逆の可能性は極めて低い．[表3−1]が日本語小説の全体におけるAB型とBA型の分布を正確に表したとは思わないが，その数値は，日本語の言語構造に基づいたわれわれの予測と言語的直感に合うものである．従って，本研究では主語前置のAB型が無標の語順で，主語後置のBA型が有標の語順であると暫定的に規定して日本語と韓国語の語順の相違に関する議論をすすめて行きたい．

3.3.3. 韓国語の同一主語複文における主語の位置

　日本語と韓国語の単文の基本語順はSOVである．複文は基本的に単文を基に作られる．複文は，文として単文と本質的に違うものではなく，単に文に近い形をしている部分(節)を含んでいるかどうかが違うだけである．両言語の単文の基本語順が同じであれば，複文の無標の語順も同じである可能性が大きい．つまり，日本語の小説でAB型が無標の語順であるとするなら，構造的に日本語と極めて似ている韓国語の場合もab 型が無標の語順になると予測できる．[表3−2]は，韓国語の小説におけるab型とba型の分布状況を調査してまとめたものである．テキストは日本語と同じように６篇の現代小説を選定した．６篇とも長編小説であるが，100ページ目から地の文１万字(音節)(およそ30頁)を調査資料とした．ab型とba型の項目(列)の数値は，主語の前置も後置も可能な同一主語複文の主語が実際に作品で現れた文の数である．

[表3−2] 同一主語複文における主語の位置−韓国語

作　品	大きさ	ab 型	ba 型
남풍북풍*(이호철)	260	47(92%)	4(8%)
아버지*(김정현)	369	30(75%)	10(25%)
자유의 문*(이청준)	233	28(97%)	1(3%)
서있는 여자*(박완서)	340	59(97%)	2(3%)
마당깊은 집*(김원일)	290	86(91%)	8(9%)
신의 짚팡이*(정동주)	365	50(94%)	3(6%)
計	1857	300(93%)	23(7%)

　[表3−2]を見ると，日本語の場合と同じくab型とba型の分布が作品により少し偏りがある．しかし，その偏りは日本語の場合ほど大きくない．また全体を見るとab型が明らかにba型より優勢であることも見取れる．[表3−2]の数値から本研究では韓国語小説の場合もab型が無標の語順であると暫定的に規定する．

　さて，[表3−1]と[表3−2]を比較してみると，共通点として言えるのは両言語とも作品によって少し偏りはあるが主語前置のAB(ab)型が主語後置のBA(ba)型より優勢である．一方，[表3−1]と[表3−2]の数値には大きな開きがある．つまり，日本語のBA型は同一主語複文の27％を占めるのに対して韓国語ではab型が7％しか占めない．その開きは，実際の言語使用においては両言語の語順選択に何らかのズレがあることを示唆してくれる．次節からこのズレについて詳しく観察してみたい．

3.4. 対訳小説の比較から見た主語と連用節の語順

3.4.1. 資料の分類

日本語から韓国語に翻訳された対訳小説は，訳文の性格に基づいて［表

3-3] のように大きく三つのグループに分けることができる.

[表3-3] 日韓対訳小説の類型

類　型	作　品	作　者	訳　者
（Ⅰ）	友情, 愛と死…	武者小路實篤	장남호
	小さな王国, 少年…	谷崎潤一郎	장남호
	伊豆の踊り子, 母の初戀…	川端康成	다락원
	羅生門, 杜子春, 鼻, くもの糸…	芥川龍之介	다락원
（Ⅱ）	惑星の泉	丸山健二	김춘미
	雪国, 山の音, 千羽鶴…	川端康成	하근찬
	羅生門, 杜子春, 或阿呆の一生…	芥川龍之介	박진배
	道草	夏目漱石	김정숙
	日蝕	平野敬一郎	양윤옥
	從軍司祭	遠藤周作	유숙자
	ガラスの靴	安岡章太郎	김욱/박지영
	春は馬に乗って	横光利一	김욱/박지영
	挫折	石川達三	오　경
	ブラジル風のポルトガル語	大江健三郎	이영아
（Ⅲ）	死者の奢り	大江健三郎	김욱/박지영
	杜子村	芥川龍之介	김욱/박지영
	月のしずく…	淺田次郎	김미란
	鉄道員…	淺田次郎	양윤옥
	TUGUMI	吉本ばなな	김난주
	KYOKO	村上龍	양억관
	時効を待つ女	新津きよみ	정태원
	過ぎし日の戀	逢坂剛	정태원
	角砂糖	富士本由紀	정태원

（Ⅰ)類は, 韓国語母語話者の中級・上級日本語学習者の日本語習得を目的として翻訳されたものである. 『友情』, 『愛と死』, 『小さな王国』などは韓国の時事日本語社から発行された「日韓対訳日本名作シリーズ」で, 全十巻発行された. 『伊豆の踊り子』, 『羅生門』などは韓国の多楽園出版者から出版し

た全十巻の「日韓対訳文庫」である．母語との比較を通じて日本語を学習さ
せることを主な目的としているために，直訳できるぎりぎりのところまで
直訳しているのが(Ⅰ)類の特徴である．このような直訳は，両言語の言語構
造が極めて似ているからこそできることである．当然ながら(Ⅰ)類では両
言語の語順のズレというものがほとんど見られない．

　(Ⅱ)類は，　一般読者向けの翻訳ではあるが，原文の表現が優先されたと
思われる作品のグループである．つまり，原文の言語習慣(日本語的表現)に
合わせて翻訳されたために語順のズレが非常に少ない．その点では(Ⅰ)類
に近い．例えば『惑星の泉』(丸山健二著，金淑子訳)がその典型的なものであ
り，(Ⅰ)類とほとんど変わらないくらい直訳されている．しかし，(Ⅰ)類と
違うのは，(Ⅱ)類では(Ⅰ)類に比べて原文と訳文に語順が異なる部分がかな
り見られるということである．次の用例を見てみよう．

(4) a.「はい.」と振り向いたが，<u>そのまま菊子は</u>台所へ行った.
　　b. “예.” 하고 돌아보긴 했으나, <u>기쿠코는</u> <u>그대로</u> 부엌으로 갔다.

『山の音』

(5) a. 僕は，ものを考える暇がなかった．顔中ジェリだらけになって，<u>僕ら</u>
　　　は接吻した.
　　b. 나는 생각할 여유가 없었다. <u>그녀와 나는</u> 온 얼굴에 젤리투성이가
　　　되어서 길고도 긴 입맞춤을 가졌던 것이다.『ガラスの靴』

　用例(4)では，原文と訳文の主語と副詞的成分の語順が逆になっている．
用例(5)では，主語と連用節の語順が逆になっている．このように語順が逆
になる用例が多くはないが，(Ⅰ)類に比べるとよく目にすることができる．
特にこの類では(4)のような副詞の語順が異なる用例が少なくない．日本語
と韓国語において副詞的成分の語順がもっとも自由であることと関係ある
ように思える．しかし，同じ(Ⅱ)類であっても『惑星の泉』のように極めて
(Ⅰ)類に近いものがあれば，『山の音』や『千羽鶴』などのように次に述べる
(Ⅲ)に近いものもある．つまり，この資料の分類とはあくまでも相対的な分
類である．

　(Ⅲ)類は，(Ⅱ)類と同じく一般読者向けの翻訳であるが，訳者が受身的に原文の表現構造(ここでは主に語順のことを指す)に合わせるのではなく，翻訳者の文の形式に対する積極的，主観的な「書き直し」も行われたと思われる作品のグループである．この類では，副詞的成分だけではなく，主語と連用節，主語と引用節などの語順においても(Ⅱ)類より原文と訳文の語順が逆になるパターンが多くなる．

　当然ながら，(Ⅲ)類でも語順の逆転が多い作品と少ない作品がある．また，原文の表現を優先したか，訳文の側の言語習慣を優先したかを見極めることは決して容易ではない．その意味で(Ⅱ)類と(Ⅲ)類を客観的に区別することはほぼ不可能である．(Ⅰ)類の場合は訳者の意図とターゲットにする読者が比較的にはっきりしているために，　(Ⅱ)(Ⅲ)類と区別することが比較的容易であるが，しかし，(Ⅰ)類に両言語の語順が逆になる用例がまったくないということでもない．次の(6)と(7)では，原文と訳文の副詞の語順が逆になっている．ただ，(Ⅱ)(Ⅲ)類に比べるとそのようなパターンがかなり少ないのである．

(6) a. 私はどうも少し口が早すぎるようです．失礼なことも<u>時々</u>言ったように思いますが，あなたにわかっていただけると安心しています．
　　b. 저는 아무래도 좀 입이 가벼운가 봐요. <u>때때로</u> 말을 실수할 수 있다는 것을 당신이 이해해 주시면 좋겠습니다.『愛と死』
(7) a. 彼は<u>あまりに</u>自分がずうずうしいので杉子もついにおこったのかも知れない．来なければよかったと思った．
　　b. 그는 자신이 <u>너무</u> 뻔뻔스러워서 스기코도 결국 화가 났을지도 모른다는 생각을 했다. 오지 않았더라면 좋았을 걸하고 생각했다.『友情』

　以上，翻訳資料を大まかに三つのグループに分けてみたが，それは相対的なものである．そもそも(Ⅰ)類と(Ⅱ)類は截然たる差異を持つものではない．しかし，翻訳の目的や翻訳者の態度によって訳文の性格にかなりの差が生じることは事実である．最後に，同じ原文でありながら翻訳の目的や訳者の態度の違いにより異なる類型の訳文になる用例を一つ挙げてみる．

(8)　a.　するとどこからやってきたか，突然彼の前へ足を止めた，片目眇の老
　　　　人があります．　<u>かれ</u>が夕日の光を浴びて，　大きな影を門に落とすと，
　　　　<u>じっと</u>杜子春の顔を見ながら，「おまえは何を考えているのだ」　と横
　　　　柄に言葉をかけました．（『杜子春』，芥川竜之介）

　　　b.　그러자 어디서 왔는지, 갑자기 그의 앞에서 발걸음을 멈춘 외눈 사
　　　　팔뜨기 노인이 있습니다. <u>그는</u> 석양빛을 받으며, 큰 그늘을 문께에
　　　　드리우더니, <u>빤히</u> 두자춘의 얼굴을 바라보면서 "너는 무얼 생각하
　　　　고 있느냐?" 하고 거만하게 말을 걸었습니다. (Ⅰ類 : 다락원 訳)

　　　c.　그런데 어디서 나타났는지 갑자기 그의 앞에 발을 멈춘 애꾸눈의
　　　　노인이 있었습니다. 석양의 빛을 받아 커다란 그림자를 문에 드리
　　　　우면서 <u>노인은 가만히</u> 두자춘의 얼굴을보며, "자네는 무엇을 생각
　　　　하고 있나?" 하고 말을 거는 것이었습니다. (Ⅱ類 : 박진배 訳)

　　　d.　<u>그때였다.</u> 어디서 나타났는지 갑자기 그의 앞에는 한쪽눈을 가린
　　　　애꾸눈의 <u>노인이</u> 모습을 드러냈다. <u>노인은</u> 석양의 빛을 받아 커다
　　　　란 그림자를 문에 드리우면서 천천히 두자춘에게 가까이 다가와서
　　　　는 두자춘의 얼굴을 <u>물끄러미</u> 바라보았다. 한참동안을 그렇게 두
　　　　자춘을 바라만 보고 있던 노인이 갑자기 두자춘에게 질문을 했다.
　　　　"자네는 무슨 생각을 그렇게 골똘히 하고 있나?" (Ⅲ類 : 김욱/박지
　　　　영 訳) 역

　例文(8)の(b)，(c)，(d)は，日本語の原文(a)の訳文である．（Ⅰ）類の(b)は，
原文にある要素がいちいち訳文に反映されており，構成要素の配列順序も
原文とまったく同じである．（Ⅱ）類の(c)は，基本的に原文と同じ語順をと
りながら主語の位置が原文と違っている．つまり，原文の二番目の文の主
語の「彼が」は，韓国語の訳文で連用節の後ろに移された．次に(Ⅲ)類の(d)
は，主語の位置は原文と同じであるが，副詞「じっと」の位置が目的語の「杜
子春の顔を」の後ろ，連用節の述語「見ながら」の前に移された．それだけ
ではない．　(b)と(c)に比べると訳文が形式的にずいぶん変わってしまった．
まず，文の切り方である．　(b)と(c)は，原文と同じく二文になっているが，
(d)は五つの文に訳された．原文の第一文の「すると」　の部分を「그때였다
(そのときだった)」に訳され一文と切られた．また，原文の第二文の三番目

の従属節までが独立の文として切られており，引用節も第二文から外に押し出され一文をなした．次に，訳文(d)の五つの点線を付けた部分は，原文の字面とおりの意味と異なるか原文には形式的に表現されていないものである．ずいぶん訳者の想像力を働かせた訳文であると言えよう．日本語と韓国語の場合，さすがそこまで原文の表現構造と違う翻訳もさほどないが，それが翻訳される言語習慣に合わせるための工夫であるだけに自然な形の表現であるとも言える．

　（Ⅰ）類，或いは（Ⅱ）類からは（Ⅲ）類ほど両言語の語順の違いを示す用例が多くないが，直訳を原則とする翻訳作品に現れる用例であるという意味では両言語の語順研究の貴重な資料となる．ここでは，語順のズレを示す用例の分布にばらつきがあることからその原因を説明するために対訳小説を三つに分類して考えてみた．本研究では（Ⅱ）類と（Ⅲ）類の作品を中心に考察を行うことにする．

　一方，韓国語から日本語に翻訳された資料には（Ⅰ）類がほとんど見当たらない．（Ⅱ）類か（Ⅲ）類であると考えられるが，（Ⅱ）類と（Ⅲ）類がはっきり区別できるものではない．本研究では（Ⅱ）と（Ⅲ）両方を使うことにした．また，中国語から日本語と韓国語に翻訳された資料も（Ⅰ）類がほとんど見当たらない．少なくとも本研究では使ってない．韓日対訳小説の場合と同じく（Ⅱ）類か（Ⅲ）類に分類できるだろうが，しかし，中国語の構造的特徴からみて，日本語と韓国語に直訳できないものが多いため結果的に（Ⅲ）類が基本になると考えられる．以下から日韓対訳小説, 韓日訳小説, 中日・中韓対訳小説の別に考察を行う.

3.4.2. 日韓対訳小説から見た語順

3.4.2.1. 『鉄道員』(양윤옥 訳)

3.3.2と3.3.3で，同一主語複文の主語と連用節の語順について，両言語の

主語前置型と主語後置型の分布を調査し，両者を比較してみた．[表3−1]と
[表3−2]の比較から両言語の主語後置のBA型とba型の分布にかなりの開き
があることが明らかになった．日本語小説ではBA型が同一主語複文の27％
を占めるのに対して，韓国語の小説ではba型が7％しかならない．もし［表
3−1］と［表3−2］の数値が正しければ，日本語の小説を韓国語に翻訳す
るとき，その開きが対訳小説の同一主語複文の対応関係に反映されるはず
である．つまり，日本語のAB型が韓国語のba型と訳されるAB/ba型が，そ
の逆のBA/ab型より量的に少ないだろうと予想される．

　　まず浅田次郎の短編小説集『鉄道員』(集英社文庫)をその訳文と比較対照
してみよう．短編集『鉄道員』には第百十七回の直木受賞作「鉄道員」をはじ
め「ラブ・レター」など計8篇の浅田次郎の小説が載せられている．原文
と訳文の比較で，語順が逆となる用例が多く見られたが，予想とおり，すべ
ての作品においてBA/ab型の用例がAB/ba型をはるかにうわまわる数値が
出てきた．[表3−4]は8篇の作品における主語と連用節の語順パターンの分
布をまとめた表である．

[表3−4] 複文における主語と連用節の語順『鉄道員』

作　品	大きさ	AB/ab	BA/ba	AB/ba	BA/ab
鉄道員	39	54	27	1	16
ラブ・レター	35	27	18	0	3
惡　魔	34	62	17	0	3
角笛にて	38	25	27	1	10
伽　羅	34	45	19	0	5
うらぼんえ	35	45	16	1	9
ろくでなしのサンタ	13	25	5	0	6
オリヲン座からの招待狀	39	32	18	0	12
計		315	147	3(4%)	64(96%)

　　[表3−4] でわかるように，すべての作品でBA/ab型に比べてBA/ab型の用
例が圧倒的に多い．AB/ba型は全作品の用例を合わせても三つしかない．一

方，BA/ab型の用例は計64となり，原文と訳文の語順のズレが発生した同一主語複文の96％を占める．

　日本語と韓国語の同一主語複文において，AB(ab)型とBA(ba)型は両方とも文法的な文であるために，AB型が必ずab型，或いは ba型と対応するとか，BA型が必ずab型，或いは ba型と対応するという必然性がない．つまり，AB/ba型もBA/ab型も普通にあり得る対応の仕方である．しかしながら，AB/ba型とBA/ab型の割合の開きがそこまで大きくなるとそこに何らかの理由があると思わざるを得ない．

3.4.2.2.『月のしずく』(김미란 訳)

　短編小説集『鉄道員』の原文と訳文の対照から主語と連用節のBA/ab型がAB/ba型をはるかに上回ることがわかった．その原因の一つと考えられるのは翻訳者の翻訳スタイルである．それでは，AB/ba型とBA/ab型の割合の開きが単に翻訳者のスタイルによるものであると断定できるだろうか．つまり翻訳者の個人的好みによる偶然の偏りであると言えるだろうか．浅田次郎のもう一つの短編小説集『月のしずく』(文芸春秋)をその訳文と対照して見たい．短編小説集『月のしずく』には「月のしずく」など計7篇の小説が収められている．小説集『鉄道員』と同じ作者の作品であるが，訳文は違う訳者によって翻訳されている．もし［表3−4］のAB/ba型とBA/ab型の割合の開きが翻訳者の個人的好みによるものであるとすれば，違う訳者によって翻訳された『月のしずく』では違う傾向が見られる可能性が高い．しかし，『月のしずく』でも『鉄道員』と同じ傾向が見られた．[表3−5]は7篇の作品における主語と連用節の語順パターンの分布をまとめたものである．

[表3−5] 複文における主語と連用節の語順『月のしずく』

作　品	大きさ	AB/ab	BA/ba	AB/ba	BA/ab
聖夜の肖像	44	37	16	0	14
月のしずく	64	48	31	0	23
琉璃想	45	35	28	2	17

銀色の雨	38	40	13	0	13
花や今宵	53	14	12	0	10
ふくちゃんのジャック・ナイフ	34	39	10	0	9
ピェタ	52	51	11	1	20
計		264	121	3(3%)	106(97%)

　小説集『月のしずく』では，『鉄道員』の場合と同じくBA/ab型がAB/ba型をうわまわるだけではなく，　BA/ab型とAB/ba型の割合の開きがさらに大きくなった．『鉄道員』には8篇の短編が収められており，BA/ab型の用例が計64例採集されたが，これを平均にすると1篇毎にBA/ab型が8例現れたことになる．『月のしずく』では7篇の短編が収録されており，計106例のBA/ab型が採集された．これを平均にすると1篇に15例現れたことになる．さらにAB/ba型は3例しか採集できなかった．原文と訳文の語順のズレが発生した同一主語複文の1％にもならない．このように，違う訳者の翻訳でありながら同じ傾向が見られたが，これは，対訳小説でのBA/ab型とAB/ba型の割合の開きを，単に翻訳者の個人的な翻訳スタイルよるものであるとは言い難いことを意味する．

3.4.2.3. 「死者の奢り」(김웅・박지영 訳)

　3.4.2.2と3.4.2.3で，浅田次郎の小説集『鉄道員』と『月のしずく』をその韓国語訳文と比較対照し，同一主語複文において日本語のBA型が韓国語ではab型に訳されることが多いのに対して，AB型がba型に訳されることは極めて稀であることを指摘した．そして，『鉄道員』と『月のしずく』の訳文の訳者が違うにも関わらず同じ傾向が見られたことからBA/ab型がAB/ba型をはるかにうわまわる現象は，翻訳者の個人的好みによるものである可能性が低いことを指摘した．

　しかし，当然ながらこれだけでは日本語のBA型と韓国語のab型が対応する言語現象がかなり一般的であるとは言えない．また，訳者が違っても，原文の作者が同じであるために同じ傾向が見られたということが言えるかも知れない．3.3.2の［表3−1］からわかるように，BA型が多いのが浅田次郎の作品の文体的特徴であるとも言える．つまり，浅田次郎の作品ではAB型とBA型が五分五分の割合で出ている．［表3−1]で，日本語の6作品のBA型の平均は0.27である．最大値(0.51)と最小値(0.09)を捨てて残り作品の平均をとっても0.25になる．他の作品より特別にBA型が多いために訳文のとの対照でBA/ab型が多くなった可能性も排除できないのである．

　それでは作者も訳者も違う大江健三郎の短編小説「死者の奢り」の場合について見よう．3.3.2の［表3−1］でわかるように，「死者の奢り」の同一主語複文に置けるBA型の出現率の数値(割合)は0.21である．日本語の平均(6作品)に近い数値であると言えよう．実際，対訳小説「死者の奢り」では，BA/ab型の用例が10例，Ab/ba型の用例が2例採集された．やはり『鉄道員』，『月のしずく』と同じ傾向が見られたことになる．つまり，日韓対訳小説でBA/ab型が圧倒的にAB/ba型より高い確率で現れる傾向を，単に原文の文体的要因によるものであると断定することはできないのである．

3.4.2.4. その他の作品

　以上，『鉄道員』の8篇と『月のしずく』の7篇，そして「死者の奢り」の原文と訳文を対照してみたが，同一主語複文における主語と連用節の語順が原文と訳文で逆になることが多い．そして，その逆になるパターンを見ると，日本語のAB型の語順が韓国語のba型の語順と対応すること(AB/ba)は極めて稀である．つまり，両言語の語順にズレが発生する場合，そのほとんどが日本語のBA型の語順が韓国語のab型と翻訳されるズレである．日韓対訳小説における語順のこのような対応の仕方は，原文の文体および訳者の翻訳スタイルと何らかの関係があることは間違いないと思われるが，しかし，それが決定的な要因であるとは考え難い．前に挙げている対訳小説のほかにもかなり多くの作品で一貫して同じ傾向が見られる．次の[表3−6]は前に触れた対訳小説以外の一部作品の調査をまとめたものである．

[表3-6] 複文における主語と連用節の語順 — 其の他の作品[33]

作　品	大きさ	AB/ab	BA/ba	AB/ba	BA/ab
死者の奢り (大江健三郎, 김웅/박지영)	35(35)	154	14	2	10
ガラスの靴 (安岡章太郎, 김웅/박지영)	19(19)	53	3	0	4
ブラジル風のポルトガル語 (大江健三郎, 이영아)	37(37)	69	6	2	2
氷砂糖(富士本由紀, 정태원)	37(37)	34	10	0	2
時効を待つ女 (新津きよみ,정태원)	35(35)	32	26	0	9
雪　國 (川端康成, 하근찬)	144(144)	265	45	0	3
日　蝕 (平野敬一郎, 양윤옥)	186(186)	350	80	3	15
KYOKO (村上龍, 양억관)	116(116)	290	110	0	13
TUGUMI (吉本ばなな, 김난주)	110(220)	240	25	0	18
計		1487	319	7(8%)	76(92%)

　[表3-6]を見ると，BA/ab型が比較的多く出てくる対訳小説もあれば，か
なり少ない対訳小説もある．例えば，短編小説『時効を待つ女』では9例採集
できたのに対して，長編小説の『雪国』では2例しか現れなかった．また，表
には挙げていないが，当然ながらBA/ab型がまったく見当たらない対訳小
説も少なくない．しかし，AB/ba型と比べるとき，語順のズレが発生するす
べての対訳小説においてBA/ab型が圧倒的に多い傾向は一貫している．

3.4.3. 韓日対訳小説から見た語順

　日韓対訳小説の場合に比べると，韓日対訳小説の場合は資料がそれほど
豊富ではない．また韓国語学習目的で翻訳されたものもほとんど見当たら

ない．日韓対訳小説にも，意図的に原文の表現構造に近づけたと翻訳とそう
でない翻訳があると思われるが，当然ながら両者をはっきり分けることは
できない．ただ，『濁流』(三枝寿勝訳)などのように訳者自身が「直訳」であ
るとはっきり表明しているものもあり，これらの対訳小説は典型的な「直
訳」であると言えよう．

　韓日対訳小説の調査では日韓対訳小説の場合とは少し違う結果が見られ
た．つまり，日韓対訳小説の場合に比べてBA/ab型の傾向がそれほどはっき
り見られなかった．その原因は定かでない．推測の域を越えないが一つの
可能性として考えられるのは翻訳者層の違いである．　韓日の翻訳は日韓の
翻訳に比べ量的にかなり少ない．朝鮮半島での日本語学習と使用の歴史は
長く，今日も韓国には日本語学習者数が多い．それが翻訳者層に大きく影響
を与えているように思われる．日韓翻訳の訳者がほとんど韓国語の母語話
者であるのに対して，韓日翻訳の場合は必ずしもそうではないようである．
在日韓国人・朝鮮人(バイリンガル)による翻訳が多く見られるが，日本語に
精通しているとは言え，微妙に韓国語的な発想に引きずられることもある
のではないかとも思われる．また，日本語翻訳者と韓国語翻訳者の気質と何
らかの関係を持っているかも知れない．[表3−7]は，原文と訳文に語順のズ
レが発生している対訳小説をまとめたものである．

[表3−7] 複文における主語と連用節の語順 − 韓日対訳小説

作品	大きさ	AB/ab	BA/ba	AB/ba	BA/ab
문명인쇄소/文明印刷所 (김준성, 姜尚求)	90(90)	165	5	2	2
화령장기행/化寧場紀行 (강용준, 小野尚美)	47(47)	70	25	0	2
마당깊은집/庭の深い家 (김원일, 李銀澤)	125(250)	385	25	0	7
남풍북풍/南風北風 (이호철, 姜尚求)	123(246)	265	6	4	5
젊은날의 초상/若き日の肖像 (이문열, 根本理恵)	118(236)	180	17	0	3

에미/母 (윤홍길, 安宇植)	160(270)	421	120	8	21
겨울연가(Ⅱ)/冬のソナタ (김은희/윤은, 宮本尙寛)	136(246)	196	28	1	3
아버지/アボジ (김정현, 田嶋きよこ)	145(290)	98	15	0	3
計		1780	241	15(25％)	46(75％)

　[表3−7]からわかるように, 日韓対訳小説の場合に比べてBA/ab型の出現率がかなり低い. また, 副詞など他の要素の語順のズレは見られるが主語と連用節の語順のズレがまったく見当たらない作品の数も日韓対訳小説の場合より多い. また, 「에미(母)」を見るとAB/ba型の用例もかなり多く出てきた. [表3−7]を見る限り, 日韓対訳小説の場合のようにBA/ab型がAB/ba型より優勢であると言うには少しもの足りない気がする. ただし, AB/ba型が優勢であることはあり得ないと考えられる.

3.4.4. 中日・中韓対訳小説から見た語順

　本研究で第三言語の資料として中国語原文の小説を選んだ. 日本語と韓国語は構造的に似通っているために, 日本語の文を韓国語に翻訳したり韓国語の文を日本語に翻訳したりするとき, 無意識のうちに原文の言語構造に引きずられる可能性も十分あると考えられる. 勿論, 意識的に直訳することもある. 一方, 中国語は日本語, 韓国語とは違う言語構造を持っているために中国語原文の小説を日本語, 或いは韓国語に翻訳するとき, 構造的に原文に引きずられる可能性が低いと考えられる. 仮に訳文が中国語の言語構造に引きずられる可能性があったとしても, その日本語の訳文に韓国語の影響があるとか, 韓国語の訳文に日本語の影響があると言うことはまず考えられない. 中国語から翻訳された日本語の小説と韓国語の小説には, 日韓対訳小説と韓日対訳小説の場合よりもっとそれぞれの言語の自然な形に近い表現が使われていると考えることもできる. その意味で中国語の小説を日本語と韓国語に訳した資料は，日本語と韓国語の語順研究における貴重な資料となる．[表3−8]は，中日対訳小説，中韓対訳小説の対照から採集したBA/ab型とAB/ba型の用例をまとめたものである．

[表3−8] 複文における主語と連用節の語順−中日・韓日対訳小説)

作品	大きさ	AB/ab	BA/ba	AB/ba	BA/ab
故郷(魯迅, 竹内好/강계철)	16(16)	46	5	0	5
阿Q正伝 (魯迅, 竹内好/윤화중)	52(52)	155	8	3	26
子夜(茅盾, 竹内好/김하림)	200(386)	810	39	3	97
上海宝貝 (周衛慧, 桑島道夫/김희옥)	90(278)	75	5	0	5
活着(余華, 飯塚容/백원담)	190(245)	290	10	1	15
紅高粱(莫言, 井口晃/심혜영)	222(222)	820	40	5	50
人阿, 人！ (戴厚英, 大石智良/신영복)	200(393)	780	50	0	1
計		2976	157	12(6%)	199(94%)

　中国語原文の小説の場合でも，一部の作品ではBA/ab型の出現率が非常に低いが，全体的に日韓対訳小説の場合と同じような傾向が見られた．第三言語を原文とする日本語と韓国語の訳文でこのよう傾向が見られたことは，その意義が大きいと言えよう．

3.5. 考察

3.5.1. 日本語の主語後置傾向と韓国語の主語前置傾向

　日本語と韓国語の同一主語複文における主語と連用節の語順は，AB(ab)型とBA(ba)型の両方とも文法的である．そのために両言語どうしの翻訳では，日本語のAB型が韓国語のab型に翻訳されることもba型に翻訳されることも可能である．同じくBA型の場合も，ab型とba型のどちらにも翻訳されることが可能である．

　本研究では，日本語と韓国語の同一主語複文における無標の語順はAB(ab)であると考えている．その根拠とは，第一に，日本語と韓国語の基本語順はSOVであり，単文では主語が主題(主語と主題が別ものである場合)と文修飾成分を除くすべての成分の左側に置かれるのが普通である．複文とは複数の節から構成される文であり，節とは基本的に述語を中心とした単文の形をしているまとまりである．連体節や名詞節とは違って，連用節は成分のレベルのものであるために，同一主語を持つ連用節複文では主語が文頭に置かれるのが普通であると考えられる．第二に，日本語と韓国語の現代小説を資料とする調査([表3−1]と［表3−2］)から見ると，実際の日本語と韓国語の文ではAB(ab)型が明らかにBA(ba)型より優勢である．第三に，我々の言語的直感から見てもBA(ba)型よりAB(ab)型の方が普通の語順である．例えば，通常，文法研究で言語研究者が複文の構造を記述するとき，AB(ab)型の複文を例文として挙げることは多いが，BA(ba)型の複文を挙げることは多くない．また，外国人に日本語や韓国語を教えるとき，最初に教えるのはAB(ab)型の複文でありBA(ba)型の複文ではない．

　さて，日本語も韓国語も，AB(ab)型が無標の語順であるために，「日本語と韓国語の語順は非常に似ている」，ということを前提に両言語の語順を考えるとき，日本語と韓国語どうしの翻訳ではAB型の語順が同じab型に，BA型も同じba型に翻訳されるのが普通であると考えられる．[34]　そして，仮にAB型がba型に，BA型がab型に翻訳される場合でも，両言語の対応関係においてBA/ab(ab/BA)型とAB/ba(ba/AB)型の分布に大きな差はないはずである．しかし，これまでの対訳小説資料の調査で，日本語BA型が韓国語のab型に翻訳される傾向がかなり強いことが確認された．本研究の調査で，データの客観性を図るために日韓対訳小説，韓日対訳小説，中日・中韓対訳小説の三種類の小説を資料に調査を行ったが，すべての種類の対訳小説においてBA/ab型がAB/ba型を上まわる傾向が見られた．作品によってはBA/ab型の出現率が低かったり，或いはBA/ab型がまったく出現しないこともあったが，両言語の語順にズレが発生する場合，日本語のBA型が韓国語のab型に翻訳される，或いは韓国語のab型が日本語のBA型に翻訳される，という傾向はかなり一貫している．

　ここに，これまで観察した三種類の対訳小説におけるBA/ab(ab/BA)型とAB/ba(ba/AB)型の分布をもう一度振り返ってみよう．

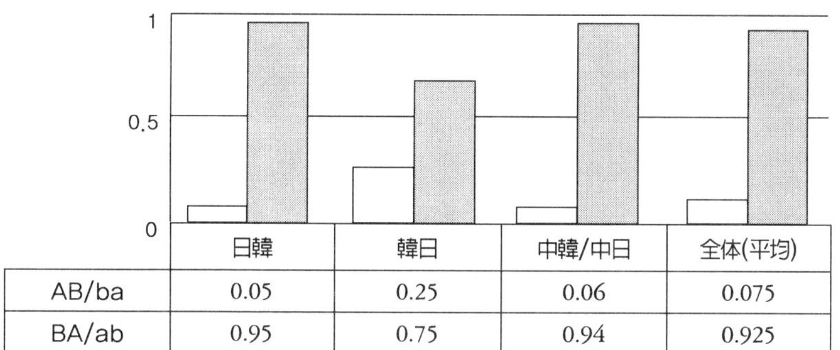

[図3-1]　対訳小説におけるAB/baとBA/abの分布

	日韓	韓日	中韓/中日	全体(平均)
AB/ba	0.05	0.25	0.06	0.075
BA/ab	0.95	0.75	0.94	0.925

　[図3−1] は，対訳小説におけるBA/ab型とAB/ba型の割合を表したものである．韓日対訳小説の場合，日韓対訳小説，中日・中韓対訳小説よりAB/baの数値が若干大きいが，それについては少し説明が必要である．しかし全体的にBA/ab型が圧倒的に優勢である．この図表から，日本語と韓国語の語順傾向にかなりの差があることがわかる．つまり，日本語と韓国語の語順を比較する際，日本語は主語後置の傾向が強く，韓国語は主語前置の傾向が強い．

　日本語と韓国語の語順における日本語の主語後置と韓国語の主語前置の傾向は，次のような言語現象からも支持される．

　第一に，これまでの主語と連用節に関する調査でBA型がab型に対応されることが多く，逆にAB型がba型と対応することは非常に少ないことがわかった. そのとき, 次の例文(9)(10)のような, 一方が副詞, 或いは副詞句的性格が強いものはカウントに入っていない.

 (9) a. <u>あわてて</u><u>福生が</u>飛び移る. 手まねで人夫に指図する.
    b. <u>푸성이</u> <u>급히</u> 뛰어가서 두 명의 가마꾼에게 가마를 들고 천천히 '회
     사배'로 오르라고 손짓했다.
 (10) a. 「……」はじめて<u>興奮の気味で</u>, <u>屠維獄は</u>呉孫浦の視線をはね返した.
    b. "……" <u>투 웨이웨는</u> 처음으로 <u>다소 흥분한 듯이</u> 아주 솔직한 표정으
     로, 지켜보고 있는 우 쑨푸에게 말했다. 『子夜(夜明け前)』

 例文(9)で, 日本語の連用節が韓国語では副詞と翻訳されている. 統語的機能としては, 連用節も副詞的修飾成分も, 文, 或いは述語を修飾するために, 翻訳でそのような対応の仕方は十分あり得る. ただ, 副詞になるとその文はすでに複文ではなく, 単文になってしまう. 本章では, 主語と連用節の語順に限定して両言語を対照したために, 副詞的性格の強い成分(副詞修飾語, 形容詞連用形, デ格名詞, 形式名詞など)と主語の語順の用例は統計に入っていない. また, 例文(10)のような, 助詞が付く副詞的修飾語も機能的には連用節と同じ修飾機能を果たしているが, 本研究ではそれを節と見なさないために本章での統計には入っていない. 日本語と韓国語の対訳小説で, この類の例文がかなり多く見られるが, これらは本質的には主語と連用節の語順と同じものであると考えても差し支えない. この類の用例を統計に入れると数値的には日本語の主語後置と韓国語の主語前置の語順傾向の開きがもっと大きくなる.

 第二に, 次の例文(11)のように, 日本語の文で主語が連用節に後置される表現が, 韓国語の訳文では, 連用節が連体節構造の表現に直され, 結果的に主語後置の語順が避けられていることが多い. 逆に, 例文(12)のように, 韓国語の文の連体節表現が日本語の訳文では連用節複文に直され主語の後置がなされることが多い. (13)は, 中国語原文の小説の翻訳で, 日本語の訳文

では主語後置の連用節複文になり，韓国語の訳文では連体節複文になった
例文である．また，(14)のように，日本語では連体節表現に訳されるのが，
韓国語では主語文頭の連用節に訳されている．このような例文は，対訳小説
でかなり多く見られるが，なぜそのように原文の構造を変えなければなら
ないのかという理由は見当たらない．これは，日本語の主語後置と韓国語
の主語前置の語順傾向を支持する言語現象であると思われる．中国語原文の
翻訳小説にまでこのような現象が見られるのは非常に興味深い．

(11)　a.　しばらく心を鎮めるように，ブーツの爪先で枯葉を踏んでから，夫
　　　　　はぽつりと呟いた．
　　　b.　잠시 마음을 진정시키려는 듯이 브츠끝으로 떨어진 낙엽을 비비고
　　　　　있던 남편이 힘없이 중얼거렸다.『聖夜の肖像』
(12)　a.　문을 열고 들어서던 장 변호사는 우뚝 걸음을 멈추었다.
　　　b.　ドアをあけ，入ろうとしてチャンは立ち止った．『아버지(アボジ)』
(13)　a.　張素素が顔色を変えたのを見て，範博文が杜新拓を睨みながら言う.
　　　　　意味がわからないので，李玉亭はそれに答えない.
　　　b.　장 쑤쑤의 얼굴빛이 변하는 것을 본 판보원이 얼른 말을 가로채면
　　　　　서 두 신퉈를 힐끔 쳐다 보았다. 리위팅은 그들의 말 속에 뼈가 있
　　　　　는지 모르는지 대꾸를 하지 않았다.『子夜(夜明け前)』
(14)　a.　これを聞いたおれは、心のなかでため息をつくしかなかった。返すこ
　　　　　とばが見つからない。
　　　b.　그러나 나는 그 말을 듣고도 속으로 탄식만 할 뿐 무슨 말을 할 수
　　　　　가 없었네.『活着(活きる)』

　　第三に，日本語の主語後置の複文が韓国語の訳文では二つの文に訳され，
結果的に韓国語では複文構造内での主語の後置が回避される場合もよく
ある．(15)が，その一例である．

(15)　a.　車内販売のワゴンが来て，吾郎はビールを買った．
　　　b.　열차안의 판매원이 왔다. 고로는 맥주를 샀다.『ラブ・レター』

　第四に，両言語の翻訳で，構成要素の統語的役割に一部変化をもたらしながら，全体の構造においては日本語の主語前置と韓国語の主語後置の対応関係がなされている例文がよく見られる．例文(16)では，日本語の連用節の「話しながら」が，訳文では「인사말을　이어갔다」のように主節の述語となっている．言語主体の現実世界の事象に対する認識と言語化の違いによるものであると思われる．これは，まさに韓国語の言語習慣に合わせた「意訳」であるが，しかし，文形式的に日本語の主語後置の語順が韓国語では主語前置の語順となっている．例文(17)では，中国語の原文が，日本語文では主語後置の複文に訳されたが，韓国語文では主語前置の目的語文になっている．つまり，様々の理由により「意訳」が行われる場合でも，語順は日本語の主語後置と韓国語の主語前置の対応がなされている．

(16) a. <u>話しながら</u>，<u>仙波は</u>スクリーンに向き合って，ずっと気をつけをしていた．

　　 b. <u>아저씨는</u> 줄곧 스크린을 향하여 차렷자세로 <u>인사말을 이어갔다</u>．（仙波はずっとスクリーンに向け合って，気をつけをして挨拶をした）『オリウォン座からの招待状』

(17) a. <u>恵芳だけが</u>，老人の気持ちを知っている．<u>福生がそばに立っているのを見つけて</u>，<u>彼女は</u>命じた．

　　 b. 그러나 우 후이팡은 아버지가 무엇을 요구하는지 명백히 알고 있었다．<u>그녀는</u> 근처에 서있는 푸성을 불렀다．（彼女は近くにいる福生を呼んだ）『子夜(夜明け前)』

　第五に，通常，例文(18)のように，韓国語より日本語の方が主語の省略が多い．しかし，例文(19)のように，主語省略が可能であるにもかかわらず，主語後置の語順を取り，主語が省略されない場合が多い．日本語の主語後置のパターン化を思わせる現象である．

(18) a. <u>孫浦は</u>つづけた．(∅)夫人の矛盾した複雑な気持ちなど，少しも察していない．(∅)眼をつりあげて天井を睨んでいたかと思うと，急に怒りを爆発させた.

   b. <u>우 쑨푸는</u> 이어서 다시 말을 했다. <u>그는</u> 부인의 복잡한 심경을 조금도 느끼지 못하고 있었다. <u>그는</u> 사나운 눈으로 허공을 바라보다가 갑자기 버럭 화를 냈다.

(19) a. <u>唐雲山は</u>タバコに日をつけて, 吸いながら答える. <u>煙が喉につかえて</u>, <u>彼は</u>むせた.

   b. <u>당 윈산이</u> 담배에 불을 붙여 입에 문채 말을 하다가, <u>연기가 목에 걸려</u> 연방 콜록거렸다.『子夜(夜明け前)』

　第六に, [表3−1]と[表3−2]の, 複文における日本語と韓国語の主語の位置に関する調査では, 日本語ではBAの語順が全体の27％を占めるが, 韓国語ではbaの語順が全体の7％しか占めない. これは日本語の主語後置と韓国語の主語前置の語順傾向と相通ずるものである.

　以上のように, 両言語の対訳小説では, 直接, 或いは間接的に日本語の主語後置と韓国語の主語前置の傾向を裏付ける言語現象が数多く見られる.

　さて, 対訳小説で両言語の語順にズレが生じるとき, BA型がab型と対応される傾向が強いのは何の理由によるものであろうか. まず, 考えられるのは, 訳者の翻訳スタイルである. 両言語の同一主語複文において主語と連用節の語順は文法の強制的支配を受けないために, 主語が連用節の前に置かれたり, 或いは連用節の後ろに置かれたりすることは義務的ではなく, 書き手の自由な選択にゆだねられている場合が多い. そのために, 1.3.2でも言及したように, 翻訳者の翻訳態度の違いによって原文と訳文のズレが多かったり少なかったりすることもある. また, 翻訳者の文体的感覚や好みの違いによって, ある種の語順を多用した結果BA/abという対応の仕方が多くなることもあり得る. しかし, 異なる作者, 異なる訳者, 異なる方向の複数の対訳小説で同じ傾向が見られたということは, 個人的な翻訳スタイルと好みだけでは両言語の語順のずれる現象が解釈できないことを意味する.

　次に, 原文の作者の文体スタイルも翻訳に何らかの影響を与える可能性がある．例えば，[表3−1]から見ると，浅田次郎の作品には主語後置の語順が比較的多く使われている．単純に確率論から言えば，訳文との語順にズレが起こる可能性も高くなるわけである．しかし，3.4.2.3でも見たように，主語後置の語順が多く使われていない大江健三郎の『死者の奢り』などでもBAとabの対応が多い傾向が見られた．そしてまた，第三言語を原文とする対訳小説([表3−6])でもBAとab対応の傾向が確認された．これは，原文の作者の文体スタイルからでも両言語の対訳小説におけるBAとab対応の傾向が解釈できないことを意味する．

つまり，日本語と韓国語の対訳小説に見られるBAがabに対応されることが多い語順現象を，個々の個人による個別の作品で現れる特殊な現象として捉えることができないのである．偶々起こった特殊な言語現象ではないとすれば，それを，日本語の言語的性格，或いは韓国語の言語的性格と結び付けて捉えることができる．日本語は，主語後置語順志向の言語であり，韓国語は，主語前置語順志向の言語であると考えることができるのである．ただし，両言語の同一主語複文における主語の前置と後置は，基本的に文法統語規則の強制的制約を受けない．そして，主語前置の語順は無標の語順であり，主語後置の語順が有標の語順である．その意味で，日本語の方が有標的であると考え，暫定的に主語の後置を日本語の「文体的特徴」，と呼んでおきたい．[35]

3.5.2. 両言語における語順のズレの原因について

日本語のBA語順が韓国語のab語順に対応されることが多いという語順現象が，個々の個人の文体的スタイルによる，或いは個別の作品で現れる特殊な現象でないとしたら，そのズレの原因は何であろうか．日本語の文脈依存的性格と結びつけて考察してみたい．

日本語の文脈依存的，場面依存的性格は多くの研究者によって指摘されている．三上(1970:155)は，日本語と英語を比較しながら，「英語の文は，一文一文がだいたい自足的(self-sufficient)である．(日本語は)いわゆる省略が多い．日本語は，文脈依存，場面依存の高い言語である．」と述べている．三上(1970)の指摘は，日本語と韓国語の主語後置語順の理解において重要な手がかりとなる．三上(1970)の指摘した英語の場合とは次元の違う問題ではあるが，文の「自足的」性格から見ると，韓国語は日本語に比べるとその度合いが高いと言える．主語の省略のことを言うと，勿論韓国語にも省略が少なくない．しかし，日本語ほど多くない．実際の言語運用において，文の構造に様々な変容が起こるが，韓国語は日本語に比べてそのような変容が少ないようである．文法的役割に従っての語句の配列の仕方がかなり強く規制されている英語のような言語に比べると，韓国語と日本語は文を構成する語句の配列を律する規則の制約力がそれほど強くなく，比較的柔軟で自由な処理が許容される．しかし，日本語と韓国語を比較するとき，その許容の「度合」が日本語より韓国語の方がもっと厳しい．日本語に比べて，韓国語は文の「完全な形式」を志向する傾向があり，これは，節(文のような形をしている，述語を中心としたまとまり)においても同じである．日本語と韓国語における文脈依存的性格と統語構造依存的性格の「度合」の違いが両言語の語順のズレに反映されている．

　以下は，両言語の語順がずれる原因について，どのような条件で日本語と韓国語の語順にズレが起こりやすいかという側面から考えてみたい．

3.5.2.1. 新主語の導入

　ある種の文脈や場面において，日本語文では主語の後置が行われやすいが，韓国語はそうでもない場合がある．例えば，小説の物語の展開の中では，場面や話題が移り変わるとき，登場人物が変わる場合がよくある．そのとき，新しく登場する人物，或いは何らかの理由で一旦中止された場面，話題の人物が再び登場するとき，その人物は，主語として現れることが多いが，日本語ではその主語が後置されることが多い．逆に韓国語では後置されないことが多い．

(20)　a.　① 少女は舞うように何度も振り返りながら改札を駆け抜けた.
「こら, 走るんでないってば」
② 待合室に戻ると, 少女の姿はもうどこにもなかった. 月明かりが
くっきり, 黄ばんだ漆喰の壁には, ステンドグラスの七色の光が, 幻
灯のような紋様を描いていた.
③ 扉を軋ませて仙次が寝惚けまなこの顔を覗かせた.
「なんだね乙さん. まだ暗いでないの―やあ, 十二時. 寝入りっぱな
でないかい」
仙次は柱時計を振り返って, 大きなあくびをした.

　　b.　① 소녀는 춤추듯이 팔랑거리며 몇 번이나 뒤돌아보며 개찰구를 빠
져나갔다.
"얘, 뛰지 말라니까."
② 대합실로 돌아오자 소녀의 모습은 이제 어디에도 없었다. 달빛
이 듬뿍 비쳐들어 누르스름한 벽에 스테인드 글라스의 일곱 가지
빛깔이 환등처럼 무늬를 그리고 있었다.
③ 센지가 사물실 문을 삐그덕 열고 잠 덜 깬 얼굴을 내밀었다.

『鉄道員』

　　テキスト(20)を, 二つの場面に分けて考えることができる. ①は, その
前の文脈の続きで, 後続する文脈②と一つの場面を構成している. 話し手
(作者)は, やや主人公の「乙松」 寄りの視点で, 恍惚状態の「乙松」 が亡く
なった娘のことを思う幻覚場面を描いている. ②の二番目の文から話し手
の視点が第三者の視点に戻りつつ, ③からは完全に第三者の視点で物語を
展開させる. ③では新しい場面にかわり, もう一つの人物が登場する. 場
面が変わり新しい人物が登場するとき, 話し手には, いきなり主語を導入
するのではなく, できるだけ新しく登場する人物に関する情報と手がかり
を先に聞き手に与えようとする意識が強く働く.[36] そのとき, 新しい主語
のための文脈が必要であるが, その文脈の役割を連用節の部分が担うので
ある. これを, 「仮の文脈(心理的文脈)」 と呼びたい. そして, そうするこ
とによって単純な文の流れに屈曲味をも持たせる. (20)では, 新しい主語を
導入する手段として主語を連用節の後ろに後置する語順を活用したと思わ

れる．(20)の韓国語の訳文では主語前置の語順が使われている．

　次のテキスト(21)の主語の後置も(20)と似たような新主語導入の文体技法が使われたと思われる．

(21)　a.　① 記憶の中で，もう一つの声が甦った．（おっちゃん．ユッコ，死んで
しまっただか）秀男の声だ．
ズックのかけカバンを放り出して，秀男は夫婦の仲に割って入り，立
ちすくむ乙松の腕からユッコを奪い取った．
（やあや，ユッコかわいそうだねえ．俺の嫁さんになるべかって思っ
てたんだけど，おばちゃん，ごめんな．したって，おっちゃんは俺ら
のために旗振んなさって んだから，叱らんでくれしょや．な，おば
ちゃん）
② 辛い思い出を綿入れの懐にしまい，乙松は襟をかき合せて俯いた．
春になってポッポやめたら，もう泣いてもよかんべか，と思った．

　　　b.　① 기억 속에서 또 하나의 목소리가 되살아났다.
"아저씨, 유키코가 죽었다구요?"
히데오의 목소리였다. 히데오가 책가방을 내던지며 기차에서 내려
달려들었다. 부부 사이에 왈칵 끼어들더니 어쩔 줄 모르고 서있는
오토마츠의 팔에서 유키코를 빼앗았다.
"유키코, 불쌍해서 어떡해요? 꼭 내 색시가 될 줄 알았는데, 불쌍해
서 어떡해요? 아줌마, 울지 마세요. 아저씨는 우리 학교 잘 다니라
고 깃발 흔드시는 거니까 너무 섭섭하게 생각하지 마세요. 네, 아주
머니?"
② 오토마츠는 괴로운 기억을 품 안에 집어넣고 앞깃을 여미며 등
을 펴고 꼿꼿이 섰다.
봄이 되어 철도원 생활을 그만두면 그땐 실컷 울어도 될까, 오토마
츠는 생각했다.

『鉄道員』

　テキスト(21)も二つの場面から構成される．①は，主人公の回想場面であり，話し手は主人公の視点で物語を展開する．②からは回想の場面が現実の場面に変わり，話し手の視点も第三者の視点に戻る．①の主語「秀男」の導入

は, (20)の場合と同じでる. ②では, 当然, 主人公の「乙松」はすでに前の文脈で何回も登場しているが, 回想場面の挿入により元の文脈が一度中断されたために, 元の場面に戻るとき新しい主語を導入するときと同じ手法が使われる. また, (21)では,「辛い思い出」という承前の成分を含む連用節を主語の前に置き, 回想場面との結束も図られ, 主語の再導入がスムーズに行われている. 韓国語の訳文では両方とも主語前置の語順となっている.

　このように, 場面が変わり, 新しい主語が導入されるとき, 日本語文で主語後置の語順が使われるのに対して, 韓国語文では主語前置の語順が使われる語順現象は日本語と韓国語の対訳小説でよく見られる. 韓国語の場合は, 新しい場面や話題がはじまり, 新しい主語が導入されるとき, 新しく導入される主語を話題の出発点として物語が展開されることが多い. その結果, 韓国語では主語前置の統語的語順が使われるのではないか, と思われる.

3.5.2.2. 文脈の條件

　文は, 通常単独で存在せず, 文連続の中で存在する. 例外的に一文で形成されている場合をも含めて, 文は, 文章や談話の中に存在する. 実際に存在するのは文章・談話であり, 文章や談話は文が存在する場であり, 環境である. 文が文章・談話の中に存在し, 実際に存在するのは文章や談話の中の文としてしかありえないが, 文章や談話の中の個々の文は, 首尾一貫した文脈を形成していかなければならない. また, 文は, 文章・談話といった文連続の中に存在するからには, 文のあり方にある変容を帯びることがある. 文章・談話の文はつねに文脈の制約を受けており, 文脈の制約のない文の存在とはありえない.

　当然ながら, 日本語と韓国語の同一主語複文の場合も文脈の中で複文の主語と連用節の語順に変容, つまり語順の転換が起こることがある. その語順転換は, 結束性(cohesion)を高める手段として使われることが多い. ここで言う結束性とは, 話題を中心とした意味的相互関係による文と文の間の連続性を指す.[37] 日本語と韓国語は, 文の結束性を図る方法に違いが見られる. 日本語の場合は，　連用節の中に前の文脈との意味的つながりをもつ承前反復の成分が含まれると，　連用節を主語の前に置き，　主語は後置されることが多い．そのとき，承前反復の成分は，体言的成分でも用言的成分でも，完全反復でも不完全反復でも構わないのである．次のテキストを見てみよう．

(22)　a. ① その説明は難しかった．リエは膝の上で爪を噛みながら，少し考えた．面倒な言い方をしても，この人にはわからない．下手な嘘はやめよう．②「あのねえ，おにいさん．わたしあいつの赤ちゃんができちゃたみたいの．それでねー」③ あーあ，と男はリエの言葉を遮って，獣のように吠えた．秋虫か鳴きやんだ．④「だったらよお，仲直りするっかねえじゃねえの．なんだよ，しばらくここにって」⑤「ちょっと，話を聞いて．それでね，こっちのお医者さんで書類もらってくるから，それにハンコついて，手術するときだけ一緒に行ってもらいたんだけど」⑥ 言い方が悪かっただろうか．⑦ <u>聞きながら</u>，<u>男は</u>膝の間に顔を埋めて，ちぢかまってしまった．

　　　b. ① 설명할 수가 없었다. 리에는 손톱을 물어 뜯으며 잠시 생각했다. 아무리 설명해도 이 남자가 이해할 리 만무했다. ②"오빠, 나 그 자식 아이를 가진 것 같아. 그래서." ③ 아, 하고 남자는 짐승처럼 신음했다. 벌레우는 소리가 그쳤다. ④"그럼 다시 살아야지. 여기 있겠다니 무슨 소리야?" ⑤"내 얘기를 좀 들어 봐요. 이쪽 의사 선생님한테 서류를 받았거든요. 그러니까 거기에 도장 찍고 수술할 때 같이 가주었으면 하는데……" ⑥ 말을 잘못한 걸까? ⑦ <u>남자는</u> 이야기를 들으면서 무릎 사이로 얼굴을 묻고 겁에 질려 있었다.

『月のしずく』

　(22)の日本語の複文⑦には変容が起こっている．つまり，主語が連用節の後ろに置かれBAの有標の語順となっている．「聞く」という述語が前の文脈の会話と意味的関連性を持つからである．しかし韓国語の訳文ではそのような語順転換が起こっていない．a⑦は，情報的に「不完全な」連用節を，さらに主語を後置させ文構造的にも「不完全な」形にし，そのことによって先行文脈との結束を高める．先行の会話場面がなければ⑦は成立しない．

　情報的に，文構造的に「不完全な」節が結束性を強くするというのはどういうことだろうか．a⑦は，主節と二つの連用節から構成された複文である．文の形をしている述語を中心としたまとまりを節というならば，二番目の連用節と文末の主節は完全な文の形をしている節と言える．一番目の連用節は，それが節であることには間違いない(単一の述語からなされた節)が，前者に比べると非典型的な，周辺的な節であると言える．まず，a⑦には統語的に述語が必要とする基本成分が言語化されていない．述語「聞きながら」の意味・統語的主語が後置されている「男」であることは間違いないが，それを確認するには推論が必要である．動詞末尾型の日本語では主語が述語の前方に置かれなければならない．次に，文のもっとも基本的機能は伝達であるが，述語「聞きながら」は，目的語がないため，複文の文面では読み手に十分な情報を与えていない．その意味で一番目の連用節は統語構造的に，情報構造的に「不完全」である．それでも複文a⑦が文として成り立つのは，一番目の述語の統語的関係，および連用節の表す意味が読み手に理解でき，伝わるからである．ただ，それには読み手の推論が必要となる．読み手にはそれを推論する義務がある．推論の頼りになるのは言語的文脈である．つまり，a⑦のような主語後置の文は読み手の推論を働かせ談話・テキストの結束性を強めている．

　一方，韓国語では情報的，構造的「不完全な」文が好まれない．b⑦は，主語と連用節の語順を転換させる方法ではなく，原文にない目的語を想定して，目的語の「이야기를(話を)」を加えることによって文の形式的完全性を保ちながら結束性を図っている．

　承前成分のもっとも典型的なものは，文脈指示語である．日本語の場合，連用節に文脈指示語が含まれると前置しやすく，結果的に主語が後置されることが多い．次の例文(23)～(26)は，中国語原文の小説から採集した日本語訳と韓国語訳の用例の比較である．

(23)　a. そう言いながら彼は壁に掛けてあったパナマ帽とステッキを手に取った．

   b. 이렇게 말하면서 그는 벽의 옷걸이에서 맥고모자와 지팡이를 들었다.

(24) a. そう言いはなすと，呉孫浦は立ち上がって，書斎を歩き廻った．

   b. 우쑨푸는 잘라 말하고 일어나 서재를 서성거렸다.

(25) a. その様子に眼をやって，呉孫浦は，取引所の形勢が，楽観を許さない
   ことをさとった．

   b. 우쑨푸는 두자이를 보고 거래소상황이 순조롭지 않다고 느꼈다.

(26) a. そこまで言うと，柏青は眼をギョロッとさせた．

   b. 바이칭은 여기까지 말하고 눈을 부릅떴다.

『子夜』(夜明け前)

　勿論，(23)のように両言語とも主語を後置する場合もある．しかし，(23)の場合と同じ文脈，同じ構造の文であるのに，(24)(25)(26)のように韓国語の訳文では主語が後置されないことが多い．韓国語の(24b)と(25b)では，日本語の(24a)の「そう」と(25a)の「その様子」の部分を具体化してそれぞれ「잘라(切る－言い切る)」「두자이를(杜竹斎を)」のように表現している．韓国語は主語文頭の，「完全な」無標の語順を指向するのである．逆に日本語は文脈依存的であるために，先行指示語を使い連用節を文頭に置き主語を後置させている．

　場面が変わる時の新しい主語の導入と同じように，すでに導入されている主語が，文脈の切り替えによってもう一つの主語と交替されるとき(同じ場面で複数の主語が交替するとき)も，なるべく主語に関連する情報(付帯状況など)を先に提供しようとする話し手の意識が働き，主語を後置させることが多い．前に挙げた例文(22)の場合もこれに当てはまる．韓国語は文の完全な形式を指向するために，できるだけ統語的規則によって制約される文を使う傾向が強く，主語の後置が日本語より積極的でない．しかし，だからと言って，韓国語は文の結束性とか，主語の導入においての情報提供を重視しないと言うことではない．

　韓国語の場合は，連体修飾節が多く活用される．これは，本章の統計には入ってないために(連用節複文と連体節複文の対立になるために)，両言語の

語順のズレが生じる直接的な原因ではないが，日本語の主語後置傾向と韓国語の主語前置傾向の原因の一つである．次の例文を見てみよう．

(27) a. 강미희의 마음이 불안했다. <u>강미희의 짐을 옮기는 준상의 뒷모습에 시선을 둔 강미희가</u> 유진에게 알 수 없는 말을 했다.

b. ミヒは二人の姿を見て，気が重くなるのを感じた．<u>荷物を車に運ぶジュンサンの後ろ姿を見つめながら，ミヒは</u>ユジンに言った．

(28) a. <u>고통스러운 마음을 어쩌지 못한 유진은</u> 어디론가 정신없이 달려갔다. 그런 유진을 민형이 가까스로 붙잡았다.

b. <u>苦しい心をどうすることもできずに，ユジンは</u>あてもなく走り続けた．ミニョンは何とか追いつくことができた．

『겨울연가(冬のソナタ)』

(29) a. <u>겨우 웃음을 멈춘 남 박사는</u> 재미있다는 표정을 거두지 못한 채 호기심 가득한 눈빛을 반짝였다.

b. <u>やっとのことで笑いを堪えるとナムドクターは</u>，好奇心に満ちた目を輝かせていた．

(30) a. <u>정수의 앞에선 영신이도</u> 그처럼 바다를 바라보고 있었다.

b. <u>ジョンスの横に立ち，ヨンシンも</u>海を見つめていた．

『아버지(アボジ)』

　例文(27)〜(30)では，情報伝達の機能という側面から見ると韓国語の原文(連体節によって)も日本語の訳文(連用節によって)の基本的に同じであるが，文の形式から見ると，韓国語は主語前置の無標の文を使っているが，日本語の訳文でも主語後置の有標の文が選択されている．

3.5.2.3. 構文の條件

　同一主語複文において，次のように，主語が排他的意味を持つか，述語が主題になる節を持つ同一主語複文では主語が連用節に後置され難い場合もある．

(31) a. <u>太郎が</u>いれば，手伝ってくれる．
　　 b. 다로오가 있으면 도와줄 거야.

(32) a. <u>太郎が</u>聞けば，腰を抜かすだろう．
　　 b. 다로오가 들었으면 기절초풍할거야.

(33) a. <u>私が</u>担当者なら彼を参加させない．
　　 b. 내가 담당자라면 그를 참가시키지 않겠다.

　以上の三つの例文は同一主語複文と言われるべき文であるが，主語である「太郎」「私」は連用節の後ろに後置すると不自然な文になる．この場合，主語の形態標示である格助詞「が」は，排他的な意味を表す働きが強い．また，(33)の連用節は述語が主題になる節である．このような極一部の複文を除くと，同一主語複文の主語と連用節の語順は基本的に自由である．つまり，主語と連用節の語順における構文的制約はかなり緩いと言える．しかしながら，文の構造によって主語が後置しやすい場合と後置しにくい場合はある．例えば，日本語の付帯状況表現の「〜ながら」「〜まま」「〜て」「〜ず」形の連用節複文などでは主語と連用節の語順転換が起こりやすい．逆に連用節が形容詞述語を持ったり，或いは，連用節と主節の性格が違うとき(一方が属性叙述文で，もう一方が事象叙述文であるとき)などでは語順転換が起こり難い．このような条件は多種多様で非常に複雑であり，両言語の語順に微妙に影響を与えることもある．

　日本語の主語後置の複文を，その語順のまま韓国語に訳すると不自然な場合を見てみよう．次の例文は，日本語の主語後置の語順が，韓国語の訳文では主語前置の語順となっている．

(34) a. 二人きりなのに，山下は雅美の耳に口を近づけ，少し長めにささやいた．雅美の胸の鼓動が，次第に早くなっていった．<u>雅美の目を見つめて，山下は</u>言った．「わかったか？」
　　 b. 두 사람뿐인데 야마시타는 마사미의 귀에 입을 갖다대고 조금 길게 속삭였다. 마사미의 심장 고동이 점점 빨라졌다. <u>야마시타는 마시미의 눈을 보고</u> 말했다. "알았어?"『時効を待つ女』

(35) a. 久子の空疎な声に微笑を返して，夫は立ち上がった．
　　　b. 히사코의 메마른 목소리에 남편은 조용히 웃으며 일어났다．

『聖夜の肖像』

(36) a. 「わたし，このあいだ少し酔ったみたい」
　　　　「少しじゃないよ，うんとよ」
　　　　あきれて雅美が言うと，「言いたいことを言ったでしょう，わたし」と，
　　　　奈央子は天井を見上げた．
　　　b. "나, 지난번에 조금 취했던 것 같아."
　　　　"그게 어디 조금이니?"
　　　　마사미가 기가 막혀 하며 말했다.
　　　　"말하고 싶은 것을 말했을 뿐이야."

『時効を待つ女』

　(34)(35)(36)の韓国語文では，主語を日本語のように後置すると何となく
ぎごちない韓国語になる．日本語と韓国語のようなSOV言語では，通例，動
詞の位置が文末に固定されているので，動詞が旧情報を表す場合は，その直
前の要素がもっとも重要な情報を表す(久野, 1978)．例文(34)(35)で，旧情報
であり，なお且つ重要な情報ではない主語が主節の述語の直前に置かれる
と重要な情報と誤解される恐れがあるために，韓国語では主語の後置が行
われ難い．韓国語の場合，主節の動詞の直前に重要な情報を担う目的語とか
他の補語成分が付け加えられると，つまり，節が文の形を整えるほど主語
が後置されやすくなる．(35b)(36b)のままで主語が後置するには抵抗があ
る．韓国語は，複文の節でも文の完全性を指向するようである．

　もう少し述べてみよう．(34)と(35)は，形式的には主節より連用節の方が
文の形に近い(勿論，主節の文法性と機能には問題ない)．ただ，主語が文頭
に置かれるときは，連用節が主節を修飾する構造をしているために，主節
の「不完全さ」がいささか補われている．主語が後置され主節と連用節の間
に介入すると，統語構造的，情報構造的に節の独立性に何らかの影響がもた
らされる．韓国語の場合はそれを嫌うのである．実際，韓国語原文の小説で
もこのような場合の主語の後置はかなりめずらしい．これは，韓国語は複

文の中でも，個々の節が意味的，形式的に相対的な独立性を求める傾向が強いことを意味する．

　一方，日本語では旧情報である主語が動詞の直前に置かれてもごく自然である．情報構造的に動詞の直前の位置はもっとも重要な情報を表す要素の位置であるために，(34a)(35a)の主語の後置は，主語が重要な情報と誤解されやすいという危険を冒している．さらに，(34a)(35a)は，上のようなSOV言語の情報構造原則に反する恐れがあるだけではなく，「情報流れの原則」(久野, 1978)にも反している．それでも(34a)(35a)が非適格文にならないのは二つの理由によるものであると考えられる．

　第一に，(34a)(35a)が非適格文にならないためには，重要な情報を表す連用節部分に強調のストレスを置くことが望ましい．そうすることによって，主語が重要な情報と誤解される危険が解除される．有標の制約と無標の制約が衝突するとき，もっと有標の制約が優先されるために(34a)(35a)は非適格文にはならない．しかし，通常ストレスとは話し言葉の情報伝達手段である．つまり，日本語は非常に話し言葉的であると言えるのである．第二に，Gundel(1988)によれば，語順に関わる原理には「旧情報を，それと関連する新情報より先に述べよ(Given before New principle)」という原理と，「もっとも重要な情報をまず初めに述べよ(First Things Principle)というそれぞれ独立した二つの原理があるとされる．この二つの原理は，お互いに衝突し，どちらか一方が他に優先権を譲らなければならないのが普通である．(34a)(35a)が非適格文にならないためには「もっとも重要な情報をまず初めに述べよ」という原理が適用されなければならない．これもやはり前者よりもっと有標的な原理である．

　このように，日本語は語用的語順原理という「保険」を使いこなしているのである．それに対して韓国語は，統語的制約，或いはもっと無標の語順原理に従っている．そのために，(34)(35)などで原文は主語後置の語順であるにも拘らず，有標の語順原理を発動せず，無標の文法的語順を使っているのである．

　対訳小説で採集したBA(ba)型用例には，この類型の量がかなり多い．韓国語の場合，節が単一の述語からなるとき，主語の後置が様々な制約を受けるのである．このような構文の制約が両言語の語順のずれる重要な原因の一つとなる．日本語の場合は，述語の直前に旧情報の要素が置かれないという構文的制約がかなり緩んでいると言えよう．

　例文(36)では，韓国語の主語が日本語のように述語の直前に置かれても(34)(35)の場合ほどおかしくはない．この場合は，主語が潜在的に重要な情報を担う可能性を持っている．しかしやはり主語が文頭に置かれるほうが自然であるが，それは，(36)の原文において情報としては連用節の担う部分がもっとも重要度の高い情報であるからだと思われる．これもまた，韓国語は複文の中でも個々の節が意味的，形式的に相対的独立性を求める傾向が強いことを意味する．

　同一主語複文におけるBA(ba)型語順の構文的条件の一つとして，主語の[＋意志性]が挙げられる．つまり，複文の主語が意志性を持つとき後置されやすいのである．実際，対訳小説から採集された用例のほとんどが有意志主語複文である．しかし，日本語では[－意志性]の主語の複文でも連用節と主語の語順転換が起こる．次の例文(17)を見よう．

(37)　a. <u>美寄駅のホームを出ると</u>，<u>幌舞行の単線は</u>町並みを抜けるまでのしばらくの間，本線と併走する．

　　　b. <u>호로마이행 단선 기차는</u> <u>비요로 역 홈을 출발하여</u> 시내를 통과하는 중에 잠시 본선 철도와 나란히 달리게 된다.

『鉄道員』

　日本語文では主語が後置されても自然であるが，韓国語文では少しすわりが悪い文となる．韓国語の方が有意志と無意志という条件の制約を受けやすいようである．その他にも韓国語では日本語より逆接連用節や並列的連用節の主語が後置されにくいなど両言語の構文的制約に微妙なズレが見られる．

3.5.2.4. 長い成分とリズムの條件

Dik(1978)は，「言語に依存しない構成素の優先配列」(Language Independent Preferred Order of Constituents)という語順に関する一種の普遍原則を提案した．Hawkins(1983)は，「重さによる配列原則」(Heaviness Serialization Principle)という語順原則を提案した．Dik(1978)と Hawkins(1983)の語順原則は，日本語では「長い成分は短い成分より前に来やすい」(佐伯，1998)という形で適用されているようである．しかし，長い成分の条件は韓国語の場合，同じ範疇の構成素の語順には積極的に影響を与えるが，複文における主語と連用節の語順については影響がさほどないようである．そもそもDik(1978)の語順原理は，「言語に依存しない構成素の優先配列」の原理であり，Haw- kins(1983)の語順原理も名詞的修飾成分の相対的位置関係に関しての語順原則である．

(38)　a. 模型とそっくり同じ「あるぜんちん丸」が，天然色の写真とそっくり同じように，埠頭につながれていた．<u>税関を抜け，見送りの群衆に混じって，僕</u> は足元の小さな影を踏みながら桟橋を歩いた．

　　　b. 모형하고 똑같이 생긴 '아르헨티나 호'가 천연색 사진에서처럼 부두에 정박해 있었다. <u>나는</u> 세관을 지나 회송객들 틈에 섞여 내 조그만 그림자를 밟으며 선착장까지 걸어갔다.

『ふくちゃんのジャク・ナイフ』

長い要素の前置は，複雑な文の中で成分の受けと係りを明快にして読み手に緊張感を与えないという理解の経済性を見越した表現意図に支えられている．例文(38)で，主語が後置され，長い連用節は前置された形になる．日本語の場合，長い成分が短い成分の前に来やすいが，韓国語は主語と連用節の語順に関しては，その制約がかなり弱いと思われる．両言語の主語と連用節の語順にズレが生じる原因の一つでもある．

日本語の複文における主語と連用節の語順には，リズムの要素も積極的に働いているようである．例えば，上の例文(38)についてみると，主語の後置が長い成分の故にもあるだろうが，しかし単に文の受けと係り，理解という観点から見ると，(38)の日本語の主語後置の文には「係りと受けの明快さ」「理解の経済性」というものがあまり見当たらないような気がする．なぜ主語が最初の節の後ろ，　或いは三番目の節の後ろではなく真ん中の部分に後置されるのかという理由が見当たらない．その意味で主語の後置は「係りと受けの明快さ」「理解の経済性」だけを見越した操作であるとは言いきれない．しかし主語が後置されることによって前部と後部の構造的バランスが見事にとれており，日本語特有のリズム感がうまれている．主語の後置がリズムに大きく関与しているように思われる．つまり，主語を連用節の後ろに置くことによって，文の流れを息の短いものにしてそこに一定のリズムを与えていると思われる．だとすれば，韓国語にはそのようなリズムの制約が日本語ほど強く働かない．日本語は「表現指向的」で，「主観的」であるのに対して，韓国語はより「客観的」であると言えるかも知れない．

　次の(39)で，韓国語の連用節の前に置かれる主語が日本語の訳文では主節の述語の直前に移動されている．

(39) a. "아버지, 그 일은 쉬운 일이 아니에요. (생략)… 그러니 아버진 인
　　　 쇄물 내용 같은 것에는 신경을 쓰지 마세요. 그러시면 됩니다."
　　　 "그래, 알겠다. 그래도 홍씨에겐 이 일을 알려야 한잖니?"
　　　 "그 일도 제가 알아서 하겠습니다. 제가 기회를 봐서 말씀드릴게요.
　　　 그분도 우리 일을 이해해 주실거예요."
　　 b. 「お父さん，あのことはそんなに簡単なんじゃあないのです．(省略)…
　　　 お父さんは印刷物の内容には目をつぶっていてください．お願い
　　　 します」「わかった．だが洪氏には話さないといけないだろう？」
　　　 「そのことも私が処理します．機会をみて私が話します．洪氏も
　　　 わかってくれるでしょう」

　　　　　　　　　　　　　　　　　　　　　　　『문명인쇄소(文明印刷所)』

　(39)で，韓国語原文の複文の主語(二番目の主語)は，反復によって強調される成分である．主語の反復によってまた，文の流れにリズム感が加えられたように見える．しかし，韓国語の原文はリズムを優先したと言うより，

統語的制約に依存した無標の語順が使われて，結果的にリズムという効果にもつながったと思われる．

　しかし，日本語の訳文では，複文の前の文の「私が処理します」が原文と同じ構造(主語＋述語(修飾)＋述語)で直訳できないために，それに合わせ二番目の複文の主語が後置され，韓国語の原文と構造が違う「主語＋述語」(「私が処理します」)構造の反復がなされている．そのとき，リズムの要素が深く関与しているように思われる．

　日本語の同一主語複文における主語の後置は，複雑な構造をした連用節の層状関係を明快にするために使われる場合もある．それに対して韓国語ではそのような場合でも主語前置の語順が使われることが多い．また，韓国語では主節，或いは従属節の「節」らしさがなくなるほど主語が後置することが難しくなる．その他にも，韓国語では日本語より逆接連用節や並列的連用節の主語が後置されにくいなど両言語の語順制約に微妙なズレが見られる．日本語の主語後置語順においては，読点の果たす役割もかなり大きいようである．

　以上，両言語の語順にズレが生じる条件について幾つか考えてみたが，これで日本語と韓国語の語順がずれる原因と条件が明らかになったわけではない．また，語順形式の選択は，一つの原理に基づいて決定されることではない．ときには矛盾することさえもある複数の原理が互いに競合する場合が多い．それだけに語順がずれる際の条件を一般化することは非常に難しい．ここで考察したのは極めて大まかな傾向であり，これらの条件に左右されないものも大いにある．

3.6.　まとめ

　本章では同一主語複文における主語と連用節の語順ついて考察してみた．日本語と韓国語の対訳小説を対象として両言語の語順を比較対照してみるとき，日本語の主語後置語順が韓国語の主語前置語順に対応する傾向が強い．これは，日本語と韓国語の同一主語複文における主語の位置に関する調査結果と一致する．つまり，日本語は韓国語より有標の語順が多く使われる．ここでの有標の語順とは，実際の言語運用において言語使用者(話し手)が効果的な情報伝達を目的に，具体的場面や状況に応じて意図的に文の構成素の順序を入れ換えた語用的語順であり，そこには言語使用者の主観的意図が色濃く映されている．語用的語順は，統語的制約より心理的制約によって支配される主観的語順である．一方，韓国語は日本語に比べて無標の語順が多く使われる．無標の語順とは，言語の統語的規則によって制約される文法的語順であり，統語的形式が優先される客観的な語順である．

　韓国語に比べて日本語の方に語用的語順が多く使われるということは，日本語と韓国語の語順の「自由度」には微妙な「差」が存在することを意味する．これまでの日本語と韓国語の対照研究では，語順の自由さを両言語の類似点のもっとも重要な部分の一つとして扱ってきた．言語構造的側面から見るとき，両言語の語順は確かに多くの共通点を有しているが，しかし，両言語の語順の対照研究では，ただ語順が入れ換えられることができるという可能性を考察するだけではなく，実際，どのように実現されるのかという言語運用における頻度などのことも問題にしなければならない．韓国語に比べて日本語の方に語用的語順が多く使われるということは，また，両言語の文成分の統語機能に何らかの違いがある可能性を示唆してくれる．つまり，日本の主語が韓国語より自由に後置できるということは，主語と述語の統語的結びつきの強さにおいて韓国語と何らかの差があることを意味する．さらに，日本語の連用節の副詞的修飾機能が韓国語より強いことを意味する．実際，日本語は韓国語より主語の省略も多いが，これも韓国語の主語との統語的機能のズレを示す言語現象の一つであると思われる．

　連用節と主語の語順についての考察からみると，韓国語に比べて，日本語における主語は，統語的成分としての機能が少し薄れ，文の流れに一定のリズムを与える手段として使われる場合もある．また，日本語の主語の後置が形式的にパターン化する傾向があるように思われる．これらの現象は，主語の意味・機能的役割の退化の一面を表すものでもある[38]と考えられる．日本語に語用的語順が多く使われるということは，また，日本語が文脈依存的であることを意味する．それに対して韓国語は統語構造依存的である．三上(1970)の指摘は，日本語と韓国語を比較対照する場合も大いに参考になる．

　本章で，両言語の複文における主語と連用節の語順傾向について考察したが，両言語の語順がずれる場合の条件と原理などはまだ明らかになっていない．語順のズレが文脈と言語使用者の意識とも関係するだけに，その原因の解明は困難を極める．今後の課題としておきたい．

引用表現における主語と引用節の語順 第4章

4.1. はじめに

　日本語の引用表現研究の歴史は決して長いとは言えない．三上(1953)，奥津(1970)などが先駆的な研究と言えようが，それにしても50年くらいしか経ていないのである．三上(1953)は，早くも日本語の引用表現の曖昧さに気づき，日本語にはむしろ「折衷話法」たるものがあるのではないかと指摘した．奥津(1970)は，生成変形文法の観点から「直接話法」から「間接話法」を導く「間接話法化規則」を唱えた．それ以後，このような引用研究の流れを汲んで，引用生成の言語的メカニズム，及び日本語引用構文の構造的特徴と機能の解明を主要目的とする研究が活発に行なわれてきた．その基軸となるものは「話法」の観点からの引用研究と統語的「引用論」の構築であるように思われる．主な研究内容としては，次のような事項がよくあげられる．つまり，「引用」の概念，「引用」と「話法」の関係，「引用」の統語論的位置づけ(引用標示の統語的機能)，「引用」の類型と分類，引用動詞の分類と意味分析，「引用」のメタ言語機能，「引用」とモダリティの関係，「引用」とダイクシスの関係などである．

　引用研究のもう一つの流れとして引用の文体論的研究がある．そもそも日本語の引用研究は，文体論・表現論の一環として考えられることが多かったようだが，文体論研究での「引用」とは，作品(テキスト)の表現特性，作家(話者)の独自の形式特性，または広い意味での修辞的手法の一つと見なされて来た．本章は，従来文体論の研究対象と見なされた引用表現の語順問題を取り上げ，それをただ文体論の立場ではなく，韓国語との比較対照の視点から日本語の言語的特徴と関連づけて考察をしてみたい．

4.2. 引用表現と先行研究

　砂川(1987)は，一般に典型的な「引用文」と呼ばれるものは引用句と引用動詞，および引用動詞の主格補語(主語)による連なりとして表現されると述べている．鎌田(2000a, 2000b)など大方の引用研究は，基本的に砂川(1987)と同じく，典型的「引用文」を主な研究対象とすることが多い．それに対して藤田(1986, 1988)は，「引用」という用語を，文中引用句「〜ト」とそれが係っていく述部との結びつきとしてセンテンスにおいて成り立つ統語現象，もしくは，その相関の構造をいうものとして用い，引用句「〜ト」が引用動詞と結びつかない場合も非典型的な引用と認める．藤田はこれをα類とし，砂川(1987)などの言う典型的な「引用文」をβ類とする．本章では，「引用(文)」における引用句と引用動詞の主語の語順を問題にするが，藤田(1986)などに従い，β類とともにα類をも扱うことにする．つまり，引用句が統語的に引用動詞と結びつかない非典型的引用表現も考察の対象とする．ただし，「引用」，「引用文」，「引用句」など用語の混乱を避けるために，「引用表現」という用語を使い，それをもって引用句と引用動詞，及び引用動詞の主語による連なりとしての表現全体を指すことにする．[39]「引用」と表現する場合もそれは「引用表現」を指す．そして，本研究では「引用句」を「引用節」と呼ぶことにする．また，「ト」を伴わない「早く来るように言った」のような類型や，主語を取らない引用表現は除外する．

　引用の語順問題を取り上げた調査資料には宮島(1964)などがある．宮島は，現代雑誌九十種を資料とする各成分相互の前後傾向調査で，引用助詞「ト」の他の助詞(或いは成分)との語順傾向を提示した．引用の語順問題について文体論的な考察を行なった研究には佐伯(1975a, 1975b, 1998)などがある．佐伯は，単文あるいは節を構造上かかり部とうけ部に二分し，そのかかり部内部の語順のありようが文体の一特性を示すに足りるものとの前提に立って語順の文体論的考察を行なった．宮島(1964)と佐伯(1975a, 1975b, 1988)などは，もっぱら引用表現だけを取り扱った研究ではないが，引用の計量的研究と表現・文体論的研究においての数少ない貴重な研究資料となる．これまでの日本語の引用研究を顧みると，直接語順問題をとりあげた研究は宮島(1962, 1964)や佐伯(1975a, 1975b)の研究を除くと，管見の限りでは見当たらない．[40]引用の語順研究が少ない主な原因は，日本語において語順の転換が文の命題・論理的意味の変化をもたらさないために，語順の問題がただ個人的スタイルや好み，或いは修辞的手法によるジャンルの文体的特徴として見られることが多かったからであると思われる．また，引用研究と言うと，どうしても引用表現の構造，機能ともっとも密接な関係をもつ引用節と引用動詞に焦点が置かれがちなことも事実である．

　しかし，他言語との比較対照という視点，特に言語類型的に同じSOV型の自由語順言語である韓国語との比較対照という視点をもつことによって，日本語引用における語順研究の可能性はさらに広がり，引用の語順研究がこれまで以上に重要な意義を持つことになる．すなわち，日本語と極めて似ている韓国語のような言語との比較対照を行うことによって，日本語だけを考察の対象とする引用研究，或いは日本語とは極端に異なる言語との比較対照研究では見逃されがちな，個人的スタイルやジャンルを超えた「日本語文体論」的特徴などが明らかになると思われる．また，そこで明らかになる違い(或いは差異)は，個人を超える日本語の表現の仕方に結びつく可能性があり，日本語言語共同体のコミュニケーションのあり方の理解につながる可能性もあると思われる．

　本章では，先行研究を参考にしながら韓国語・日本語の引用の語順に関する筆者独自の調査資料(現代小説)に基づいて，両言語の引用表現における主語と引用節の語順傾向の微妙な違いを考察し，それをもって，主語後置が日本語引用表現の語順特徴の一つであることについて議論して見たい.

4.3. 引用表現における主語の語順

4.3.1. 日本語における主語と引用節の語順

典型的引用であれ非典型的引用であれ，その基本構造は，引用節と動詞(広義的引用動詞)，および動詞の主格補語(主語)などから構成される.[41]

	[主語] ガ/ハ ＋	[引用節] ト ＋	[引用動詞(広義)]
(1)	和弘は	僕は犯人だと	言った
(2)	私は	そんなはずないと	思った
(3)	佐藤が	おはようと	入ってきた
(4)	私は	うそをつけと	横を向いた

　(1), (2)は典型的な引用で(3), (4)は所謂非典型的引用と言われるものであるが，そのいずれの場合においても主語を引用節の後方，引用動詞の前方に移動することができる. 佐伯(1975a, 1975b)は，これを「変位」と呼んで，二つのかかりの間の基本語順に対する逆語順の場合に用い，かかりとうけが逆語順にある場合を指す術語「倒置」と相対させている.

　日本語は自由語順言語でありながらも，典型的な動詞末尾型(Verb-final)言語である. そのため述語が文末に位置し，修飾語が被修飾語の前に位置するのが最も基本的な語順原則となる. だから，「倒置」について言えば，それが無標の基本語順に対する有標の語順であることは明らかである. 一方, 日本語はまた，格によって文法的機能が表示される「格標識依存型言語」,

「平板構造」を持つ「非階層型言語」とも言われるように，修飾語どうしの語順(かかりの語順)が言語(文法)側の強制的支配を受けない．だから，かかり語順のあり方に絶対的な法則が存在しない．あるとすれば相対的な傾向である．佐伯(1975a, 1975b)などの「変位」と「基本語順」とは，この「相対的傾向」に基づくものであると考えられるが，「相対的傾向」とはどんなものであり，「基本語順」はどのように決まるのであろうか．かかり語順のあり方に絶対的な法則が存在しないという日本語の言語的特徴から見ると，二つの修飾語どうしの語順(かかり語順)に「基本語順」を設けることができない場合も十分予想される．

　佐伯(1975a)は，「変位は基本語順をもつ組み合わせにおいて可能であるが，その基本語順は一つの約束事として，母集団においてその傾向を示すことが危険率五%以下で言える場合の順序をもってする」と規定している．佐伯の研究は，語順傾向の計量的把握の一方法として概ね我々の言語感覚に合うものであり，語順変位の研究において重要な意義を持つと思われる．[42] ただ，言語的側面から見ると二つのかかりの間の語順は，基本的に要素の語彙的特性，つまり成分自身の意味・機能的役割，述語との結びつきの強さによって決まるのである．格成分どうしの語順の場合は特にそうである．格成分の語順を決める主要な要因としては動詞の項構造(argument structure)があげられるが，項構造には動詞のとる項の意味役割が示されている．意味役割の間には，優位性に基づく階層(例えば，行為主＞経験者＞対象物＞場所，など)が成り立ち，その階層関係によって成分の統語構造における位置が順次派生的に決まり，それがもっとも無標の語順になる．したがって，言語的側面から見ると，「主語－引用節－引用動詞」のような配列が無標の語順になると考えられる．実際，宮島(1964)の調査でも雑誌から採集した主語と引用節をもつ引用表現のうち，「は(主格)－と(引用)」の語順が137例，「と(引用)－は(主格)」の語順が63例，そして，「が(主格)－と(引用)」語順が44例，「と(引用)－が(主格)」語順が32例となって，全体において「主語－引用節－引用動詞」のような語順の有意性が認められている．そこには，佐伯の規定に合致した「基本語順」というものが存在するわけである．

　ところで，佐伯(1975a，1975b)の研究はジャンルを小説に限定したものである．小説ジャンル特有の片寄りとして「と(引用)－は(主格)」語順の頻用があげられるが，佐伯(1975a，1975b)の引用節と主語の語順においては「基本語順」が認められていない．つまり，佐伯の小説ジャンルに限った調査では引用節と主語の語順に「基本語順」なしという結果となっている．佐伯はしかし，このように小説で「基本語順」が認められないにもかかわらず，小説における「引用節－主語－述語」の語順については，宮島(1964)の調査で導かれた一般的な傾向[43]に従い，「変位」という用語を使ってほかとは異なる特別な扱いをしている．また，宮島(1964)でも，第一層(評論・芸文)では他の層とは違う「は(主格)－と(引用)」が10例，「と(引用)－は(主格)」が13例，そして，「が(主格)－と(引用)」7例，「と(引用)－が(主格)」が3例となって，主語と引用節に「基本語順」なしの数値が見られる．

　[表4-1]は筆者の調査であるが，そこでも全体的に見て「主語－引用節－述語」(SQV)語順の有意性は見られなかった．

[表4-1] 日本語の引用表現における主語と引用節の語順[44]

作　　品	Q	Q-S	S-Q	QV	SQV	QSV	小計
① 挫折(石川達三)	0	0	0	1	8	1	10
② 日蝕(平野敬一郎)	0	0	0	7	6	0	13
③ 従軍司祭(遠藤周作)	18	3	2	13	5	4	45
④ 惑星の泉(丸山健二)	0	0	0	3	35	8	46
⑤ 小さな王国(谷崎潤一郎)	29	11	0	10	7	6	63
⑥ **KIYOKO**(村上龍)	11	7	1	23	11	17	70
⑦ ブラジル風のポルトガル語 　（大江健三郎）	43	0	3	1	13	28	88
⑧ 友情(武者小路實篤)	81	10	6	25	16	6	144
⑨ 山の音(川端康成)	88	2	2	11	13	45	161
⑩ 鉄道員(淺田次郎)	262	9	1	6	6	17	301
計	532	42	15	100	120	132	941

　要するに，日本語一般においてはSQV語順の有意性が見られ，「主語－引

用節−述語」の語順が「基本語順」と認められるが，ジャンルを小説に限定した場合はSQV語順の有意性は見られず，「基本語順」を設けることができなくなるのである．しかし，前にも述べたように，成分的条件に基づく語順傾向から見ればSQV語順が無標の語順であり，また，小説ジャンルではSQVが「基本語順」として認められないが，だとしても逆にQSVが「基本語順」になることもあり得ないことから，小説から採集した例文を基礎資料とする本研究でもSQV語順を無標の語順と見なす．ただし，小説では佐伯の言う「基本語順」が存在しないという意味で「変位」の用語は使わず「主語の後置」，あるいは「有標の語順」という言い方をする．[45]

　さて，日本語の引用においてSQVの語順が無標の語順であるとすれば，QSVのような配列は有標の語順となり，そして，このような有標の語順の実現には何らかの付加的条件が必要となる，ということになる．語順のあり方に影響する要素としては様々な条件が考えられるが，もっとも一般的な条件としては文脈指示語(成分に文脈指示語が含まれているか否か)，主題化(成分が主題化されているか否か)と成分の長さ(成分が複雑な構造をもっているか否か)などが指摘されている．[46] 主語と引用節の語順の場合は，「成分の長さ」[47]という条件がもっとも積極的に働くと考えられる．引用節はどうしてもほかの成分より長くなりやすいからである．佐伯(1998, 139)は，長い成分である引用節が主語の前に置かれる語順について，これは理解の経済性を見越した表現意図に支えられていると指摘した．つまり，主語後置の語順が主語前置の語順に比べ係り受けが明快で，それだけ読み手に緊張を強いることがない，というわけである．だが，日本語の引用表現で主語と引用節が同等の長さで逆の語順をとる場合もある．これはもはや理解の経済性を越えてただ位置転換が可能というそのことだけによりかかった表現である．しかもこのような語順の表現が現代小説では頻用される．(5)，(6)，(7)がその例である．

　　(5)　<u>石塀と英子は</u>言ったが，…… 何の特色もなかった．

『山の音』

(6) 「先生……」と，その時野田が又立ち上って云った.

『小さな王国』

(7) 広間へ行くと，いちばん奥に，てかてかに頭を剃った老人が坐っていた.
坊さんだろうか，と阿Qは思った.

『阿Q正伝』

　これは，日本語現代小説の引用表現において，「成分の長さ」という要因が語順のあり方に積極的に働き，その結果，長い成分である引用節が主語の前に置かれる語順が習い性となって，終には成分の長さに関係なく引用節が主語の前に置かれる傾向が強くなっている(そうではないと，そもそも「成分の長さ」という条件は引用節と主語の語順に影響を与える主要因ではない)，ということの可能性を示唆するのではないだろうか．勿論，主語と引用節の位置転換は成分の長さだけで決まることではないだけに，これもただ一つの憶測に過ぎない．ただしそれが引用表現の語順を考える上で重要な意味をもつことには間違いないと思われる.

　同じ長さの主語と引用節の逆語順について，佐伯(1998, 140)は，「会話そのものを強調しようとの意図が他ジャンルにおけるより，強くかつコンスタントに働くことがある」，そして「新鮮な気のきいた表現という好印象を読み手に与えようとの意図が他ジャンルにおけるより，強くコンスタントに働くことがある」，なお，「この印象は寛容度のより低い逆語順をとることによって引き起される読み手の反応のひとつである」と指摘している．つまり，佐伯によれば小説での主語と引用節の逆語順の頻用はただジャンル的な特性である，ということになるだろう．この問題については，次節から韓国語の場合と比較しながら詳しく考察してみることにする.

4.3.2. 韓国語における主語と引用節の語順

　日本語と韓国語の構造的類似性は広く知られている．両言語は言語類型的に同じSOVの自由語順言語であるだけではなく，また，主題と主語がほぼ

拮抗する言語，つまり主題表現の中に行為者を表す用法も含まれる言語と
して，英語のような主語優勢言語(subject prominent language)はもちろんのこ
と，中国語のような主題優勢言語(topic prominent language)とも区別され，類
を共にする．そのため両言語は引用表現の構造および主語と引用節の語順転
換などにおいても極めて似かよった特徴をもつことになる．

　韓国語の引用表現の基本構造も主語と引用節と引用動詞からなる．当然韓
国語でも主語が引用節に後置されることもできる．

> (8)　철수는 "비가 온다." 하고 말했다.
> 　　（チョルスは「雨が降る」と言った．）
>
> (9)　그는 철수를 범인이라고 생각했다.
> 　　（彼はチョルスを犯人だと思った．）
>
> (10)　철수는 비가 온다고 알고 있다.
> 　　（チョルスは雨が降ると知っている．）
>
> (11)　철수도 비가 온다고 믿고 있다.
> 　　（チョルスも雨が降ると信じている．）
>
> (12)　철수는 "안녕히." 하고 돌아섰다.
> 　　（チョルスは「さようなら」と背を向けた．）

　例文 (8), (9), (10), (11)は藤田(1988)の言うβ類, (12)は藤田(1988)のα類に
当たる．藤田(1988)によれば，α類は引用節と述部が引用節「〜引用標示」に
よって示される発話と述部によって示される，別の動作・状態とが同一場
面に共存するという意味関係において結びつくとみられる非典型的な引用
表現に当たるものである．[48]
　韓国語の引用研究も主に話法と統語論という二つの側面から行なわれて
きた．そして，이상복(1983), 신선경(1986), 이필영(1995), 김수태(1999)などの
ように，引用節の統語論的位置づけ，引用標示の統語的機能，引用動詞の分類
と意味・機能の分析など，日本語の場合と同じ問題が議論の対象となってい
るが，引用表現の語順を扱った研究はほとんど見当たらない．また，日本語
のような主語と引用表示の前後関係に関する調査もない．韓国語の引用は，

その構造と機能などにおいて日本語と多くの共通点を持つが, しかし当然ながら微細な部分においては, 様々な相違点が存在すると考えられる. 特に主語と引用節の語順においても何らかの相違が存在する可能性は十分ある.

　本章では, 両言語の語順傾向に焦点を置いて両言語の引用表現の微妙な違いを考えてみることになるが, その前にまず韓国語の引用表現における主語と引用節の分布の一般状況について見てみよう. 4.3.1の[表4−1]は日本語の引用における主語と引用節の分布の一般状況を調べるための調査である. 全体的にSQVが120, QSVが132という結果になり, 有標の語順と無標の語順の分布に有意差が見られない. これは佐伯らの調査結果などとも一致しており, 日本語現代小説で有標の語順がかなり活発に使われていることを表すものである. ただ, 作品により偏りが大きいこともうかがえる.

　次の[表4−2]は, 韓国語の引用における主語と引用節の分布状況を調べるための調査であり, [表4−1]の日本語の場合とまったく同じ方法で調査を行なっている. [表4−2]からは, 韓国語の引用表現における主語前置のSQVと主語後置のQSVの分布にはかなりの開きがあることが分かる. 個別の作品ごとに観察しても主語前置の語順が優勢であると言えよう.

[表4−2] 韓国語(小説)の引用表現における主語と引用節の語順

作　品	Q	Q-S	S-Q	QV	SQV	QSV	小計
⑪ 자유의문(이청준)	17	7	2	0	2	0	28
⑫ 젊은날의초상(이문열)	21	9	7	1	5	1	44
⑬ 화령장기행(강용준)	40	8	2	4	12	3	69
⑭ 탁류(채만식)	61	9	0	7	9	1	87
⑮ 남풍북풍(이호철)	79	4	11	11	9	9	123
⑯ 서있는 여자(박완서)	129	14	4	1	3	1	152
⑰ 아버지(김정현)	156	12	0	7	5	1	181
⑱ 신의 짚팡이(정동주)	149	11	4	13	5	0	182
⑲ 마당깊은집(김원일)	127	47	4	1	7	0	186
⑳ 문명인쇄소(김준성)	161	11	13	2	11	0	198
計	940	132	47	47	68	16	1250

　[表4−2]の調査に加えて，言語的側面から見ると二つのかかりの間の語順は，基本的に要素の語彙的特性，つまり成分自身の意味・機能的役割，述語との結びつきの強さによって決まるとすれば，韓国語の引用表現における主語と引用節の語順の場合も，日本語と同じように主語前置の語順が無標の語順であると考えることができる．

4.3.3. 日本語と韓国語の語順の比較

　[表4−1]と[表4−2]の調査結果を比較してみると日本語と韓国語の引用表現におけるいくつかの興味深い点が浮かびあがる．まず，日本語の場合は有標の語順と無標の語順の分布に有意差が見られないが，韓国語の場合はSQVが68，QSVが16という大差が見られる．つまり，韓国語では日本語のように主語後置の有標の語順が活発に使われるとは言えないのである．[表4−1]，[表4−2]のSQV語順とQSV語順のデータを無標の語順SQVの出現回数順に作品を並べかえてグラフに表したのが[図4−1]である．[図4−1]で，日本語はSQVとQSVが交差することが多いが，韓国語は作品⑮を除けば基本的に並行する傾向にある．日本語の場合は，全体的にQSVとSQVの語順に有意差が見られないだけでなく，その分布が作品ごとにばらつきがある．それに対して韓国語の場合は，作品による偏りが日本語ほどではなく，SQVの優位性が比較的はっきりと見られる．

[図4−1] 日本語と韓国語の有標語順分布の比較

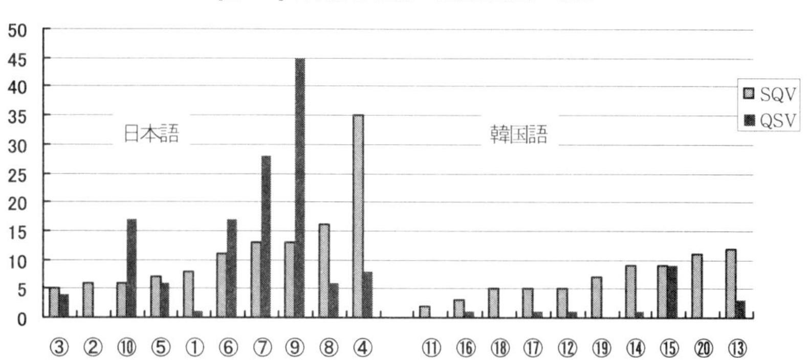

　佐伯(1975a, 1975b)は，小説でのQSV語順の頻用について，小説ジャンルでは会話そのものを強調しようとの意図が他のジャンルにおけるより強くかつコンスタントに働くと指摘した．作品によっての偏りについても，作者による会話重視の姿勢，およびその作品の文体的特徴の一つであると指摘した．それは確かにそうである．

　しかし，小説というジャンル的特徴なら韓国語でも同じはずである．とすれば，前にも述べたように韓国語は日本語と同じような構造的特徴を持つために有標の語順の分布においても類似的な様相を呈するだろうと予想される．にもかかわらず[表4－1]と[表4－2]の比較で分かるように両言語に違いがあるということは，ジャンル的な特徴と作者の個性ということがあるにしても，少なくとも韓国語と比較対照する際はそれだけで片付けられる問題ではないことを示唆してくれる．一つの可能性として考えられるのは，そもそも日本語は有標の語順が多用される言語であるのではないだろうか，ということである．

　このような考え方をとると，SQVとQSVの分布が作品により偏りが激しいことについてもより納得のいく解釈を与えることができそうである．つまり，作者の個人的スタイルや個性とはあくまでも社会的に共有され慣習化されたものを下地にするもので，日本語は有標の語順の使用を幅ひろく認める言語であるがゆえに有標の語順を最大限に活用する個性豊かな作品が多く見られる，と考えることができるのである．ただ，これは言語的構造という視点だけでは見極めることができないので，言語運用という視点から日本語の特徴を考えることが求められる．

　次に，[表4－2]から見ると韓国語の小説でSQVとQSVの割合が81%(68)/19%(16)となる．これに対し，宮島(1964)の調査からSQV語順とQSV語順の例数を集計してみると，全体としてSQVとQSVの割合が65%(181)/35％(96)で，有標の語順QSVの出現率が3割を越える．第一層(評論・芸文)を差し引いても67%(164)/33%(80)で，依然3割を越える．宮島(1964)の調査は筆者の調査と条件が少し異なる可能性があるので直接比較するにはいささか問題があるようにも思われるが，しかし参考になる数字であることは間違いない．

この数字から見る限り日本語では一般に有標の語順が3割以上使われることになる．それに較べて，小説を対象にした筆者の調査で韓国語の有標の語順は2割弱にしかならない．そして小説というジャンルの特徴を考慮に入れて有標の語順の割合を考えると，韓国語では日本語より有標の語順の使用率が一般的にかなり低いと推測できる．

　もう一つ，韓国語はSQV，QSVの合計値が日本語よりはるかに少ないが，[表4－1][表4－2]から見ると韓国語の小説に引用表現(会話文を含む)そのものが少ないのではない．全体的数値を見ると日本語が941，韓国語が1250となり，むしろ韓国語のほうに引用表現が多い．ただ韓国語は引用節が独立し，引用標示によって導かれる引用動詞や主語とは直接結びつかない引用表現が多いのである．韓国語ではQ, Q－S, S－Qの合計(1119)とQV, SQV, QSVの合計(131)割合が90%/10%になるが，日本語では63%/37%になっている．これは，日本語は慣用度のより低いQSVの有標の語順を使って会話そのものを強調しながら現実の会話の場面を模倣し再現して表現の劇的効果を提供する傾向があるのに対して，韓国語は，引用節の独立した表現を積極的に使って同じ効果を狙いながら，より慣用度の低い主語後置の有標の語順を控える傾向がある，と考えることができるかもしれない．[49] また，Q－Sの表現は潜在的なQSV語順であるとも理解できるが，韓国語の場合Q－SとS－Qの数値が大きいことも興味深い．つまり，韓国語ではQSVの代わりに引用節を独立文としてQSVから押し出して結果的にQ－S，S－Qのような表現となり，それが有標の語順の少ない原因の一つになる，と考えることもできる．

4.4. 対訳小説から見た主語と引用節の語順

　3節で，日本語と韓国語における引用表現の有標の語順と無標の語順の一般的な分布について観察してみたが，日本語では有標の語順と無標の語順に有意差が見られず，韓国語に比べて主語後置の有標の語順が多く使われる傾向があることがわかった．本節では，3節で考察した日本語と韓国語の語順傾向のズレを裏付ける方法の一つとして，対訳小説を資料とし，実際の作品での両言語の語順の現われ方(対応の仕方)を考察してみたい．

4.4.1. 日韓対訳小説

　まず日韓対訳小説の場合について見よう．日本語と韓国語の語順を比較対照する立場で対訳小説を研究資料として選択する際，概ね三つの類型の訳本に留意する必要がある．一つは日本語学習者向けの訳本である．例えば日韓対訳日本名作シリーズの『사랑과죽음(愛と死)』，『우정(友情)』(武者小路実篤，時事日本語社)など，日韓対訳文庫の『설국(雪国)』，『이즈의 무희(伊豆の踊り子)』(川端康成，다락원)などの類である．日本語学習とともに名作も鑑賞できるという利点から数多く出回っているが，母語との比較から有効的に日本語の習得を図るために，ほとんどが文字通りの「直訳」で，当然これらの類では両言語の文の成分配列のズレはあまり期待できない．もう一つは一般読者向けではあるが，訳者が意図的に原作の表現構造に従う場合である．訳者の翻訳姿勢によることであるが，原作の表現を最大限に優先するために，ぎりぎりのところまで「直訳」し，ときには「ぎごちない表現」[50]になることもある．『밤의기별(惑星の泉)』(丸山健二作　김춘미訳) などがその類である．三つ目は，原作の表現スタイルなど重視しながら韓国語の表現法も十分考慮したと思われる訳本である．もちろん翻訳言語の表現法(或いは原作の表現法)を考慮しない翻訳などあり得ないが，その傾向から見て見分けることが必要である．本章では前の二つの類も参考にしながら主に三番目の類を中心に考察を行なう．今回，4組の長編小説と17組の短編小説について語順がずれるところを調べてみたが，その調査結果をまとめたのが「表4－3」である．

[表4−3] 日韓対訳小説における語順のズレ[51]

作品(作者，訳者)	調査範囲	AB/ab	BA/ba	AB/ba	BA/ab
KYOKO(村上龍，양억관)	長編 (116)	129	87	0	12
千羽鶴(川端康成，하근찬)	長編 (164)	18	30	0	3
山の音(川端康成，하근찬)	長編 (319)	115	110	0	6
日蝕(平野啓一郎，양윤옥)	長編 (186)	53	30	0	2
死者の奢り(大江健三郎，김욱)	短編 (35)	11	3	0	7
部下(今野敏，정태원)	短編 (36)	6	8	0	5
鉄道員(淺田次郎，양윤옥)	短編 (267)	25	45	1	8
月のしずく(淺田次郎，김미란)	短編 (330)	39	31	1	25

　[表4−3]の数値からわかるように，日韓対訳小説での両言語の語順の異なる部分だけを比較してみると，次の例文(13)のようなBA/abのパターンが圧倒的に優勢である．　[表4−3]ではAB/baのパターンの例文が2例しか現われなかった．しかも(14)のように文の直接成分ではなく，文の成分内の配列というべき特別とも言えそうな例文である．

(13)　a.　亭主が無造作に身を入れているが，<u>三つの貝の身が入りまざって，それぞれの貝の身が元通りの貝殻にはかえらないだろうと</u>，<u>信吾は</u>妙に細かいことに気がついた．

　　　b.　주인은 익숙하게 알맹이를 집어 넣고있는데, <u>신고는</u> 세 개의 소라 알맹이가 한데 섞여서 제대로 본래 조가비속<u>으로</u> 들어가지는 못할 <u>것이라고</u>, 묘하게도 그런 자세한 데까지 생각이 미치고 있었다.

『山の音』

(14)　a.　<u>夫が盛大だから驚くなと言った新盆の風習は</u>，たしかに東京の常識から計り知れないほどのものだった．

　　　b.　<u>깜짝 놀랄 거라고 남편이</u> 미리 귀띔까지 해주던 시 집의 백중 첫 제사 풍습은 아닌게 아니라 도쿄 사람 상식으로는 상상도 못 할 만큼 굉장한 것이었다. 『盂蘭盆会』

4.4.2. 韓日対訳小説

　次に，朝日対訳小説の場合であるが，韓国語学習目的で翻訳されたもの
はあまり見当たらない．一般読者向けの訳本がほとんどであり，日韓対訳
小説資料の場合のように意図的に原文の表現構造に近づける翻訳とそうで
ない翻訳の二つに分けて考えることができる．三枝寿勝訳の『濁流』(蔡万植
著)などは典型的な意図的「直訳」類である．今回，朝日対訳小説は，『南風北
風』(이호철著，姜尚久訳)など8組の長編小説([表4－4]を参照)を対象に調査し
てみたが，安宇植訳の『エミ』(윤흥길著)にBA/abのパターンが(15)(16)の2例
あるだけで，その他の作品でBA/abの例文が観察されなかった．

[表4－4] 韓日対訳小説における語順のズレ

作品(作者, 訳者)	調査範囲	AB/ab	BA/ba	AB/ba	BA/ab
아버지(김정현, 田嶋きよこ)	100(290)	14	0	0	0
탁류(채만식, 三枝壽勝)	100(530)	23	0	0	0
신의짚팡이 I (정동주, 根本理惠)	100(300)	5	0	0	0
서있는여자(박완서, 中野宣子)	100(337)	15	0	0	0
마당깊은집(김원일, 李銀澤)	100(250)	39	3	0	0
남풍북풍(이호철, 姜尙久)	100(246)	58	0	0	0
겨울연가II(김은희, 宮本尙寬)	100(246)	28	0	0	0
에미(윤흥길, 安宇植)	100(270)	13	0	0	2

(15)　a. 그제서야 나는 이모의 말뜻을 옳바로 알아들을 수 있었다. 하지만
　　　　<u>나는</u> 절대로 그럴리가 없다고 마음으로 절레절레 도리질을 했다.

　　　b. それを聞いてようやく，ぼくには外叔母の言わんとするところが正
　　　　確に飲み込めた．とはいえ，<u>決してそんなはずはないと，ぼくは</u>内
　　　　心で何度となくかぶりを振った．

(16)　a. 완전히 미쳐돌았다. <u>나는</u> 어머니가 틀림없이 미쳐버린 거라고 생각했다.

　　　b. 完全に狂っていた．いや，<u>てっきり母が狂ってしまったものとぼく</u>
　　　　は思い込んでいた．『에미(母)』

4.4.3. 中日・中韓対訳小説

　最後に，第三言語原作の資料としては中国語原作の6組の対訳小説を選択した．日本と韓国語の構造的類似性からみて，日本語を韓国語に翻訳したり韓国語を日本語に翻訳したりするとき，訳文が無意識のうちに原文の表現構造に引きずられる可能性がある．一方，中国語は日本語・韓国語とは構造的相違が大きいために中国語を日本語，或いは韓国語に翻訳する際，そのような表現構造の影響を受ける可能性が少ないとも考えられる．また，中国語から日本語に訳されたものは当然韓国語などを意識せず，逆に中国語から韓国語に訳されたものも日本語など意識するはずがない．すると，中国語から日本語，或いは韓国語に翻訳された訳文の表現は，日本語から韓国語，韓国語から日本語に翻訳した表現よりもっとそれぞれの言語の自然な形に近い表現であると考えることもできるのである．その意味で中国語原作の対訳小説資料は日本語と韓国語対照研究の貴重な基礎資料となる．[表4−5]は，日本語訳文と韓国語訳文の調査結果をまとめたものであるが，概ね日韓対訳小説の場合と同じ傾向が見られた．ただ，『人啊, 人！』(戴厚英)ではBA/abの例文は見られず，AB/baの例文(17)が1例だけ見られた．

[表4−5]　第三言語原作対訳小説における語順のズレ

中国原作(日本語訳者/韓国語訳者)	調査範囲	AB/ab	BA/ba	AB/ba	BA/ab
阿Q正伝(魯迅/竹内好/윤화중)	52(52)	10	0	0	5
子夜(茅盾/竹内好/김하림)	200(386)	36	16	0	16
紅高粱(莫言/井口晃/심혜영)	222(222)	9	0	0	10
活着(余華/飯塚容/백원담)	190(245)	21	0	0	6
上海宝貝(周衛慧/桑島道夫/김희옥)	90(278)	11	0	0	4
人啊, 人(戴厚英/大石智良/신영복)	200(393)	98	10	1	0

(17) a. 私の心は冷え切った。祖国，人民，党，肉親，何もかも縁遠いものになった。<u>私は，人類はもともといかなる愛情も信義も持たないのではないか</u>と疑った。

b. 내 마음은 싸늘히 얼어붙었다. 조국, 인민, 당, 육신, 모든 것이 나
와는 인연이 멀어져 버렸다. 사람들에게 원래부터 그 어떤　애정이
나 신의도 없는 것이 아닐까 하고 나는 의심했다.

『人啊, 人！』

　以上, 三種類の対訳小説資料に対する調査から見ると, 朝日対訳小説の場
合, BA/abパターンの例文が極端に少ないが, その原因は定かでない.[52] ま
た, 翻訳作品によってBA/abまたはAB/baパターンの例文の数値に偏りがあ
り, 全体において例文の数が多いとは言えない. しかし, 資料により偏り
はあるものの, 日本語の有標の語順が韓国語では無標の語順になる場合は
あるが, 逆に日本語の無標の語順が韓国語で有標の語順になることはめっ
たにないことが読み取れる. つまり, 全体において微妙ではあるが日本語
が韓国語より有標の語順が多く使われることは一貫していると言える.

4.5. 考察

4.5.1. 日本語の主語後置の傾向と韓国語の主語前置の傾向

　3節で引用表現の語順に関する宮島(1964), 佐伯(1975a, 1975b)などの先行研
究を検討し, なお日本現代小説を対象とした筆者の調査から, 小説は一般に
比べてQSVの有標の語順が多く使われる傾向があると指摘した. そして, 韓
国語小説を対象とした引用表現語順分布の調査を日本語の場合と比較対照
し, 小説ジャンルで日本語の方が韓国語より有標の語順が多く使われる傾向
があることを指摘した. 4節では, 実際の作品における両言語の語順の現わ
れ方を比較観察し, 日本語が韓国語よりQSVの有標の語順が多く使われる現
れとして, 三種類の対訳小説で一貫してBA/abが多いことを指摘した. 本研
究の第3章で, 日本語と韓国語の同一主語複文における主語と連用節の語順

について考察したが，そこで日本語の主語後置の傾向が観察された．本章で考察する引用表現の場合もそれと同じような傾向が見られるが，実際の対訳小説から採集されたBA/abの用例の数から言えば，主語と連用節の語順の場合ほど豊富でない．しかし，その代わりに反例となるAB/baの用例も非常に少ない．今回の調査では全部で 3 例しか採集できなかった．

　4 節では韓国語との比較から日本語のQSV語順傾向を観察したが，日本語の引用表現が韓国語で同じ引用表現構造で対応されるケースに限った観察である．実際，日本語の引用表現が韓国語で必ずしも同じ構造の引用表現と対応するとは限らない．しかし，両言語の引用が同じ表現構造で対応しない場合においても，日本語引用表現の主語後置の傾向を支持する例文が数多く観察される．

(18)　a. 夫人は菊治から目を離さないで，それで倒れるのを支えているかのようだった。<u>この視線をはずせばなにか危険だと</u>，<u>菊治は感じた</u>．

　　　b. 부인은 키쿠지에게서 눈을 떼지 않았다. 그럼으로써 쓰러지는 것을 지탱하고 있는 듯했다. <u>키쿠지는</u> <u>시선을 돌리면 뭔가 위험할 것같이</u> 느껴졌다. 『千羽鶴』

(19)　a. <u>修一が会社の出張だと</u>、<u>英子は思っている</u>。

　　　b. <u>에이코는</u> <u>슈우이치가 회사일로 출장을 가는 줄로</u> 알았다. 『山の音』

　例文(18)と(19)は，日本語のQSVの表現が韓国語訳文では引用節の部分が副詞的成分として翻訳され，主語は日本語とは逆の文頭に置かれる．(18)の訳文は日本語の非典型的引用表現に似ている表現である．(19)の「ー줄로」は引用標示としての性格が強い．しかし，いずれにしても日本語とは違って，韓国語では主語が文頭に置かれている．また，次の(20)と(21)を見てみよう．

(20)　a. <u>兄弟は多かったが、忠司を最もふかく愛した者は私であったように思うから、この六法全書は私が受けとり私が愛蔵すべきものだと</u>、<u>私は思ったのだった</u>。

　　　b. <u>형제는 많았지만 다다시를 가장 깊이 사랑한 사람은 나였던 것으로</u>

생각하기 때문에, 내가 이 육법전서를 받아서 애장해야만 한다고
생각했다. 『挫折』

(21)　a. 이번에는 웅얼거림이 아닌 또렷한 발음이 실제로 내 귀에 들렸다.
　　　　아니, 그렇게 들었다고 △생각했다.

　　　b. こんどは口の中でぶつぶついう呻き声に似たそれではなく、発音の
　　　　はっきりした言葉がぼくの耳に聞こえてきた。いや、そのように聞
　　　　こえたとぼくは思いこんだ。『에미』

　(20)は, 日本語のQSV語順が訳文でQVとなり, 主語が省略されている. △
は原文における主語の位置に対応する. 逆に(21)は, 韓国語のQV語順が日
本語訳文では主語が増えてQSVの表現になっている. △は訳文における主
語の位置に対応する.

　主語の省略と言えば日本語の特徴として広く知られているが, 韓国語も
日本語と同じように主語の省略が比較的自由に行なわれる. しかし一般的
に言うと日本語ほどではない. 通常小説にせよ一般の文にせよ日本語のほ
うが主語省略の傾向が強い. 筆者の観察によると日本語のQSVの表現が
韓国語で主語が省略される例文(20)のようなケースがかなり多い. これは,
韓国語では主語後置の引用表現が日本語ほど好まれないことを示唆するも
の思われる. 逆に言うと, 日本語では省略の根本原則である「復元可能(recover-
able)」の条件から言えば省略されてもおかしくない主語が省略されないこ
とが多いのは, 日本語でQSVの語順が好まれ, それがQSVというパターンと
して固定される傾向がある, と考えることができるのではないだろうか.

　次の例文(22)(23)(24)も日本語の主語後置の語順が韓国語では主語後置が
回避されている例文である.

(22)　a. あれは生きている人間だ。そして生きている人間, 意識をそなえてい
　　　　る人間は体の周りに厚い粘液質の膜を持ってい, 僕を拒む, と僕は
　　　　考えた.

　　　b. 저것은 살아 있는 인간의 몸짓이 틀림없다, 그리고 살아 있는 인간
　　　　의 의식을 구비하고 있는 인간 은 몸 주위에 두꺼운 막을 갖고 있

　　　　어서 나를 거부하고 있다는 생각이 들었다. 『死者の奢り』
(23) a. うちの鳶や烏は今夜どうしているだろうかと，信吾は思った.
　　　b. 신고는 우리 집 소리개나 까마귀는 오늘 밤 같은 때 어떻게 하고
　　　　있을까 하는 생각이 들었다. W『山の音』
(24) a. 英子は冷笑していると，信吾は感じた.
　　　b. 신고는 에이코가 속으로 냉소하고 있다는 것을 느꼈다. 『山の音』

　(22)(23)(24)は，日本語の引用節が韓国語の訳文では名詞的表現となっている．(22)と(23)は，韓国語の引用動詞が名詞化することで日本語の引用節にあたる部分が連体節となっている．(24)は，引用節が名詞節となって全体が目的語的機能をしている．日本語の後置主語は省略されるか文頭に置かれる．日本語と韓国語の対訳でこのような対応の仕方はかなり多い.

　韓国語では，引用節と引用動詞を切り離すことで引用表現構造の中での主語後置の語順を回避することもよくある．(25)(26)がその例である.

(25) a. またも阿Qの耳に，このことばが聞こえる．ちげえね，女房をもらわな
　　　　くては，と彼は考えた.
　　　b. 아큐의 귀에는 이 말이 또 들려온다. 그는 생각했다. 맞았어, 여자
　　　　가 있어야만 한다. 『阿Q正伝』
(26) a. 祐次と芳枝はしばらく睨み合った．あなたにとやかく言われる筋合い
　　　　でない，と芳枝の据わった目は言っていた.
　　　b. 당신에게 이러쿵저러쿵 잔소리를 들을 입장이 아니다. 요시에의 당
　　　　당한 눈빛이 그렇게 말하고 있었다. 『オリヲン座からの招待状』

　(25)(26)は，日本語のQSVの表現が韓国語訳文では引用節の部分が押し出されて二つの文に分割されている．4節でも指摘したとおり，韓国語では日本語のQSVの構造を分割して (25)のようなS－Qか，(26)のようなQ－Sにすることで，日本語の主語後置のパターーンが避けられる.

　以上の観察からわかるように日本語のQSVの主語後置の引用表現は，韓国語の訳文でSQVの無標の語順に翻訳されることが多いだけではなく，主

語が省略されたり引用表現が二文に分割されたりして主語後置のパターンが破壊されることも多い．これは，韓国語は日本語に比べてQSV表現の使用が消極的であることを物語ってくれる．裏返せば，日本語小説には韓国語に比べて主語後置のQSV表現が遥かに多く使われる，と言うことになる．

　引用表現における有標の語順とは主語が引用節の後方に置かれる語順である．日本語に有標の語順が多く使われるということは，日本語で主語が引用節の後方に置かれる傾向が強いということである．日本語引用表現における主語後置の特徴を裏付けるもう一つの根拠として，引用節と連続性を持つ成分と主語との語順を挙げることができる．引用表現の構造について，引用標示「ト」によって導かれる引用節を統語論的にどのように位置づけるかに関して概ね二つの見方がある．一つは，森山(1988)などのように格成分として位置づける考え方であり，もう一つは柴谷(1978)などのように副詞的修飾句の一種と看做す立場である．[53] 紙面の制約で詳細について紹介する余裕はないが，引用節は格成分と副詞的修飾成分の二重性格を持つと理解することができる．つまり，引用節（成分）と格成分，引用節(成分)と副詞的修飾成分の間に連続性が見られるわけである．筆者の観察によると，その一部格成分と主語の語順，修飾成分と主語の語順においても引用の場合と同じような主語後置の傾向が見られる．例えば，主語と目的語成分の語順，主語と副詞修飾句の機能をする副詞節の語順などである．

(27) a. <u>みごとな乳房の出た胸を、房子は</u>掻き合わせた。
   b. <u>후사코는</u> 매우 탐스러운 유방이 드러난 가슴을 여미었다. 『山の音』

(28) a. 「예, ……저 다 알아요.」 / 마침내 <u>영신이는</u> 더는 참지 못하고 말했다.
   b. 「……私みんな知ってるのよ」 / <u>とうとう堪えきれずにヨンシンが</u>言った。『아버지』

(29) a. <u>その晩、阿Qがいつ、いびきをかき出したか、われわれにはわから</u>ない。
   b. <u>우리는</u> 이날 밤 아큐가 언제쯤 코를 골기 시작했는지 알 수가 없었다. 『阿Q正伝』

　(27)は, 目的語成分と主語の語順において主語が後置されている. 韓国語訳ではやはり主語が目的語の前に置かれている. 日本語も韓国語もSOVの言語であるため言うまでもなく主語後置の語順は有標の語順である. これについては, 5章で詳しく考察することになる. (28)は, 日本語は主語が副詞的修飾節(句)の後方に置かれた. これは, 3章で考察した主語と連用節の語順である. (29)は, 一重下線でマークされた部分が引用節の性格も持っている疑問表現節であるが, 遊離性が強い. しかし日本語と韓国語を比較すると日本語は主語がその遊離節の後方に位置することが多い. このように引用節と連続性のある成分と主語の語順において, 主語が後置する傾向があることは, 引用表現で主語後置語順の整合性を示す根拠ともなると思われる.

　さて, 3節で述べたように佐伯(1975a, 1975b, 1998)などで日本語の小説に一般より主語後置の有標の語順が多く使われることが指摘された. そして有標の語順の頻用は小説ジャンル特有の片寄りであり, 作品(作者)のスタイルによる片寄りであると指摘された. 筆者の調査[表4−1], 及び[図4-1]から見てもそれは正当な指摘である. つまり, 宮島(1964)の一般における調査では無標の語順の有意性が見られるが佐伯(1975a)と筆者の小説における調査では無標の語順と有標の語順の有意差が見られない. また, [図4−1]で示したように作品によって有標の語順の分布にはかなりの片寄りがあることも分かる. 佐伯(1975a)　の言い方を借りると片寄りの激しい[図4−1]の⑨のような作品は「会話強調明瞭型」の作品になるだろう. しかし, 韓国語との比較ということになると, 有標の語順の頻用がただ文体的(ジャンル的, 個人的)特徴であるという指摘だけでは十分と言えない.

　文体とは作品に現われる偏好(癖)であると理解することができる. QSVの有標の語順は, それが小説に特別に多く使われる, 或いは特定の作家の作品に多く使われるという意味で文体論の研究対象となり, これまではジャンル的特徴, 或いは作者の個性と見なされることが多かった. QSV表現が日本語に特別に多く使われるとしたら, それは間違いなくジャンルまたは個人のスタイルを越えた日本語全体の「文体的特徴」であり, 「日本語文体論」の研究対象となると考えることができる. これまで, 日本語と韓国語の現代小説資料におけるSQVとQSVの分布の比較，及び実際の翻訳小説における引用表現の対応の仕方についての考察から，類型的に同じ言語でありながら，日本語は韓国語よりQSV語順が頻用される傾向が著しく強い，ということがわかった．また，宮島(1964)の調査から見ると，小説ジャンルを除外しても，日本語のQSVの有標の語順の占める割合が3割以上となる．しかし筆者の調査[表4−2]によると，韓国語は小説ジャンルでQSVの占める割合が2割にもならない．他のジャンルより小説ジャンルに有標の語順が多く使われるのは日本語も韓国語も同じである．すると，韓国語は小説以外のジャンルにおけるQSVの割合が2割よりももっと下がる数値になると推測できる．つまり，小説ジャンルではなく，日本語と韓国語全般について比較しても日本語のQSV有標の語順が韓国語をはるかに上回ることになる．すなわち，日本語のQSV頻用の傾向は小説ジャンルに収まらず日本語全般に及ぶ可能性があるのである．

　筆者の観察によると，日本語のテレビ，新聞，雑誌，研究論文や著書などでも，韓国語にはあまり使われない有標の語順が頻用される傾向がある．次の例文(27)は柳父章(1979, 12)の論述の一段落である．

(30)　私の立場とは，もちろん翻訳論の立場である．このような「論理」的表現における，いかにももってまわったような翻訳調の言葉遣いを，<u>私は</u>問題にする．そして，そこを掘り下げたところに，およそ「論理」というものの本質的な問題がひそんでいる，<u>と私は</u>考えるのである．

『比較日本語論』

　(30)で，日本語のQSV表現を韓国語に翻訳するなら，引用節に文脈指示語が含まれるためSQVの表現にはなり難いが，主語が省略されQV構造になるか，或いは二文に分割されQ−Sの表現になると思われる．少なくともQSVのままではかなり不自然な表現であると思われる．ちなみに，その前の文の目的語成分に後置された主語も韓国語に直訳するとかなり不自然な文になる．このように日本語のQSV表現をそのまま韓国語に翻訳すると不自然な表現になることが多い．

　このように韓国語に比べて，小説というジャンルにのみならず，日本語全般においてもQSV の語順が使われる傾向が強いものと推測される．この推測が正しければ，それは日本語の全体の「偏好」であり，日本語全体の「文体的特徴」であると言えるのではないだろうか．

4.5.2. 両言語における語順のズレの原因について

4.5.2.1.「重さによる配列」原理と文体的制約

　日本語の引用表現において引用節が主語の前に置かれる傾向が強いが，その原因について，佐伯(1998)は，引用節はどうしても長くなりやすいので主語のような成分の前に置かれることが多く，長い引用節が主語の前に置かれる文は，普通の引用節複文に比べ係りと受けが明快で，それだけ読み手は緊張を強いられることがない，と述べている．なお，これは理解の経済性を見越した表現意図に支えられていると指摘している。つまり，Dik(1978)の言語に依存しない構成素の配列における「重さによる配列」の原理が，引用節複文にも適用されるということである。しかし(現代)小説では，引用節が主語と同等の長さのときも引用節前置の有標語順が多用される．それについて佐伯(1998:140)は，小説は「会話そのものを強調しようとの意図が他ジャンルより，強くかつコンスタントに働くことがあるのであろう。そして，二つに新鮮の気のきいた表現という好印象を読み手に与えようとの意図が他ジャンルにおけるより，強くコンスタントに働くことがあるのであろう。なお，この印象は慣用度のより低い逆語順をとることによって引き起こされる読み手反応のひとつである」と指摘している。

　日本語の引用表現における主語後置の傾向は，前述の佐伯(1988)の指摘した二つの要因がおもな原因であるとしたら，日本語と韓国語と比較してみる場合はどうであろうか．まず，長い成分の条件から見ると，韓国語の引用表現において「重さによる配列」の原理がまったく働かないとは考えにくい．だとすれば，3章の主語と連用節の場合と同じように，両言語において「重さによる配列」の原理の適用に差があるということになる．つまり，韓国語の引用表現においては，「係りと受けを明快にして読み手に緊張を強いらない」という有標の語順制約より，統語的規則に基づいた無標の語順制約が優先される傾向があると考えられる．次に，小説で会話そのものを強調し，慣用度のより低い逆語順を使うことによって新鮮さを求めるのは韓国語場合も基本的に同じであると考えられる．それでも両言語に語順のズレが生じるということは，ほかに何らかの理由があると考えざるをえない．それについて，引用節の「間接度」と主語後置の「パターン化」という側面から考えてみたい．

4.5.2.2. 引用の「間接度」と引用表現の語順

引用というものは，一人の話者の発話の中に別の発話を取り込むという言語行為である．つまり，他者の発話を取り込むか，自分自身の発話を取り込むかの違いは別にして，人間であるかぎり多かれ少なかれ常に引用の言語行為を行っているのである．引用の言語行為は，「同化」という言語現象の一部と考えられる．元の発話が別の発話の場に取り込まれ，その場に強く「同化」すればするほど，より「間接的な」引用となり，逆にその場への「同化」が阻止されればされるほど，より「直接的な」引用になると言える．ここで言う「同化」とは，元の発話(直接引用節の内容)が地の文の話し手の立場に「翻訳」される過程における「間接化」のことを指す．[54] より「間接的な」引用であるか，或いはより「直接的な」引用であるかという「間接度」，つまり，元の発話の地の文への同化，間接化の度合いが日本語と韓国語の引用表現における主語と引用節の語順のズレに大きな影響を与えているようである．韓国語の場合，引用節の間接度が高ければ高いほど主語の後置が難しくなる傾向があるが，日本語はそうでもない．

(31)　a.「君は，実家はどっちら？」
　　　　挨拶もできずにいる純一郎に，父はまずそう訊ねた．

① 「純ちゃん」と，久子は答えを促した．そのくらい純一郎は怯え
きっていた．
「京都，です」
かろうじて聴きとれるほどの声だった．
「母は京都にいて，父は東京」
「家庭のご事情が複雑なのかな」
「まあ……そうです．母は籍に入っていないから」
「仕送りは？」
「弟が大学に行っているから．あの，弟は父親がちがうんだけど」
「じゃあ，君はどうやって暮らしているの」
純一郎は答えなかった．とたんに父の顔色が変わった．
「彼は，モンマルトルのテルトル広場で，似顔絵を描いているの」
② 「お前は黙っていなさい」
　と，<u>父は</u>叱るように言った．テーブルの下でさかんに手袋を揉みし
だきながら，父は絶え間なく煙草を吸い続けた．

『聖夜の肖像』

b. ① "자네 고향은 어딘가?"
인사도 제대로 못 하는 준이치로에게 아버지가 먼저 그렇게 물었다.
"준짱."
<u>히사코가</u> 대답하라는 신호를 보냈다.
"교토입니다."
모기 소리 만하게 겨우 대답했다.
"어머니는 교토에, 아버지는 도쿄에."
"가정이 복잡한 모양이지?"
"아, 예. 어머니는 정식으로 결혼을 하지 않으셨으니까요."
"생활비는?"
"남동생이 대학에 다녀서…… 저, 남동생은 아버지가 달라요."
"그러면 여기서는 어떻게 생활을 하는가?"
준이치로는 대답을 하지 않았다. 그러자 아버지의 얼굴빛이 변했다.
조급해진 히사코가 대신 말했다.
"이 사람 몽마르트르에 있는 테르트르 광장에서 초상화를 그리고 있어요."
"너는 입을 다물고 있어."
② <u>아버지가</u> 벌컥 화를 냈다. 아버지는 테이블 밑으로 장갑을 만지
작거리며 줄담배를 피워대기 시작했다.

　(31)のような会話は，もっとも典型的な直接的な引用である．つまり，会話文一つ一つが引用符によって括られ完全な形で独立しており，会話は元の発話の場を再現しているために，別の発話の場(地の文)への同化という現象がまったく生じていない．このように，引用表現に別の発話の場への同化がない場合(会話文が引用動詞と結びつかない場合は勿論主語との語順が問題にならない)は，両言語の語順に直接ズレが生じることが少ない．

　(31)では，会話そのものを強調するために主語が会話文(引用節)の後ろに置かれるが，韓国語の場合も日本語のように引用標示を使うことが可能である．次に挙げる(32)(33)(34)がその例である．ただ，日本語の引用標示「と」にあたる韓国語の「하고」，「라고」は，日本語の「と」に比べると相対的独立性が弱い．そのために，より完全な文の形を指向する韓国語では，(31)の日本語のように引用標示を使って会話文を地の文に引きずるのではなく，両者を完全に二分してそれぞれを独立した文にしてしまうことが多い．つまり，日本語のようにQSVの構造ではなく，Q－Sの構造を選択することが多い(これについては，3節の[表4－2]を参照されたい)のである．(31)のa①とa②はQSVの構造をしているが，b①，b②はQ－Sの構造をしている．これは，日本語の引用表現において主語後置の傾向が強い原因の一つにはなるが，両言語の語順にズレが生じる直接的な原因にはならない．次の例文を見てみよう．

(32)　a.　昼休みの雑談の最中に<u>監督が</u>，「<u>こんな時代遅れの工場はほかにない</u>」と言ったのだ．
　　　b.　점심 시간의 잡담중에 "<u>이렇게 낡은 공장은 여기밖에 없을 거야</u>"라고 <u>감독이</u> 입을 놀렸던 것이다. 『月のしずく』

(33)　a.　慎重な男だ．うかつのことは言えないということだ．<u>村雨は私にも</u>

　　　　　心を許してはいないのだろうかと<u>安積</u>は思った.
　　b.　신중한 남자다. 경솔하게 말할 수 없다는 것이다. <u>무라사 메</u>는 내
　　　　게도 마음을 열지 않는 구나. 라고 <u>아즈미</u>는 생각했다. 『部下』
(34)　a.　<u>男性の容疑者のほうを訪ねるのは, 何か目算があってのことならい</u>
　　　　<u>いがと安積</u>は思った.
　　b.　<u>남성 용의자를 찾아가는 것이 예정에 있었던 일이라면 좋을 텐데</u>,
　　　　라고 <u>아즈미</u>는 생각했다. 『部下』

　例文(32)は, 日本語主語前置の語順が韓国語では主語後置となっている
数少ない反例の一つである. 会話文(引用節)が地の文の中に埋め込まれて
いるが, 引用符に括られまったく地の文に同化されていないために韓国語
の場合も主語の後置が日本語と同じように比較的自由である. 日本語の原
文では主語前置の語順が使われているが, それは, (32)では主語も引用節と
重要度が同等となるために引用節を前置して特に強調する必要がなくなっ
たからであると考えられる. それが偶然に韓国語では主語後置の語順になっ
たと思われる. (33)(34)は, 韓国語も日本語と同じく主語後置の語順となっ
ている. 引用節が地の文に同化されていないために主語が後置しやすくなっ
ているからである. この場合, 引用節が引用符に括られてはいないが, 引
用節に現れるモダリティと休止からも分るように, まったく地の文に同化
されていない.

　一方, 次の(35)(36)のように, 日本語原文で引用節が地の文に同化された
場合, 或いは同化されたと解釈しやすい場合は, 韓国語では完全に同化され
た形で翻訳され, 主語が後置し難くなることが多い. 元の発話が地の文に
同化されると, その部分が完全に文の成分の一つになるために, 統語的規
則の制約が日本語より強い韓国語では主語の後置が難しくなるのである.

(35)　a.　私はただ立っているだけでいい. <u>課長でなくてよかったと安積</u>は思っ
　　　　た.
　　b.　나는 그저 서있기만 하면 된다. <u>아즈미</u>는 과장이 아니라서 다행이
　　　　라고 생각했다. 『部下』

(36)　a. <u>修一が会社の主張だ</u>と，<u>英子は思っている</u>．
　　　b. <u>에이코는</u> <u>슈우이치가</u> 회사 일로 출장을 <u>가는</u> 줄로 알았다.『山の音』

　翻訳において，原文の表現がそのまま訳文に写されるとは限らない．場合によってはその言語に相応しい表現の仕方で翻訳されることも少なくない．引用の同化の場合もそうである．次の例文を見てみよう．

(37)　a. <u>案外まじめな男だったのではないか</u>，と<u>祐次は思った</u>．
　　　b. <u>유지는</u> 그때 소문과는 달리 센바 아저씨가 퍽 성실한 사람인 것 같
　　　　다고 생각했다.『オリウォン座からの招待状』

　例文(37)の日本語の原文は，終助詞「か」の表す疑問のモダリティから分かるように引用節が同化されてないと考えられる．しかし韓国語の訳文では完全に同化された形で捉えられている．つまり，引用標示に「라고」ではなく「고」が使われていて，話し手の視点から引用の内容が述べられている．また，次の例文を見てみよう．

(38)　a. <u>我用袖管給她擦眼泪</u>，她瘦得臉上的骨頭都突了出来。我説她是<u>累</u>
　　　　<u>的</u>，照她這様，就是没病的人也会吃不消。
　　　b. <u>おれは服の袖で涙を拭いてやった</u>．家珍の痩せた顔は，骨が突き出ていた．<u>疲れのせいだよ</u>，と<u>おれは</u>言った．こんなに根をつめえたら，病気じゃなくたって体が参ってしまう．
　　　c. 소매로 그녀의 눈물을 닦아주니, 얼굴이 말라서 뼈란 뼈는 다 튀어나온 것이 말이 아니었네. <u>나는</u> 그녀가 피곤해서 그런 것이라고 말해주고는 그렇게 일한다면 병이 없는 사람도 견딜 수 없을 것이라고 위로해주었지.『活着』
(39)　a. <u>我以為家珍只要睡上一覚</u>，第二天就会有力气的。誰想到以后的几天家珍再也挑不動担子了。
　　　b. <u>一晩寝れば翌日は元気になるだろう</u>，と<u>おれは</u>思った．ところがそれ以降，家珍はもう二度と天秤棒を担げなくなった．
　　　c. <u>나는</u> 가진이 한숨 자고 나면 다음날 기력을 되찾겠거니 했지. 그러

　　　　나 웬걸, 가진은 그 뒤로 며칠이 지나도록 짐을 지지 못한 채, ……
　　　　『活着』

(40) a. 然而他又很鄙薄城里人，譬如用三尺長三寸寬的木板做成的凳子，未
　　　　庄叫"長凳"，他也叫"長凳"，城里人叫"条凳"，<u>他想：這是錯的，可笑！</u>

　　　b. もっとも城内の人のことも，彼は軽蔑していた．たとえば，長さ三尺
　　　　幅三寸の板でできた腰掛を，未庄では「長凳」　と呼び，彼も「長凳」
　　　　と呼んだが，城内では「条凳」　と呼んでいる．<u>これは間違っている，</u>
　　　　<u>おかしな話だ</u>，と<u>彼</u>は考える．

　　　c. 그러나 그는 성안 사람들도 얕보았다. 예를 들어, 길이 석 자에 너
　　　　비가 넓이가 세 치 되는 나무 판자로 만든 걸상을 웨이쫭에서는 '장
　　　　등(長凳)'이라 부르며 그도 그렇게 부르는데, 성안 사람들은 '조등
　　　　(条凳)'이라고 불렀다. <u>그는 그건 틀린 것이며 웃기는 일이라고</u> 생
　　　　각했다.『阿Q正伝』

　　例文(38)(39)(40)は，中国語原文とその日本語，韓国語の訳文である．(38)
(39)の中国語文の引用節部分は，完全に地の文に同化されている．韓国語の
訳文では同化された形で捉えているが，日本語の訳文では引用節が同化さ
れていない形で捉えている．日本語は終助詞「よ」「だろう」からそれが判
断できる．(40)の中国語原文は引用節が地の文に同化されていない．コロン
と感嘆符がその標識である．しかし，日本語の訳文は原文のように同化さ
れていない形で翻訳されている(断定のモダリティ)が，韓国語の訳文では
同化された(引用節と引用標示が融合)形で翻訳されている．これから見る
と，日本語では引用が同化されてない表現が好まれる傾向がある．逆に韓
国語では同化された形の表現がこのまれる傾向がある．このような現象は
両言語の語順にズレが生じる重要な原因の一つであると考えられる．

　　以上，引用表現における同化現象と語順のズレの関係について考察して見
たが，それはどこまでも一つの傾向である．(41)のように，韓国語の引用節が
地の文に同化されてないと思われるときも主語前置の語順になることがある．

(41) a. 身振りをまじえて，<u>眼鏡をはずしてくれませんか</u>，と<u>老人</u>は言った．

b. <u>노인은</u> 손짓을 섞어가며, <u>안경을 벗어주시겠습니까</u>, 라고 부탁했
다. 『琉璃想』

(41)では, 韓国語の訳文で引用節が地の文に同化されてないと思われる
が, それでも主語が引用節に先行している. 元発話の同化が両言語語順のズ
レの要因の一つになる可能性はあるが, 決定的な要因であるとは考え難い.

4.5.2.3. 日本語における主語後置のパターン化の傾向

引用表現における主語の後置は基本的に文法規則の強制的支配を受けな
い. また, 主語の後置には複数の制約要素が複合的に関与していると思わ
れる. そのために, ある制約要素と主語後置の直接的な因果関係を特定する
ことは非常に難しい.

日本語と韓国語の引用表現における語順のズレに何らかの影響を与えて
いると思われる言語現象として, 日本語における主語後置のパターン化の
傾向を挙げることができる. これまで考察したように, 主語と引用節の語
順には「長い成分」(構成素の重さによる語順原則)の要素と文体的要素が積
極的に働いているように思われる. しかし, 日本語の小説ではそれだけで
説明しきれない現象がいろいろある. つまり, 成分の長さと関係なく, そ
して特別に重要な情報であるとか強調する部分であるとは思われない場合
においても引用節が主語の前に置かれることが少なくない. これは, 「成分
の長さ」の要因, あるいは会話そのものを強調するという文体的要因が語
順のあり方に積極的に働き, その結果, 長い成分である引用節が主語の前に
置かれる語順が習い性となって, 終には成分の長さに関係なく引用節が主
語の前に置かれる傾向が強くなりつつある, ということの可能性を示唆す
るものと思われる. 即ち, 日本語において主語の後置がパターンされる傾
向があると言うことができるのである. 勿論, 主語と引用節の位置転換は
成分の長さだけで決まることではないだけに, これはただ一つの憶測に過
ぎないかも知れない. しかし, 両言語の引用表現における語順のズレを考
える上でこれは重要な意味をもつと思われる.

　小説の場合とは限らないが，日本語における主語後置のパターン化を窺わせる言語現象が日本語の表現にはある．

　日本語の文末思考動詞の「思う」「考える」「気がする」などが文末にスル形で用いられる場合，実質的な動きを表すというよりも，ある種の文末表現として機能することがある．これについて，森山(1992)，砂川(1987)，広瀬(1988)，高橋(2000)などが詳しい．森山(1992)は，実質的動きを表さない「と思う」の用法を「不確実表示用法」と「主観明示用法」に分けている．「不確実表示用法」とは，その情報があくまで個人的ものであることを断ることにより，その情報が不確実なものであることを表示するという用法である．一方，「主観明示用法」とは，その情報が個人的・主観的ものであることを敢えて明らかにすることにより，主張を和らげるという用法である．

　「と思う」が主観的内容を表すとき，敢えて主観的であることを明示しなければならない場合について，森山(1992)は，「社会的文体」として，「公的場では，一個人の主観的な内容の発話は，一個人の意見としてマークし，個人的な意見であるということを自ら断ることで，主張を控えめにすることが望ましいと言えそうである」と述べている．また，主観的明示用法での「と思う」は，「主観」を「明示」するだけであって，取り除いても論理的知的に意味での質的な違いはないと言う．

　砂川(1978)，森山(1992)などをはじめ，「と思う」類についての大方の研究は，「と思う」そのものの意味と機能，或いはそれと結びつく引用節との関係に関心が集中されており，主語との語順の問題にはほとんど関心が持たされていないようである．勿論，「と思う」の場合，一人称主語としか結び付かない．そして，砂川(1978)が指摘[55]したように引用節を取り除いた主語と「と思う」の部分は伝達すべき情報としてはあまり重要でない．しかし，筆者の観察によると，「と思う」の「不確実表示用法」と「主観明示用法」を考えるうえで，主語の語順問題は非常に重要な意味を持つと思われる．つまり，主語を前置するか後置するかで，主語がないかあるかで「婉曲」のムード，或いは「主観」の明示にずいぶん違いが見られるのである．実際，言語使用においては主語前置の語順より主語後置に語順が多く使われている．前掲の(30)がその一例であるが，もう二つ挙げてみる．

(42) ここで言う「引用」論とは，右に述べたような構造を主たる対象として
分析・考察するものであり，さまざまな問題とかかわって，十分興味深
く多様な広がりを持ち得るものだと筆者は考える．藤田(1988,P30)

(43) このように「引用しているようでいて，引用していないかもしれない，し
かし引用している」という言語の創造的メカニズムを探るのが引用研
究の最大な目的であると筆者は思う．

鎌田(2000b, P140)

　森山(1992)，砂川(1978)などの指摘から見ると，(42)(43)で，主語がなくて
も個人的情報であることが十分「明示」されたと思われるが，実は主語の後
置が果たす役割が大きいようである．このような場合，主語が文頭に置か
れるのではなく，引用節に後置されることが多いが，韓国語との比較とい
う視点で見ると日本語の主語の後置がパターン化されているように思われ
る．そしてそれは森山(1992)の言う「社会的文体」のような文化的要素と深
く関わっているかもしれない．

　日本語における主語後置のパターン化の表われと思われる語順現象をも
う一つ見てみよう．次の(44)は，宮沢賢治の「雨にも負けず」の一段である．

(44) 雨にも負けず
風にも負けず
雪にも夏の暑さにも負けぬ
……
一人のときは涙を流し
寒さの夏はオロオロ歩き
みんなにデクノ坊と呼ばれ
褒められもせず
苦にもされず
そういう者に
私はなりたい

　詩のおわり部分の「そういう者に, 私はなりたい」は, 勿論「私は」と「そういう者に」の語順の転換であり, 韓国語の場合も詩の修辞的手段としてよく使われる. しかし, 日本語ではそれに似たような語順が小説でもテレビの解説でもよく使われるようである.

(45)　a. クイーンズの下層階級の住宅街のはずれに<u>そのアパート</u>はあった.
　　　　b. <u>그 아파트는</u> 퀸스의 하층민 주택지 한 구석에 자리잡고 있었다.
『KYOKO』

　(45)においても, 「そのアパートは」 が後置された文であると考えられるが, 韓国語と日本語の語順は一致するという前提で(45a)を見ると, 主語が後置できる理由がなかなか見当たらない. しかし, 日本語では有標とは感じられないぐらい普通に使われるようである. 韓国語の場合, このような主語の後置はほとんど不可能であり, 特殊な場面・文脈で後置するとしてもかなり有標的である. (45a)の主語の後置は助詞「ハ」の意味機能からも, 文脈からも解釈し難いが, 韓国語と比較する立場から見ると日本語においては主語の後置(述語成分の直前)がパターン化されているとも思われる.
　日本語の主語後置のパターン化を窺わせる語順現象を二つだけ挙げてみたが, それ以外にもいろいろある. 日本語における主語後置のパターン化は推測の域を越えないが, もしそういう傾向が認められるとしたら, 比較的広い範囲で連動されて進行する可能性もある. つまり, 両言語の語順のズレが生じる間接的な要因となる可能性がある. 当然, それについてはもっと精密な検討を重ねなければならない.

4.6.　まとめ

　以上, 日本語と韓国語の引用表現における主語と引用句の語順を比較分析し，日本語に主語後置のQSV語順が多く使われる傾向があり，それが日本語全体の「文体的特徴」である可能性が強いことを論述した．ここで「文体的」という修飾語を使うのは，日本語と韓国語においてQSV語順とSQV語順の選択が基本的に言語側(文法)の強制的支配を受けないため，語順に現われる特徴が文体論・表現論的性格を持つからである．本章の考察からこの文体論・表現論的性格において両言語に違いがあることがわかった．これは次のように言いかえることができる．すなわち，言語特徴の捉え方として，特定言語における諸要素の構造を中心に考察する立場と，言語構造そのものではなく言語運用の仕方を中心に考察する立場がある．言語構造から見ると，SQV語順もQSV語順も許容する「言語能力(competence)」は日本語も韓国語も共通に有しているが，どの程度SQVとQSV語順を使うかという「言語能力」の行使の仕方，つまり，「言語運用(performance)」に関しては両言語に差があることがわかったのである．

　さて，SQV語順もQSV語順も許容される日本語と韓国語において，表現者は前後の文脈やその場の条件に応じてもっとも適切と思われる語順を選び取ることになるだろう．意識的にせよ無意識的にせよ，日本語のQSV語順が韓国語のSQV語順と対応されることが多いとするなら，それには何らかの理由があると考えるのが自然である．意識的ならばそこにその語順が選択される語用論的条件が存在するはずであり，無意識的ならば，無意識にせよ表現者の心がとりわけその表現を志向せざるをえなかった抽象的な理由があるはずである．本章では，成分の長さの制約，文体的制約，同化の影響，パターン化の影響という側面からズレの原因を考察してみた．引用節と主語の語順においては，同化とパターン化の影響が大きいようだが，今のところそれがズレの直接的な原因であるとは考え難い．引用表現における主語の後置は基本的に文法規則の強制的支配を受けないだけではなく，主語の後置には複数の制約要素が複合的に関与していると考えられるために，ある制約要素と主語後置の直接的な因果関係を特定することは非常に難しい．資料についてのもっと精密な観察とともに，文化的制約要素なども含めたもっと広い視野からの考察が必要であるかも知れない．

他動詞文における主語と目的語の語順 第 5 章

5.1. はじめに

　第3章と第4章で，日本語と韓国語の同一主語複文における主語と連用節の語順，引用表現における主語と引用節の語順について考察してみた．日本語と韓国語は，主語前置の語順を無標の語順にしながら主語後置の有標の語順も多く使用している．その点においては両言語の語順は非常に類似している．しかし，実際の言語運用における有標の語順が使われる実態を調査してみると，両言語の主語後置の有標の語順が使われる頻度に一定の差があることが観察された．つまり，日本語は韓国語に比べて主語後置の有標の語順を使う傾向が強いと言えるのである．

　従来の日本語と韓国語の対照研究で語順の問題が議論の中心とならなかったのは，両言語が同じSOV語順の言語であり，かかり成分どうしの語順[56]が比較的自由であるという言語的特徴を前提にしたからであると思われる．確かに，第2章の考察からもわかるように，文法・統語構造という側面，つまり言語能力という観点から見ると，両言語は統語構造のさまざまなレベルにおいて同じ類型に分類されており，両言語の語順は多くの類似性を共有している．しかし，言語運用という観点から見るとき，両言語は同じ性格を持ち，同じ類型に属すると断定できるだろうか．仮に同じ類型に属されるとしても，両言語の性格に相違というものがないだろうか．これまでの日本語と韓国語の対照研究は，このような問題に対してあまり注意が払われなかったようである．本研究の第3章と第4章の考察から，言語運用における両言語の語順傾向に，違いが見られることが観察されたが，それは，言語運用という側面から両言語の特徴を考えてみるとき日本語と韓国語の言語的性格に何らかの相違がある可能性を示唆してくれる．

　ただ，第3章と第4章では，複文における主語と連用節，引用節の語順について考察したが，連用節と引用節は基本的に「重成分」(heaviness)[57]であると言える．本章では，通例，連用節と引用節に比べては相対的に「軽成分」であると考えられる目的語を中心に，主語との語順について考察してみたい．その主な目的は，日本語の語順の主語後置の傾向と韓国語の語順の主語前置の傾向をもっと広い範囲で観察し，両言語の語順の「自由度」における「相違」を考察するためである．

　そして，両言語の語順においてもっとも自由であると言われる副詞的成分などの語順についても少しばかり触れて見る．それもまた，日本語と韓国語の語順の「自由度」における微妙な相違を考察するためである．

5.2. 他動詞文における主語と目的語の語順

5.2.1. 両言語における無標の語順

　日本語と韓国語は言語類型的にSOV言語であると言われている．しかし，両言語において主語と目的語の位置が自由に入れ換えられるために，SOVの基本語順が証明できる確かな根拠を示すことは容易ではない．第2章では，言語普遍傾向，OV構造の意味・構造的凝集性の強さ，格標示を中心とした統語現象などから両言語の基本語順がSOVであることを確認した．その概略をまとめるとおおよそ次のようである．

　まず，言語類型論の資料は，主語が文頭に置かれる現象が言語普遍的な傾向であることを示してくれる．世界の諸言語を見ると，名詞の主語や目的語をもつ平叙文において支配的語順はほとんど常に主語が目的語に前置する語順である．主語は一般的に話題(Topic)になりやすく，文の出発点になりやすい．　文頭の主語は既知の情報を提供するだけではなく，聞き手に後続の叙述内容に関心を持たせる機能をも持っている．主語文頭の語順は，聞き手の文の理解における認知心理的な負担を極小化しながら情報伝達の機能を極大化するための認知戦略によって調整される語順であると言われる．[58]　また，動詞は文のもっとも基本的成分であると同時に，動詞と目的語の結合からなされる構造は言語のもっとも基本的な構造である．[59]　OV(VO)構造が構造的，意味的に強力な凝集性を持つために，言語類型論的に主語が動詞と目的語の間に介入する言語は極めて少ない．日本語や韓国語にも動詞と目的語結合構造の凝集性を示す言語現象が少なくない．例えば，両言語において文副詞はその位置が非常に自由ではあるが，動詞と目的語の間に介入することには抵抗がある．両言語の動詞慣用句においてOV構造の慣用句がSV構造に慣用句より多い．両言語には同族目的語はよく見られるが，同族主語はほとんど見当たらない．両言語の外来語の借用において，いつもOV構造の造語法が使われる．これらの諸現象は，日本語と韓国語における動詞と目的語の構造的凝集性を物語ってくれる．主語が文頭に置かれる傾向が言語普遍的であり，そして動詞と目的語の結合がもとも基本的な構造であるとすれば，動詞末尾型言語の日本語と韓国語の基本語順はSOVであると考えられる．

　次に，日本語と韓国語には，両言語の基本語順がSOVでないと仮定すれば解釈に苦しい統語的現象が少なくない．例えば，久野(1973)は，「同じ格助詞を伴った名詞句は語順を変えられない」という原則を提案しているが，「太郎がコーヒーが好きなこと」，という文型で，もしOVSが基本語順であるとすれば，前者が文法的であるのに対して，「コーヒーが太郎が好きなこと」という文型が非文法的である原因が説明できない．[60]　金承烈(1988)は，韓国語の格標示が省略された「아빠 엄마 사랑해」「엄마 아빠 사랑해」のよう

な無標示文で，主語と認識されるのは文頭位置の成分であって述語直前の成分ではないことから韓国語の基本語順がSOVであることを主張している．また，日本語と韓国語において，主語に「ハ」(nun/un)が付加されると，「主題」と「対照」のいずれとも解釈しうる文ができるが，目的語に「は」(nun/un)が付加されると「対照」としか解釈できない文が派生するのが普通である．SOVが基本語順であるとすれば，基本語順で文頭に現れる構成要素のみが文の主題となり得るという自然な説明が可能であるが，OSVが基本語順だとすると，それが説明できない．その他にも，日本語と韓国語の主語化現象なども日本語と韓国語の基本語順がSOVである根拠となり得る．[61]

　Whaley(1997)は，言語の基本語順を判断する方法として母語話者の直感，語順の出現頻度，語順の有標性，中立的文脈という四つの要素をまとめている．母語話者の直感では日本語も韓国語もSOVを基本語順とする．「엄마 아빠 사랑해」「아빠 엄마 사랑해」のような格標示が表れない文で，通常先行成分が主語と認識されるのも，母語話者が直感的にSOVを基本語順と考えているからである．語順の出現頻度について，日本語の場合，国立国語研究所の統計[62](表[5−1]参照)によると，日本語において「ガ−ヲ」の出現頻度が「ヲ−ガ」の約17倍になる．韓国語について，柳東碩(1986)は「我々は経験的に国語において＜主語＋目的語＋述語＞の語順が＜目的語＋主語＋述語＞の語順より遥かに多く多発されることを知っている」と指摘した．徐正洙(1996:783)も同じことを指摘している．また，本研究で日韓両言語(小説)他動詞構文における主語と目的語の語順について調査([表5−4]と[表5−5]参照)を行ってみたが，SOVとOVSが韓国語では18:1の割合(日本語を翻訳したテキストでは16:1)，日本語では10:1の割合(韓国語を翻訳したテキストでは11:1)で出現した．Hawkins(1983;13)は，「一つの語順がもう一つの語順より頻繁に出現するとき，より頻繁に現れるほうが基本語順である」と指摘した．[63] 有標性に関して，基本語順とは音韻，形態，統語のレベルで最小限の標識をもつ成分配列のことである．形態的のレベルにおいては，日韓両言語のSOVとOSVに付加的な形態標識がないが，音韻のレベルでOSVには追加的イントネーションなど付加され，より有標的な語順となる．また，OSVが

かき混ぜ規則によってSOVから派生されたとしたら，当然OSVは有標的構文である．Hawkins(1983:13)は「一つの語順が文法的に無標的で，もう一つが有標的であるとき，無標的であるほうが基本語順となる」という基準を提案した．そしてOSVが表れるのは中立的な文脈でない場合が多い．強調など特殊な文脈で表れる語順は基本語順になれないのである．日本語や韓国語を教えるとき，OVS構文よりSOVの構文を先に教えるのもSOV構文が中立的語順だからである．

　基本語順はその言語のもっとも文法的語順(統語的規則によって制約される語順)である．日本語と韓国語の基本語順がSOVであるとすれば，当然ながら両言語における他動詞文の無標の語順は「主語＋目的語＋述語」の語順であると考えられる．

5.2.2. 主語後置の有標の語順とその制約要素

　日本語と韓国語において主語が目的語に先行する語順が無標の語順であり，主語が目的語に後置[64]される語順が有標の語順である．無標の語順はもっとも一般的な統語的規則の制約によって配列される語順であるのに対して有標の語順は特別な心理的制約によって配列される語順である．

　日本語も韓国語の基本語順はSOVであるが，実際の言語使用では当然，有標のOVS語順も使われる．[表5−1]は，国立国語研究所のかかりの前後関係に関する統計から主格を表す助詞と対象を表す助詞の部分だけを引き出してまとめたものである．[65]

[表5−1] 二つの＜かかり＞の前後關係

部門 語順	一	二	三	四	五	全	F 分布表による P の信頼区間
ハ→ヲ	98	163	125	111	343	840	.55≧P≧.023
ヲ→ハ	7	7	1	3	13	31	

ガ→ヲ	63	81	72	44	207	467	.086≧P≧.033
ヲ→ガ	7	3	4	2	11	27	
モ→ヲ	9	15	11	5	36	76	.083≧P≧.0001
ヲ→モ	−	1	−	−	−	1	

　[表5−1]で，「ハ」「モ」は主格助詞に戻すことができる成分である．「ヲ」は対象格(目的格)を表す助詞である．そのために「ハ」「ガ」「モ」と「ヲ」の前後関係を主語と目的語の前後関係として理解しても差し支えない．[表5−1]の上の列は主語の前置，下の列は主語の後置の数値である．調査資料の部門と主語の持つ助詞の違いによって主語後置の分布に違いが見られるが，日本語の主語後置の有標の語順の一般状況が読み取れる．韓国語の主語の後置については，日本語のような統計調査はないが，日本語の場合と似たような状況であると推測はできる．

　さて，無標の語順とはもっとも一般的な統語規則の制約によって配列される語順であるが，日本語と韓国語の場合，他動詞構文の主語と目的語の語順に影響を与える言語的制約は，構成素(成分)の統語的相互依存関係と意味的結束性である．日本語と韓国語において，述語(動詞)が主要部であり，目的語と主語は，述語に依存し，述語のよって支配される付属部である．目的語と主語は述語に対する意味・統語的な結びつきの強さによってその位置が決められるが，言語において目的語と動詞の結合構造がもっとも基本的な構造であり，意味・構造的に強力な凝集性を持つために，まず目的語が述語に隣接配置され，その次に主語が配置される．日本語と韓国語のような動詞末尾型言語では，述語(動詞)の前に直接目的語，その前に間接目的語，さらにその前に主語など様々な格成分が置かれるのが通常の語順，つまり無標の語順である．言語の構成素の配列において，他の主観的な条件が介入しないかぎり，構成素の配列は構成素の相互の依存関係と意味的結束性をもっとも直接反映するような形をとる．このような無標の語順は，統語的語順，或いは文法的語順とも呼ばれる．

　しかし，実際の言語運用においては，いつも無標の語順が使われるわけ

ではない．実際，純粋の文法的要素の以外にも，様々な「準文法的」，或いは
「非文法的」[66]制約要素が語順のあり方に様ざまな影響を与えている．次の
例文を見てみよう．

(1)　a. 英子が残していった深紅のバラを，真吾はぼんやりながめて　いた．
　　　b. 에이코가 꽂아놓고 간 진홍빛 장미를 신고는 멍청하게 바라보고 있
　　　　 었다. 『山の音』(p.231)

　　例文(1a,b,)では，主語が目的語に先行する無標の語順が破壊され，主語が
目的語の後ろに置かれる有標の語順になっている．例文(1)のような語順に
は文法的制約のほかにさまざまな制約要素が働いていると思われるが，そ
の制約要素の一つとして考えられるが目的語の複雑さ(重さ)である．

　　Dik(1978)は，「言語に依存しない構成素の優先配列(Language Independent Pre-
ferred Order of Constituents)」(略称LIPOC)という語順に関する一種の普遍原則を
提案した．Dik(1978:192)のLIPOCよれば，構成素はその複雑さの度合いに応
じて左から右へ優先的に配列される(constituents are preferably placed from left
to right in increasing order of complexity)．DikのLIPOCとほぼ似たような一般原
則がHawkins(1983)によって，名詞の修飾成分(連体修飾語)の相対的な位置に
関して提起された．「重い」修飾語ほど右に置かれるという「重さによる配
列原則(Heaviness Serialization Principle)」(略称HSP)と称されるものである．Haw-
kins(1983:91)よれば，構成素の「重さ」の度合いは，その内部の形態素の長さ
と数，語の数，統語的な派生の深さ，埋め込み成分の包摂，などの要因によって
計られる．これから見ると，Hawkins (1983)の言う重いもの(Heaviness)とDik(1978)
の言う複雑なもの(complexity)とはほぼ同じ概念であると思われる．

　　例文(1)の主語の後置もHawkinsと Dikの語順原則で解釈できる．勿論，日
本語と韓国語の場合は，SOV型の言語であるために，複雑な成分が左から右
ではなく，右から左へと優先的に配置される．しかし，Hawkins とDikの提
案した語順の普遍原則で例文(1)のような日本語と韓国語の語順を解釈する
とき，その原則が純粋の統語・文法的制約ではないことがわかる．複雑の

構造, 重い構造という意味では統語的レベルの制約とも言えるが, 主語の後置(目的語の前置)は統語・文法規則の制約によるものではなく, 書き手の何らかの主観的意図によって行われるものである. その意味で, 本研究ではこのような制約を「準文法的」と呼んでおきたい. 佐伯(1998:57)は, 長い成分(補語)が短い成分の前に来やすい理由を, 「長い補語, 特にそれが動詞を多く含む場合, それが後にまわると, 係りと受けの関係が紛らわしくなる. それを防ごうという意識が書き手に働くため」である, と述べている. だとすれば, 例文(1)のような主語が複雑な目的語の後ろに置かれるのは, 統語的制約より言語主体の認知心理的制約によるものである. 文が実際の発話状況や談話の中で適切に用いられるための, 構成素の配列に関する語用論上の条件によって配列される語順は, 語用的語順, または, 心理的語順と呼ばれる.[67]

　よく知られている情報の流れの原則, つまり「既知の情報から新情報へ」という情報構造に基づいた構成素の配列も語用的語順である. 日本語と韓国語では, 助詞「は」(−un/nun)などでマークされる成分は「既知情報」を表すために, 目的語がこれらの助詞を持つと文頭に移動され, その結果, 主語が目的語に後置されることが多い. 「既知情報」とは, 概ね, 発話時点で話者(書き手)が, 聞き手(読み手)の意識にすでにあると見なしている情報のことを指す. 一方,「新情報」とは, 聞き手の意識に初めて登場すると考えている情報のことを指す. 発話時点が関係してくるのだから, 当然それまでの先行文脈が関わってくる. また聞き手の意識に対する話し手の主観的判断が関与する. さらに聞き手が内容に精通していると話し手によって判断されれば, 既出でなくても既知情報になり得る.

　日本語と韓国語で, 文脈指示語を含む目的語, 承前反復の目的語も主語の前に置かれることが多い. これも情報の流れの語順原則と密接な関係を持っている. 目的語の強調のために, 或いは, 文の流れにリズムを与えるために主語を目的語に後置させることもある. このような場合の制約要素は, 言語の統語的規則の制約とは懸け離れており, 話し手の主観的意図, 主観的判断に委ねられることが多い. その意味でこれらは, 語順の「非文法的」

「非言語的」制約であり，心理的制約であると言える．当然ながら，このような制約要素によって配列される語順は語用的語順である．

　要するに，文法的語順とは個々の文が適格になるための，語句の配列に関する統語的条件であるが，言語運用において文法的語順だけでは言語の伝達機能が充分に遂行できない．実際の言語運用においては，文法的語順とともに，文脈や状況に応じて様ざまな語用的語順が使われており，語用的語順としての主語の後置には様々な「非言語的」心理的制約要素が関与する．ただ，文法的語順と語用的語順とはいつもきれいに区別できるものではない．文法的制約と心理的制約もまったく違う性格の制約要素ではない．

5.3. 対訳小説から見た主語と目的語の語順

5.3.1. 日韓対訳小説から見た語順

　第3章と第4章で，連用節と主語，引用節と主語の語順について考察してみたが，韓国語より日本語の方が主語後置の語順を多用する傾向が見られた．特に連用節と主語の語順においてはその傾向が強い．連用節複文における日本語の主語後置の傾向は，浅田次郎の小説で鮮明に現れていた．それでは目的語と主語の場合はどうなるのであろうか．[表5−2]と[表5−3]は，浅田次郎の小説とその訳本についての調査から得られた両言語の語順ズレの集計数値である．連用節の場合と比較してみるために，主語と連用節との語順の場合の数値(右端)も付け加えた．

[表3−5] 複文における主語と連用節の語順『月のしずく』

作　品	AB/ab	BA/ba	AB/ba	BA/ab	AB/ba	BA/ab
月のしずく	70	4	0	5	0	23
聖夜の肖像	90	3	1	3	0	14

銀色の雨	90	0	0	4	0	13
琉璃想	79	11	0	1	2	17
花や今宵	74	2	0	3	0	10
ふくちゃんのジャック・ナイフ	86	0	0	2	0	9
ピェタ	100	5	0	0	1	20
計	589	25	1	18	3	106

[表5-2] 複文における主語と連用節の語順『鉄道員』

作　品	AB/ab	BA/ba	AB/ba	BA/ab	AB/ba	BA/ab
鉄道員	104	4	0	0	1	16
ラブ・レター	62	8	0	3	0	3
惡魔	135	9	0	3	0	3
角筈にて	67	8	1	2	1	10
伽羅	90	5	0	5	0	5
うらぼんえ	93	4	0	2	1	9
ろくでなしのサンタ	37	2	0	0	0	6
オリヲン座からの招待狀	63	5	0	3	0	12
計	651	45	1	18	3	64

　[表5-2]と[表5-3]で，網掛けの部分が目的語と主語の語順のズレの数値であり，下に付け加えた数値は主語と連用節の語順ズレの数値である．[表5-2]と[表5-3]を見ると，主語と連用節の語順の場合に比べて，主語と目的語の語順の場合はズレの数値が大きくないことが分かる．ただ，AB/ba型の反例も少ない．次の(2)と(3)は，対訳小説で採集されたたった二つのAB/ba型の用例である．

　(2)　a. 東大を出て，商社に就職しても，<u>伯父は恭一の傷が癒されてはい ない ことを知っていたのだろう</u>．だから永遠に，その傷を癒し続ける使命を，久美子に与えた．

  b. 도쿄 대학을 나와 대기업 상사에 취직을 해도 <u>교이치의 상처가 낫</u>
   <u>지 않았다는 것을</u> <u>당숙은</u> 알고 있었으리라. 그래서 그 상처를 계속
   치유해줄 사명을 구미코에게 준 것이다.

『角筈にて』(p.149)

(3) a. そんなとき，久子はひどく悲しい顔をしたのだろう．口にこそ出しは
   しなかったが，<u>父も母も</u>その表情には気付いていたはずだ．
  b. 그럴 때의 히사코는 분명 슬픈 얼굴을 하고 있었을 게다. <u>그런 히</u>
   <u>사코의 마음을</u> <u>어머니 아버지도</u> 눈치채고 있었을 것이다.

『聖夜の肖像』(p.30)

 例文(2a)は，かなり特殊な例文であると考えられる．かかりと受けの関係から見ると，文の主語である「伯父は」の通常の統語的位置は文頭である．仮に，文の理解のためにという認知的理由から主語が後置される場合でも，その位置が目的語の直後であると考えられる．しかし，(2a)は，主語が目的語成分である名詞節構造の中に割り込んでいる．単純に文法的観点から見ると(2a)は非文法的な文に近い．主語が目的語の直後に置かれる場合よりさらに有標的である．韓国語訳文の(2b)は，日本語のような主語の後置がほとんど不可能であるために，日本語の語順とおり翻訳できない．韓国語の訳文は主語が後置されたという点では有標的であるが，複雑な長い成分は外側へ置かれる語順の原則に従った語順である．つまり，単純に主語の位置から見ると，日本語の原文の場合より韓国語の訳文では主語が後ろに下がっているが，有標と無標という観点からは，日本語の方がもっと有標的である．日本語の原文はより書き手中心的な語順であると考えられる．また，日本語で(2a)のような書き手中心的な語順が使われるのに対して，韓国語の訳文では日本語と同じ語順がとれないことは，韓国語に比べて日本語の主語の位置がもっと自由であることを意味する．

 例文(3)は，日本語の原文は他動詞構文でない．構造的に日本語文のような翻訳が不可能であるために，韓国語では主語が目的語の後ろに後置される構造になっている．原文では主語が文頭(ここでは節のはじめ)に置かれているのに対して，訳文では主語が目的語の後ろに置かれたという点から，

AB/ba型の用例にしたが，　厳密に言うとAB/ba型の主語と目的語の語順の用例ではない．つまり，浅田次郎の作品では，両言語の主語と目的語の語順がずれる用例が少ないが，しかし，日本語の主語前置の語順が韓国語の主語後置の語順になる例文もほとんどないのである．

　[表5−4]は，その他の日韓対訳小説から採集した用例の数をまとめたものである．浅田次郎の小説の場合と同じく，主語と目的語のズレが量的に多いとは言えない．ただ，ズレが生じる場合には，BA/ab型の対応は見られるが，AB/ba型の対応がほとんど見られないのである．

[表5−4] 他動詞文における主語と目的語の語順−其の他の作品[68]

作 品(訳 者)	大きさ	AB/ab	BA/ba	AB/ba	BA/ab
死者の奢り(大江健三郎, 김웅)	35	278	7	0	3
氷砂糖(富士本由紀, 정태원)	38	72	6	0	1
時効を待つ女(新津きよみ, 정태원)	35	46	3	0	2
山の音(川端康成, 하근찬)	319	990	83	0	12
雪　国(川端康成, 하근찬)	144	335	32	0	3
千羽鶴(川端康成, 하근찬)	164	450	110	0	4
日　蝕(平野敬一郎, 양윤옥)	186	660	60	2	3
KYOKO(村上龍, 양억관)	116	570	20	0	4
TUGUMI(吉本ばなな, 김난주)	110(220)	315	5	0	5
計		3716	326	2	37

　次の例文(4)と(5)は，平野敬一郎の作品『日蝕』から採集されたAB/ba型の用例，つまり，反例である．

(4)　a.　彼らはこの苦悩を知ることなしに，清貧を口説き，その実践を勧めるのであるそして，自らその道を示しては，教義にではなく彼等自身に直接に向けられた感銘を以て，民衆を回心せしめむとするのである．<u>私は，こうした者等に導かれて，奇妙な摩尼教徒の如き厭世的生活を営む人々を多く知っている</u>．

  b. 그들은 이런 고뇌를 알지 못한 채 청빈만을 설파하고, 그 실천을 강력하
　게 권고하여 마지않는 것이다. 그리고 <u>스스로</u> 그 길을 보여주면서,
　교의을 향해서가 아니라 그들 자신에게 직접적으로 쏟아지는 감명을
　이용하여 민중을 회심시키려 하는 것이다. <u>이러한 수도사들에게 인도
　되어 마니교도와 같이 기묘한, 염세적인 생활을 영위하는 자들을</u> <u>나는</u>
　수없이 알고 있다. 『日蝕』(p.36)

(5)　a. ギヨウムは白痴とは云わなかった. 所詮は, 心無い村人等の 中傷に
　　過ぎぬやも知れぬのに, 私にはそれが信ぜられた. が, 憐憫の情は
　　一向に起こらなかった. 私が抱いていたのは, 寧ろ怯怖であり, 憚
　　らずに云えば, 或る遣る方のない憎悪であった. <u>私には</u>, 無目的で
　　<u>無益なあの遊びが</u>許し難かった.

  b. 기욤은 백치라고는 말하지 않았었다. 어쩌면 무심한 마을 사람들 몇몇
　이 생각없이 내뱉은 거짓 욕설에 지나지 않을지도 모르지만, 나는 마
　을 사람들의 그 말을 그대로 믿었다. 그러나 연민의 정은 조금도 일지
　않았다. 내가 품고 있었던 것은 오히려 공포였다. 거리낌 없이 다 말하
　자면, 무언가 답답하기 짝이 없는, 도무지 풀 길 없는 증오감이었다.
　<u>무목적이고 무익한 그 '유희'를</u> <u>나는</u> 어떻게도 용서할 수 없었다.
　　　　　　　　　　　　　　　　　　　　　　　　　『日蝕』(p.81)

　　例文(4)(5)は, 目的語成分が複雑な構造を持つ長い成分であり, さらに文
脈指示語を含んでいるために, 目的語が主語に前置しやすい典型的なパター
ンであると考えられる. にもかかわらず, 日本語の原文では目的語が主語
に前置されていない. 逆に, 韓国語の訳文では目的語が主語に前置されて
いる. なぜ日本語の原文では主語の後置が行われていないのかその原因が
定かではないが, 原文の古風な文体と何らかの関係があるようである. 平
野敬一郎の小説『日蝕』は, ある初老の聖職者が16世紀初の視点に立って1482
年に彼自身が修道士の時に経験した神秘に満ちた奇跡について回想する形
式で語られている. 作品の時代的舞台が15世紀となるために, 現代小説で
ありながら文体は古風にならっている. 筆者の観察によると, 日本の小説
における主語の後置は, 現代になるほどそれが活発であり, 現代以前にさ
かのぼるほど消極的であるようである.[69]

　また，(4)と(5)の日本語原文において目的語が前置されないのには，読点
の果たす役割が大きいと思われる．もし，複雑な成分，或いは長い成分を前
置させるのは，主にかかり成分と受け成分の関係を明確にするという認知
的な理由によるものであるとすれば，例文(4)と(5)の日本語の原文では，読
点を使って主語の直後にポーズを入れ，主語と述語，目的語成分と述語の統
語関係を分かりやすくしているのである．日本語では，目的語成分を含め
て長い補語成分が主語に前置しないとき，主語に読点が置かれることが多
い．このように，日本語では構成素の統語的関係を明確にする補助手段とし
て読点という非文法的要素が積極的に使われている．一方，韓国語の小説
では，読点の使用が日本語ほど積極的でない．句，節の切れ目に読点が施さ
れ，一つの文の内部での語句の継続を明らかにするために読点が使われる
ことは日本語の場合と同じであるが，補語成分に読点が使われることは日
本語に比べると非常に少ない．(4)(5)の反例は，読点という非文法的手段の
使用と何らかの関係があるように思われる．ただ，日韓対訳小説における
主語の目的語の語順に関する調査から見ると，(4)(5)のようなAB/ba型の用
例は極めて稀な例文である．

5.3.2. 韓日対訳小説からみた語順

　日本語と韓国語の対訳小説における主語と主語と引用節の語順(第4章)の
ズレに関する調査では，韓日対訳小説の場合，日韓対訳小説と中日・中韓の
対訳小説に比べてズレが少ない傾向が見られた．[表5－5]からもわかるよ
うに，主語と目的節の場合もそれに似たような結果が見られる．作品に
よってズレが比較的に多く見られる場合もあるが，全体的にそのズレが不
規則で，そして，日韓対訳小説と中日・中韓対訳小説の場合に比べて比較的
に反例(AB/ba型)も多いと言えようである．その反例につい少し見てみる．

[表5-5] 他動詞文における主語と目的語の語順－韓日対訳小說

作 品　訳 者	大きさ	AB/ab	BA/ba	AB/ba	BA/ab
문명인쇄소　文明印刷所 (김준성, 姜尙求)	90(90)	230	6	3	0
남풍북풍　南風北風 (이호철, 姜尙求)	123(246)	295	7	1	0
마당깊은집　庭の深い家 (김원일, 李銀沢)	125(250)	425	16	1	1
젊은날의 초상　若き日の肖像 (이문열, 根本理恵)	118(236)	282	14	0	1
에미　母 (윤흥길, 安宇植)	160(270)	570	60	1	11
겨울연가Ⅱ　冬のソナタ (김은희/윤은경, 宮本尙寬)	136(246)	456	18	1	4
아버지　アボジ (김정현, 田嶋きよこ)	145(290)	179	8	0	3
計		2437	129	7	20

(6) a. 드럼통 중간쯤에 큼직한 구멍을 뚫어놓아 나는 드럼통의 용도를 쉽게 짐작할　수 있었다. 김천댁 풀빵 굽는 드럼통과 그 모양이 좀 닮아, <u>준호아버지가 손수레를 끌고 군고구마 장사에 나설 것임을 나는</u> 금새 알아차렸다.

    b. ドラム缶の真ん中あたりに大きな穴が開けてあるのを見て, 僕はその用途が簡単におしはかれた. 金泉宅のプルパンを焼くドラム缶とその形が似ていたのである. <u>ぼくはチュノのお父さんがリヤカーを引いて, 焼き芋売りをやるのだと</u>, すぐ察した.

『마당깊은 집(庭の深い家)』(p.101)

(7) a. <u>상대방의 얼굴을 나는</u> 대뜸 알아볼 수가 있었다. 그가 누구라는 걸 깨닫고 나는 하마터면 소리를 지를 뻔했다.

    b. <u>ぼくはすぐにそれと</u>, 相手の顔を見分けることができた. それが誰かを知ったとき, すんでのことでぼくはあっと声をたてるところだった. 『에미(母)』(p152)

(8) a. <u>아버지란 존재에 대해 한 번도 경험한 적이 없는 준상의 마음이 어떠하리라는 것을 유진은</u> 잘 알고 있었다.

　　　b. <u>ユジンは</u>，<u>父親の存在を知らないジュンサンの気持ちが</u>よく分かっ
　　　　た．『겨울연가(冬のソナタ)』(p.182)

　　例文(6)の韓国語の原文は，原因・理由を表す連用節を持つ複文であり，目
的語は複雑な名詞節からなっている．主語の後置は，原因節と名詞節目的
語の表す出来事との因果関係を明確にするためであると考えられる．日本
語の訳文では，原文の原因節が独立した文になっており，原文の名詞節目的
語の表す出来事の原因より，前件の「ドラム缶の用途がわかること」の原因
として捉えられている．例文(6)の原因を表す部分は，前件の原因とも後件
の原因とも成り立ち得るが，翻訳者がどちらに注目するのかという原因の
捉え方の微妙な違いが語順に何らかの影響を与えているように思われる．
例文(7)の場合は，日本語の訳文も韓国語と同じ語順で翻訳することが可能
であるが，翻訳者が日本語の言語習慣，或いは翻訳者自身の個人的な好み
から「それ」という感嘆詞を使った結果，主語が後置され難くなったので
はないかと推測される．例文(8)は，原文の長い名詞節目的語が短く抽象化
され(原文の12文節が訳文では5文節までに短縮されている)，そして主語に
読点が使われたが，それが主語の前置を可能にした主たる要因になったと
考えられる．しかし当然ながら，例文(6)(7)(8)のいずれの場合においても，
訳文が原文と違う語順をとらなければならない決定的な理由は見出せな
い．ただ，[表5-5] からわかるように，(6)(7)(8)のような例文が決して多く
ないことから，これらの対応の仕方は偶然の逆語順現象であると考えるこ
ともできるのである．
　　ところで，次の例文の場合は解釈が難しい．例文(10)(11)(12)は『문명인
쇄소(文明印刷所)』から採集した用例であるが，三例ともAB/ba型の用例で
ある．そして例文(9)は『남풍북풍(南風北風)』から採集したAB/ba型の用例で
ある．

(9)　a. 어제 천호동의 집 애기를 이준서 앞에 꺼낼 때도 처음에는 김광일
　　　　편에서 약간 무안을 느꼈을 정도였다. <u>미세스 최로서는　스스로 의</u>

식하지 않은 가운데 이미 그렇고 저런 저의와 복선을 깔아두고 있
는 것을 남편인 김광일만은 넘겨짚고 있었던 것이다.

b. きのう千戸洞の家の話を李俊瑞にもち出したときは，金光一のほう
で赤面する程度だった．金光一だけはミセス・崔が無意識のうちに，
ある底意と伏線を敷くのを見抜いていた．

『남풍북풍(南風北風)』(p.26)

(10) a. 음식이 날라져왔다. 홍씨가 권하는 맥주잔을 윤희는 거절했다.

b. 食べ物が運ばれた．允姫は洪氏の勧めるビールを拒んだ．

『문명인쇄소(文明印刷所)』(p.179)

(11) a. 윤희의 말이 나오자 진수의 표정이 어두워지는 것을 홍씨는 민감하
게 눈치챘다.

b. 洪氏は彼女の話が出ると，鎮洙の表情が暗くなるのを敏感に覚った．

『문명인쇄소(文明印刷所)』(p.211)

(12) a. 문명인쇄소가 불꽃에 휩싸여 잿더미가 되는 광경을 그들은 속수무책으
로 지켜봤다.

b. 彼らは文明印刷所が火花に包まれ，灰の山になる光景を手をこまね
いて見ていた．『문명인쇄소(文明印刷所)』(p.236)

　『문명인쇄소(文明印刷所)』と『남풍북풍(南風北風)』の二つの作品とも
BA/ab型の例文は採集できなかった．韓国語の原文は，目的語が重い成分で
あるために目的語が主語に前置されたと考えられるが，韓国語の主語後置
の語順が何故日本語の訳文では主語前置の語順に翻訳されたのか，例文か
らはその理由がまったく見当たらない．例文(9)の場合，一例しか現れてい
ないので偶然の逆語順と考えることができるはずである．しかし例文(10)(11)
(12)と同じ訳者による翻訳であるために，偶然の逆語順と判断することが
難しくなっている．つまり，以上のAB/ba型の4例について言えば，翻訳者
の個人的翻訳スタイルと深く関係しているのではないかと考えられる．韓
日対訳小説の場合，語順のズレの例文が少ない上に，反例もよく見られるた
めに両言語の語順傾向を推測することが難しいと言える．

5.3.3. 中日・中韓対訳小説から見た語順

中国語原文の小説を日本語と韓国語に翻訳した対訳小説の場合も，第3章で考察した連用節と主語の語順のズレに比べると，語順のズレの例文が多いとは言えない．しかし，韓日対訳小説の場合とは違って，反例と言えるAB/ba型の用例が非常に少ないのである．次の［表5-6］が示す通り，戴厚英の小説『人啊，人！』でAB/ba型の用例が2つ，そして莫言の『紅高梁』で一つ採集された．他の作品では現れていない．また，戴厚英の小説の2つのAB/ba型の用例も特殊な例文と言えるものである．

[表5-6] 他動詞文における主語と目的語の語順－中/韓日対訳小説

作品(作者, 日本語訳者, 韓国語訳者)	大きさ	AB/ab	BA/ba	AB/ba	BA/ab
故郷(魯迅, 竹内好, 강계철)	8(8)	54	3	0	3
阿Q正伝(魯迅, 竹内好, 윤화중)	125(125)	175	7	0	5
子夜(茅盾, 竹内好, 김하림)	200(386)	997	27	1	31
上海宝貝 (周衛慧, 桑島道夫, 김희옥)	90(278)	195	0	0	0
活着(余華, 飯塚容, 백원담)	190(245)	510	0	0	4
紅高梁(莫言, 井口晃, 심혜영)	222(222)	1080	21	1	10
人啊,人！ (戴厚英, 大石智良, 신영복)	200(393)	950	20	2	2
計		3961	78	4	55

(13) a. 毎日やってきてはおべっかを言う，<u>お父さんは</u>そういう<u>手合いが</u>いちばんすきなんでしょ！

　　 b. 날마다 찾아와서 아부를 늘어놓는, <u>그런 자들을</u> <u>아버지는</u> 제일 좋아하죠！『人啊，人！』(p.73)

(14) a. 私には分かっている．こういう時のお母さんの目は，悲しみと不安でいっぱいにちがいないのだ．私を責めるような，私にゆるしを請うような．<u>私には</u>その<u>目が</u>たまらない．

　　 b. 나는 알고 있다. 이럴 때의 엄마의 눈은 슬픔과 불안으로 가득할 것임이 분명한 것이다. 나를 책망하는 듯한, 내게 용서를 구하는

듯한. <u>그 눈을</u> <u>나는</u> 견딜 수가 없다. 『人啊, 人！』(p.70)

　例文(13)と(14)は，戴厚英の対訳小説から採集したAB/ba型の用例である．5.3.1の日韓対訳小説の例文(2)と同じ解釈が与えられる特殊な逆語順の例文であると考えられる．つまり，(13)(14)は，日本語の訳文が主語前置の語順，韓国語の訳文が主語後置の語順と訳されているが，統語的観点から見ると主語後置の語順が無標的であると言える．(13a)(14a)では，主語が目的語と目的語の修飾成分の間に挿入された語順となっており，修飾語と被修飾語の隣接配置の語順原則を妨げている．　韓国語の訳文の(13b)(14b)は主語が目的語の後ろに後置された文ではあるが，(13a)(14a)よりは無標的であると言える．中日・中韓対訳小説の場合は，日韓対訳小説の場合と同じように，両言語の語順がずれる例文が多くないが，ズレが生じる際，そのほとんどがBA/ab型の対応であり，AB/ba型の対応はほとんど見当たらない．

5.4.　考察

5.4.1.　日本語の主語後置の傾向と韓国語の主語前置の傾向

　他動詞文における主語と目的語の語順のズレに関する本研究の調査から見ると，両言語の主語と目的語の語順のズレは，その用例が比較的少ないために個々の作品において数値的にBA/ab型と　AB/ba型のどちらが明らかに優勢であると断定することが難しい場合がある．　しかし，量的に多いとは言えないながらもBA/ab型の用例はよく見られるのに対して，AB/ba型の用例の占める割合はかなり小さい．　つまり，両言語の語順にズレが生じる場合，BA/ab型の出現頻度が明らかに AB/ba型より高いと言えるのである．これまでの調査をまとめると，三種類の対訳小説におけるAB/ba型とBA/ab型の割合は次の[図5−1]のようになる．

[図5-1] 対訳小説におけるAB/baとBA/abの分布

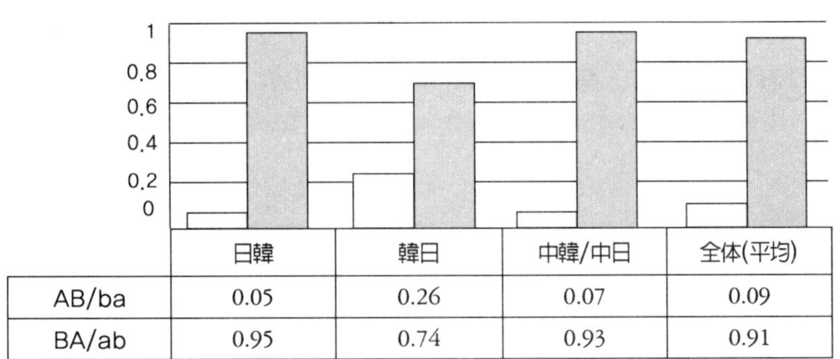

	日韓	韓日	中韓/中日	全体(平均)
AB/ba	0.05	0.26	0.07	0.09
BA/ab	0.95	0.74	0.93	0.91

　[図5-1]を見ると，日韓対訳小説と中/日韓対訳小説の場合に比べて韓日対訳小説の場合，AB/ba型の占める割合が比較的に大きいことが分かる．実際，韓日対訳小説の場合は両言語の主語と目的語の語順のズレも少ない．このような傾向は，第3章と第4章で考察した連用節と引用節の場合と一致している．

　なぜ韓日対訳小説の場合に限って，語順のズレが比較的少ないのか，その原因は定かでない．翻訳者の個人的翻訳スタイルと大きく関係することは間違いないと思われるが，しかしそれだけで片付けられない．日韓対訳小説は基本的に韓国語母語話者，韓日対訳小説は基本的に日本語母語話者によって翻訳されたものであると考えれば，日韓対訳小説の場合と韓日対訳小説の場合に見られる語順のズレの程度の違いは，両言語使用者の国民性とも関係するのではないかと思わざるを得ない．そして，主観的推測ではあるが，韓日対訳小説の場合においてAB/ba型の反例が比較的多いのは日本語翻訳者層の要因が深く関わっているのではないか思われる.[70]　同じ日本語への翻訳でありながら，中国語原文の小説を日本語に翻訳した対訳小説では，日韓対訳小説の場合と同じ傾向が見られる．それは，日本語への翻訳において韓国語の言語構造の影響はまったくないからであると考えられる．

　本章で考察する日韓両言語における主語と目的語の語順のズレは，第3章の主語と連用節の場合に比べて全体的に例文が少ない．主語と連用節の語順の場合は，基本的に「複雑な成分」，「重成分」と言える従属節と「単一成分」，「軽成分」と言える主語との関係になるために，主語が後置しやすい一面がある．また，節とは基本的「複雑な成分」「重成分」となるために，他の成分との語順傾向が安定化しやすい一面もある．それに対して，主語と目的語の場合は，節に比べると基本的に「軽成分」となるために語用的制約より文法的制約が比較的強く働く可能性があり，そして，語用論的制約要素が働くとしても「重成分」に比べて両言語とも語順が流動的，自由である可能性が高い．実際，本研究で採集した例文の大半は目的語が「重成分」になる場合である．理論的に，「軽成分」のほうが「重成分」より語順が自由である可能性が高いという意味では，[表5−2] [表5−3] [表5−4] [表5−5] [表5−6]の数値の持つ意義は大きいと考えられる．とりわけ，[表5−6]の中国語を原文とする日本語と韓国語の対訳小説で見られたBA/ab型と　AB/ba型の出現頻度の差は，両言語の語順傾向の微妙な違いを示す重要な根拠となる．要するに，日本語と韓国語における主語と目的語の語順にズレが生じる場合，日本語には主語後置の語順を志向する傾向があり，韓国語には主語前置の語順を志向する傾向があると言える．

　日韓対訳小説に見られる次のような幾つかの語順対応現象も，主語と目的語の語順における日本語の主語後置の傾向と韓国語の主語前置の傾向を支持する間接的な根拠になると思われる．

　第一に，本章では，主語の後置を目的語との語順に限定して考えてみた．しかし，日韓対訳小説の調査では，目的語と同じ統語レベルのその他の補語成分との位置関係においても，日本語の方が韓国語より主語が後置しやすい傾向が見られた．

(15) a. 出かけに，ひとりひとりの親戚に向かって，ちえこはきちんと暇乞いをした．

　　　b. 시집에서 나오는 길에, 치에코는 친척들 한 사람 한 사람에게 또렷하게 작별인사를 고했다. 『うらぼんえ』(p.232)

(16) a. 「奇跡, ですか?」 <u>夫の問いに</u>, <u>男は</u>しばらく湯気の中で考える ふう
　　　をし, 他人事のように呟いた.
　　　「いえ, 奇跡ではないと思いますけど. ただの偶然というやつでしょう」

　　b. "기적, 그런 겁니까?" <u>남자는</u> <u>남편의 질문에</u> 잠깐 생각하더니 남의
　　　일처럼 중얼거렸다.
　　　"아뇨, 기적은 아니라고 생각합니다. 그냥 우연이라는 거겠죠."
　　　　　　　　　　　　　　　　　　　　　　　　　　　『聖夜の肖像』(p.113)

(17) a. 電話はいつものように慌しく切れて, <u>もうそういうことに私はなれ</u>
　　　ていた.

　　b. 전화는 늘 그렇듯이 황급하게 끊어졌고, <u>나는</u> 이미 그런 것에 익숙
　　　해져 있었다. 『角砂糖』(p.234)

(18) a. <u>내가</u> 그 무렵에 <u>현저하게 우리에게 불신을 나타내는 주인 남자를</u>
　　　상대로 그런 유증을 하자, 학점을 걱정하던 김형은 주임교수님을
　　　행해 유증을 시작했다.

　　b. そのころ, <u>私たちへの不信感をあらわにしていた主人を対象に</u>, <u>私</u>
　　　<u>が</u>そんな遺贈をすると, 単位を心配していた金兄は主人教授に向
　　　かって遺贈をはじめた. 『젊은 날의 초상(若き日の肖像)』(p.124)

(19) a. 그와 같은 사정을 동업자인 강에게 하소연하여 <u>나는</u> 회사 공용차를
　　　사사로운 목적에 이틀간 빼돌리는 데 성공했다.

　　b. そうした事情を共同経営者の康に打ち明け, 会社の公用車を私的目
　　　的のため二日ほど借り出すのに, <u>ぼくはやっとの思いで成功した</u>.
　　　　　　　　　　　　　　　　　　　　　　　　　　　『에미(母)』(p.41)

　　例文(15a)の「ひとりひとりの親戚に向かって」 は間接目的語と言われる
成分である. 「に向かって」 は, 益岡・田窪(1992:77)では「格助詞(ニ格)相当
句」 と呼ばれている. (15b)の「친척들 한 사람 한 사람들에게」 も日本語
の格助詞「ニ」 にあたる格助詞「에게」 を持つ間接目的語である. 日本語と
韓国語のような動詞末尾型言語では, 述語(動詞)の前に直接目的語, その前
に間接目的語, さらにその前に主語など様々な格成分が置かれるのが通常
の語順, つまり無標の語順である.[71] 当然, 日本語と韓国語において, 間接
目的語が主語の前に置かれる有標の語順も使われるが, 本研究では, 間接目

的語が主語に先行する際，韓国語に比べて日本語の方がその傾向がやや強いことが観察された．また，(16)(17)(18)(19)の一重線をつけた部分は補語[72]と呼ばれる成分である．日本語と韓国語において補語成分は目的語と同じ統語レベルの成分であり，通例，述語との位置関係は，主語よりもっと述語に近い位置に置かれる．本研究の対訳小説についての調査では，補語成分が主語の前に置かれる語順の出現頻度が日本語の方がやや強いことが観察された．つまり，間接目的語や補語との関係において，日本語は韓国語に比べて主語が補語成分に後置しやすい傾向が見られるのである．

　第二に，日韓対訳小説の調査では，主語と状況語[73]との位置関係においても日本語の主語後置と韓国語の主語前置という相対的語順傾向が見られる．

(20) a. <u>そのときも</u>，<u>乙松は</u>雪の凍りついた外套姿で，じっと枕元にうなだれていた．
   b. <u>오토마츠는</u> <u>그때도</u> 눈이 얼어붙은 외투 차림으로 조용히 베갯 머리에 고개를 떨구고 있었다. 『鉄道員』(p.20)

(21) a. <u>昨日の午後</u>，<u>彼女は</u>，柏青という男からデモへの参加を勧誘されたと呉芝生が言うのを聞いて，自分も行けたらどんなにすばらしいかと思った．
   b. <u>그녀는</u> <u>어제 오후</u> 우즈성에게, 바이칭이란 친구로부터 데모에 참가하자는 권유를 받았다는 얘기를 듣고는 가슴이 무척 두근거렸다.
   『子夜(夜明け前)』(p.168)

(22) a. <u>菊治のいる前でも</u>，<u>ちか子は</u>母に大田夫人のことを罵った．
   b. <u>치카코는</u> <u>키쿠지가 있는 앞에서도</u> 어머니에게 오오타 부인 욕을 해 댔다. 『千羽鶴』(p.19)

(23) a. こうして<u>何千，何万の貧農の枯骨の上に</u>，<u>雲卿は</u>暖衣飽食の淫乱な生活を築いたのである．
   b. 이와 같이 <u>평원칭은</u> <u>수많은 빈농의 상접한 피골 위에</u> 배부르고 음란한 생활을 쌓아올린 것이다. 『子夜(夜明け前)』(p.143)

　状況語は，事態成立の外的背景や状況を表した成分であるために，補語より少し下のレベルの成分であると言える. 状況語の代表的なものは「時の状況語」と「所の状況語」である. (20)(21)の一重線を付けた成分は「時の状況語」であり, (22)(23)の一重線を付けた成分は「所の状況語」であるが, 日本語では状況語が主語の前に置かれているのに対して, 韓国語では主語の後ろに置かれている. 対訳小説の調査でこのような例文が数多く見られた. つまり, 状況語と主語の位置関係において, 日本語の方が韓国語に比べて主語が状況語に後置詞しやすい傾向が見られた.

　第三に, 日本語と韓国語の対訳小説についての語順調査では, 主語と副詞的修飾語の位置関係において微妙ながら日本語の主語の後置と韓国語の主語の前置の傾向が見られた.

(24) a. この娘が来てくれなければ, <u>きっと自分は</u>真昼間から酒をくらって, 夕方の便が到着するまで眠りこけていただろう.

　　 b. 이 아이가 와주지 않았다면 <u>자신은</u> 분명 낮술 몇 잔 마시고, 저녁 차편이 도착할 때까지 잠이나 청하고 있었을 것이다.

『鉄道員』(p.38)

(25) a. <u>소령도</u> 정말 이미 너무 늦었다는 생각이 들었다. 아무리 말을 붙여 보아도 그는 도무지 다가오려 하지를 않았다.

　　 b. <u>本当はソリョンも</u>手遅れだと思っていた. いくら話を投げかけても, ジョンスは乗ってこなかった.『아버지(アボジ)』(p.271)

(26) a. ふいに<u>菊子は</u>レインコートを脱ぐと, ブラウスのボタンをはずした.

　　 b. <u>기쿠에는</u> <u>갑자기</u> 레인 코틀를 벗고 블라우스 단추를 끄르기 시작했다.

『銀色の雨』(p.136)

(27) a. <u>しばらくして</u>, <u>大爺は</u>やっと目の前に何が起こったのかを悟った.

　　 b. <u>아저씨는</u> 한참이 지나고 나서야 비로소 눈앞에서 어떤 일이 벌어졌는지를 깨달았다.『活着(活きる)』(p.32)

(28) a. 「実は, おれは個人的に犯人を見つけたんだ」

　　　 「えっ?」

　　　 <u>ごくりと雅美は</u>, 生唾を飲み込んだ.「誰?」

　　 b. "사실은 나 개인적으로 범인을 찾았어."

　　“네?”

　　<u>마사미는</u> 꿀꺽 침을 삼켰다. “누구?”『時効を待つ女』(p.125)

　　日本語と韓国語において，副詞的修飾語はもっとも語順が自由な文成分である．副詞的修飾語は，命題内修飾語(言表事態修飾語)とモダリティ修飾語(言表態度修飾語)に分けられる．命題内修飾語とは，事態の成り立ち方を様々な観点から修飾・限定したものである．主語や補語が述語の表す動き・状態・関係の実現・完成にとって必須・不可欠であるのに対して，命題内修飾語は非必須で付加的である．一方，モダリティ修飾語とは，命題内容の増減に関与せず，事態に対する話し手の評価的態度や捉え方や伝え方を表したものである．ただ，命題内修飾語とモダリティ修飾語の境界は常に明確であるわけではない．日本語と韓国語の副詞的修飾語の文における位置は，微細なところで様々な相違はあると思われるが，ごく大まかに言うと，よりモダリティ的性格の濃い修飾語は文構造の外側の位置を志向し，より命題的内容にかかわる修飾語は文構造の内側の位置を志向する．[74]

　　例文(25)の確言の副詞的修飾語は典型的なモダリティ修飾語の一つとして通常文構造のもっとも外側に置かれる．例文(28)の様態の副詞的修飾語は典型的な命題内修飾語として文構造のもっとも内側に置かれる．(25)(26)(27)の副詞的修飾語はその中間的位置にあるものと考えられる．しかし，命題内修飾語もモダリティ修飾語も，実際の言語運用における位置は非常に自由である．

　　本研究では，主語を中心にそれらの相対的位置関係を調査して見たが，対訳小説で両言語の副詞的修飾語の語順にズレが生じる場合，日本語の方が韓国語より副詞的修飾語が主語に先行する傾向がやや強いことが観察された．勿論，副詞的修飾語は，主体の状態のあり様に言及する主体めあての修飾語を除くと，基本的に述語，節，文を修飾する成分であるために主語とは直接的な意味・統語関係を持たない．ここで言う主語との語順傾向とは，文における副詞的修飾語の相対的な出現位置から見た主語との位置関係である．

　　以上のように，本研究の調査では，主語と補語，主語と状況語，主語と副詞的修飾語の語順においても，日本語の主語後置と韓国語の主語前置の傾向が見られた．勿論，これは傾向の問題であって，逆の場合もある．対訳小説に現れる主語とこれらの諸成分の語順のズレの状況を見ると，語順にズレが生じる頻度が，目的語の場合より補語の場合がやや低く，状況語は補語の場合より低く，そして副詞的修飾語の場合がもっとも低い．[75]

　主語と補語，主語と状況語，主語と副詞的修飾語の語順においても日本語の主語後置と韓国語の主語前置の傾向が見られたということは，日本語の主語後置と韓国語の主語前置の傾向がかなり広い範囲で見られる語順傾向である可能性を示唆し，本章で考察した両言語の主語と目的語における語順傾向の整合性を裏付ける間接的な根拠になるのである．

　第四に，対訳小説では，原文の目的語成分が訳文でほかの成分に訳されたり，或いは原文の目的語成分以外の成分が訳文で目的語成分に訳されたりすることもあるが，その際も日本語の主語後置と韓国語の主語前置の傾向が見られる．

(29) a. あの人たちが変わらずにあの町で暮らしていることを，私は永遠のように思い込んでいたのだ．

　　 b. 나는 그 사람들이 그 동네에서 변함없이, 영원히 살 것이라고 착각하고 있었던 것이다. 『TUGUMI』(p.60)

(30) a. 修一の留守の間に解決してしまうことを，信吾は空想しないではなかった．でも空想にとどまるという気がした．

　　 b. 신고는 슈우이치가 집을 비우고 없는 동안에 해결해 버렸으면 하고, 생각해 보지 않은 건 아니었다. 『山の音』(p.84)

(31) a. 「タッつあん，おめえ，どうして嘘なんかついた」
　　　　考えた通りのことを，辰夫は素直に言った．

　　 b. "다짱 이 새끼야, 어째서 거짓말을 했어?"
　　　　다츠오는 생각대로 솔직하게 이야기했다. 『月のしずく』(p.25)

(32) a. すぐに隊伍は高粱畑にわけ入った．隊伍は東南の方向へ進んでいる，と父は本能 的に感じとった．

b. 대열은 아주 빠른 속도로 수수밭을 뚫고 지나갔다. <u>아버지는 대열</u>
<u>이</u> 동남 쪽으로 행해 걸어가고 있다는 것을 본능적으로 감지했다.
『紅高梁（赤い高梁）』(p.22)

(33) a. 꽃물을 들인 듯이 벌겋게 상기된 어머니의 얼굴엔 온통 진땀이 배
어있었다. <u>나는</u> 등골을 타고 줄줄이 흘러내리는 땀방울들의 행렬을
섬뜩하니 느꼈다.

　　 b. 肉汁でもかぶったように，真っ赤に上気した母の顔はすっかり脂汗に
ぎらぎらしていた。<u>背筋を伝ってひっきりなしに流れ落ちる汗粒の</u>
<u>行列に，僕は</u>ぎょっとしてしまった。『에미（母）』(p.67)

　(29)と(30)は，原文の目的語が訳文では引用節となっている．しかしその
際，日本語原文の主語後置の語順は韓国語の訳文では主語前置の語順に訳さ
れている．例文(31)では，日本語原文の目的語が韓国語の訳文では副詞的修
飾語に訳されている．その際も，日本語の主語後置の語順が韓国語では主語
前置の語順に訳される．例文(32)は，原文の引用節が訳文で目的語に訳され
るが，そのとき，原文の主語後置の語順が訳文の韓国語では主語前置の語順
に訳されている．例文(33)では，韓国語原文の目的語が日本語の訳文では補
語になっているが，そのときもやはり韓国語の主語前置の語順が日本語で
は主語後置の語順に直されている．日韓対訳小説の調査でこのような例文
が数多く見られた．

　第五に，日本語と韓国語には従属節の一種として疑問表現節というものが
ある．日本語では「～か」，韓国語では「～ㄹ/을(를)지」「～ㄴ/은(는)지」など
が節の述語に付くものである．この疑問表現節は格助詞「ヲ」を介在して名
詞的資格を持って動詞成分と結びつき，節全体が目的語的成分の機能を果た
す場合があるが，その際，主語との語順において日本語の主語後置と韓国語
の主語前置の傾向が見られる．

(34) a. この山羊を連れた男の子がわたしだという者もいるが，<u>それがわたし</u>
<u>だったのかどうかわたしは</u>知らない．

　　　b. 어떤 이들은 이 양치기 사내아이가 바로 나였다고 말한다.
　　　　하지만 <u>나는</u> 그게 나였는지 아닌지 모른다.

『紅高梁(赤い高梁)』(p.8)

(35)　a. 彼らが去ったあと，おれは家珍に尋ねた．「本当に鋼鉄ができたんだ
　　　　ろうか?」家珍は首を振った．<u>どうして鋼鉄ができたのか，家珍に
　　　　も</u>わからなかったのだ．

　　　b. 그들이 멀어진 뒤 나는 가진에게 물었지. "강철이 정말 다 녹은 걸
　　　　까?" 가진은 고개를 가로저었다. <u>그녀도 어떻게 다 녹여졌는지</u> 몰
　　　　랐던 것이지. 『活着(活きる)』(p.128)

(36)　a. 父親の顔は，いかんともしがたい困惑の表情を浮かべていた．<u>父親
　　　　がなぜ困惑しているのか，眉卿は</u>わかっているので，わざとこうつ
　　　　け加えた．

　　　b. 평원칭의 얼굴에는 당황하는 기색이 역력히 나타났다. <u>메이칭은 아
　　　　버지가 왜 당황하는지를</u> 잘 알면서도 일부러 한마디를 더 했다.

『子夜(夜明け前)』(p.145)

(37)　a. 伝記は普通「某，字は某，某地の人なり」と書き出すものだが，じつ
　　　　は<u>阿Qの姓が何というか私は</u>知らない．

　　　b. 전기의 통례로 첫머리에는 '이름은 누구, 子는 무엇, 어느 곳 사람
　　　　이다.' 라고 써야 하는 데 <u>나는 아큐의 성이 무엇인지도</u> 모른다.

『阿Q正伝』(p.188)

　例文(34)(35)(36)(37)の疑問表現節は，目的格助詞を持ち得る従属節であ
り，文の中での機能から見ると目的語の性格が強いのである．実際，例文
(36)の韓国語訳文では目的格「를」が顕現されており，(37)の韓国語訳文で
は助詞「도」(日本語の「も」にあたる)が使われているが，これを目的格に
戻すことができる．これらの例文で，日本語は主語後置の語順が使われて
いるのに対して，韓国語では主語前置の語順が使われている．このような
主語と疑問表現節の語順にズレが生じた例文は，量的にはかなり少ないと
言えるが，しかし，反例が一つもないことに一定の意義がある．さらに，疑
問表現節の語順が持つもっとも重要な意義は，それが目的語成分と引用節
の二重性格を持つということにある．疑問表現節は，目的語的な性格を持つ

と同時に，その中身が何の制限もなしに独立した文として存在し得るものであるという点では意味・機能的に引用節の性格を持っている．益岡・田窪(1992)は，疑問表現節を引用節，名詞節とともに補足節の一つとして扱っている．つまり，疑問表現節は目的語成分と引用節の連続性を示す中間的な成分であると考えることも可能である．もしそうであれば，他動詞文における日本語の主語後置と韓国語の主語前置の語順傾向は，　第4章で考察した両言語の主語と引用節における語順傾向と密接な関係を持つことを意味する．そういう意味では，　主語と目的語における語順傾向は主語と引用節における語順傾向に支持されており，逆に，主語と引用節における語順傾向も主語と目的語における語順傾向に支持される相補関係にあると言える．

　第六に，中国語原文の日本語と韓国語の対訳小説で見られる日本語の主語後置と韓国語の主語前置の翻訳は，日本語と韓国語の語順のズレを裏付ける重要な根拠の一つになる．当然この場合の翻訳は，相手言語である韓国語，或いは日本語の表現構造を全く意識しない翻訳であると考えられる．次の例文を見てみよう．

(38) a. <u>這事阿Q</u>后来才知道。他頗悔自己睡着，但也深怪他們不来招呼他。

　　 b. <u>そのことを阿Qは</u>あとで知った．自分が寝すごしたのを悔やんだが，ふたりが自分を迎えに来なかったのを怨んだ．

　　 c. <u>아큐는</u> 나중에야 <u>이 일을</u> 안 것이다. 그는 자신이 잠들어 있었던 것을 몹시 후회 했다. 그러나 더욱 괘씸한 것은 그들이 자기를 부르러 오지 않았다는 것이었다. 『阿Q正伝』(p.206)

(39) a. 趙太爺錢太爺大受居民的尊敬，除有錢之外，就因為都是文童的爹爹，而阿Q在精神上独不表格外的崇奉，他想，我的儿子会闊得多啦！加以進了几回城，阿Q自然更自負，然而他也又很鄙薄<u>城里人</u>。

　　 b. 趙旦那と錢旦那が住民から深く尊敬されるのも，理由は金持ちだからというほかに，文童の父親だからである．しかし阿Qだけは，精神的に特に尊敬をはらう様子がなかった．おいらの倅ならもっと偉くなるさ，と彼は考えていた．そのうえ城内へ何回も行っているので，ま

すます自尊心が強くなるわけだ．もっとも<u>城内に住む人のことも</u>，<u>彼</u>
<u>は</u>軽蔑していた．

   c.　자오 나리와 첸 나리가 마을 사람들의 존경을 받는 것은 그들이 돈
이 많다는 것 외에도, 바로 문둥의 아버지였기 때문이었다. 그러는
아큐는 정신적으로 특별히 숭배한다는 것을 표시하지 않았다. 그는
'내 아들이라면 더 훌륭했을 거야.' 하고 생각했다. 더욱이 그는 성
에 몇 번씩이나 들어갔던 적이 있었다. 아큐는 이것만으로도 상당
히 큰 자부심을 느꼈다. 그러나 <u>그는</u> 성안 사람들도 얕보았다.

『阿Q正伝』(p.190)

(40)　a.　村里人也都有両个月没有吃上米了．<u>我們関上門，烟囱往外呼呼地冒烟</u>，
<u>他們</u>全都看到了．

   b.　村人たちも一，二ヵ月，米にありついていなかった．<u>おれたちが戸を閉</u>
<u>めて，煙突からモクモク煙を出しているのを彼ら</u>はすべて見ていた．

   c.　마을 사람들은 모두 한두 달 동안 쌀을 먹어보지 못했는데 <u>우리들</u>
<u>이 문을 닫아 걸었고 굴뚝은 밖으로 훅훅 연기를 뿜어냈으니 다들 그</u>
<u>것을</u> 지켜봤던 것이라네．『活着(活きる)』(p.120)

　　例文(38)の中国語の原文では目的語[76]が文頭に現れている．日本語の訳文
も原文と同様に目的語が主語に先行されている．しかし韓国語の訳文では，
原文と違う主語前置の語順が使われている．例文(39)では，中国語の原文は
目的語が文末現れている．しかし日本語の訳文では目的語を主語の前に引
き上げた語順で訳されている．それに対して，韓国語の訳文では原文と同
様に主語文頭の語順が使われている．つまり，例文(38)(39)では，日本語訳
文には原文における主語と目的語の語順はと関係なく主語後置の語順が使
われるに対して，韓国語訳文には逆に原文と関係なく主語前置の語順が使
われているのである．例文(40)で，中国語原文の「我們関上門，烟囱往外呼呼
地冒烟」は，二つの独立した文であるが，意味的には述語「看到了」(見てい
た)の目的語(対象)である．日本語訳文では目的語が必須的であるために中
国語の「我們関上門，烟囱往外呼呼地冒烟」を名詞節目的語と訳してそれを
主語の前に前置させている．当然，韓国語でも目的語は必須的であるが，韓

国語の訳文の場合は，「我們関上門，烟囱往外呼呼地冒烟」(意味的目的語)を原文通りに独立した文として翻訳し，それを指す機能的目的語(形式目的語)の「그것을(それを)」 を導入して「主語＋目的語＋述語」 の主語前置の語順を保っている．中国語原文の対訳小説で見られるこのような現象は，日本語と韓国語の語順傾向の微妙なズレを示してくれるものである．

5.4.2. 両言語の語順にズレが生じる原因について

　日本語と韓国語の主語と目的語の語順には，様々な言語的・非言語的な要因が関与していると考えられるが，連用節と副詞節の場合と同様，両言語の主語と目的語の語順は言語側の強制的支配を受けないために，対訳小説で両言語の語順のズレが生じる具体的な要因を突き止めることは極めて難しい．ただ，連用節と引用節の場合と同じように，主語と目的語の語順の場合も，日本語の文脈依存的性格と韓国語の統語依存的性格の違いが，両言語の語順にズレが生じるもっとも重要な原因であると考えられる．

　主語と目的語の語順に積極的に関与する語順制約要素の一つとして長い成分(重い成分)の条件が挙げられる．日本語の場合，複雑な構造を持つ長い成分の目的語は主語に先行しやすい傾向がある．韓国語の場合も，主語に先行する目的語の大半は複雑な構造を持つ目的語の場合である．しかし，その長い成分の条件の制約が両言語において同じように働くわけでもない．対訳小説の調査で採集した両言語における語順のズレの例文のほとんどは，日本語では長い目的語が主語に先行するのに対して，韓国語では目的語が長い成分であるにもかかわらず依然と主語前置の語順が使われるものである．つまり，長い成分の条件の制約は，日本語の方が韓国語よりもっと積極的であると考えられる．ただ，日本語でも成分の長さと関係なく目的語が主語に先行することが少なくない．

　(41)　a. <u>英子を信吾は</u>軽便な娘と考えていたが，会社をやめられてみると，英子にも小さい良心と善意とがあったのを感じた．

　　　b. <u>신고는</u> <u>에이코를</u> 가벼운 계집애라고 생각하고 있었으나, 회사를 그
　　　　만두고 나가는 걸 보니, 에이코에게도 조그마한 양심과 선의가 있
　　　　었구나 싶었다. 『山の音』(p.134)

(42) a. 家珍が彼らに席をすすめたが, 何人かの不心得者が鍋の中や布団
　　　　の下を調べ始めた. さいわい, <u>残りの米は家珍が</u>胸の中に隠してい
　　　　たので, どこを調べられても平気だった.

　　　b. 가진이 그들을 불러 앉으라고 했지만 몇몇 사람들은 아랑곳하지 않
　　　　은 채 솥뚜껑을 열어보기도 하고 이부자리를 들쳐보는 등 집안을
　　　　샅샅이 뒤졌다. 다행히 <u>가진은</u> <u>남은 쌀을</u> 가슴 속에 깊이 감추고
　　　　있었으므로 그들이 다 뒤집어 놓아도 걱정을 하지 않았다.

『活着(活きる)』(p.154)

(43) a. 二つの品物が, ソファから絨毯に落ちた. 『若きウェルテルの悩み』
　　　　と, 枯れた白バラである. <u>その落ちた品物を</u>, <u>呉夫人の目が</u>追って,
　　　　ぼんやり見つめていた.

　　　b. 무엇인가 두 가지 물건이 그녀 옆에서 소파 앞의 카펫 위로 굴러
　　　　떨어졌다. 낡아빠진 『젊은 베르테르의 슬픔』과 말라 비틀어진 백장
　　　　미였다. <u>우 부인의 눈이</u> <u>떨어진 물건을</u> 정신 나간 듯 바라보았다.

『子夜(夜明け前)』(p.167)

　例文(41)は, 主語と目的語の長さが全く同じである. それでも日本語では
目的語が主語に先行されている. (42)では, 主語が一文節であるのに対して
目的語は二文節であり, (43)では, 目的語が三文節, 主語が二文節(韓国語訳
文では主語と目的語が同じ長さ)である. 主語と目的語の文節の長さは一文
節の違いであるが, その違いが, 目的語が主語に先行した原因であるとは
考え難い. この場合は, ほかの要因が関与していると思われる. つまり, 日
本語においても長い成分の条件は, 目的語の前置を可能にする条件の一つ
に過ぎない.

　例文(42)の日本語訳文における目的語の前置は, 目的語の主題化が主な原
因であり, (43)では, 目的語の含む文脈指示語の果たす役割が大きいと思わ
れる. 日本語と韓国語では, 主題化された成分が前置されやすく, そして文
脈指示語を含む成分も前置されやすい傾向がある. 日本語の目的語前置文

には, (43)のように文脈指示語が含まれることが多いが, 韓国語の訳文では文脈指示語が含まれても目的語が前置しないことが多い. つまり, 目的語の主題化と文脈指示語の条件も, 日本語の方が韓国語より積極的であると考えられる. ただ, 日本語でも目的語が主題化されなくても, そして目的語が文脈指示語を含まなくても前置されることが少なくない. 主題化と文脈指示語も, 長い成分の条件と同様に目的語の前置を可能にする条件の一部に過ぎないのである.

　また, 同じ中国語原文の小説の翻訳でありながら, (42)の韓国語訳文では目的語の主題化が行われておらず, (43)の韓国語訳文でも目的語に文脈指示語が含まれていない. 何故同じ原文についての翻訳であるのに両言語で違う言語化がなされているのだろうか. これは, 日本語の文脈依存的性格と韓国語の統語規則依存的性格の傾向と密接な関わりを持つものであると考えられる. まず, 例文(42)について見てみよう. 例文(42)で, 前文の「調べ始めた」の対象も, 後文の「隠していた」の対象も「残りの米」である. つまり, 話題の中心は「残りの米」である. 中国語の原文は, 「好在家珍将剰下的米蔵在胸口了」のように目的語が主語の後ろに置かれるが, 文脈依存的性格の強い日本語は, 前の文との結束性を強めるために目的語を主題化して前置させて訳している. 主題化は目的語を前置させるための手段として使われており, 目的語の前置は結束性を強めるための手段として使われている. 一方, 日本語より統語構造依存的である韓国語では, 目的語の主題化を行わず, 通常の主語前置の統語的語順を使っている. 例文(43)の場合も, 基本的に(42)の場合と同じ解釈が与えられる. 日本語の訳文では, 目的語を前置させる手段として原文の文脈指示語が積極的に使われており, その目的語の前置はまた, 前文との結束性を図る手段として使われているのである. 韓国語の訳文では, 統語的制約に従って通常の主語前置の語順が使われ, 原文の文脈指示語も訳されていない. 語順の側面から両言語の文の繋がり方を見ると, 日本語の文連続は鎖繋ぎの形をしており, 韓国語の文は直線的に繋がれていると言える.

　以上述べたように, 両言語の語順にズレが生じる原因として, 長い成分

の条件，主題化の条件，文脈指示語の条件の両言語における役割の大きさの
程度が挙げられるが，これらの諸条件の役割の大きさはまた，両言語の文
脈依存的性格と統語依存的性格の強さと深い関わりを持つと思われる．
日本語は文脈依存的性格が強く，韓国語は統語依存的性格が強いために両
言語の語順にズレが生じることがあると考えられる．ただ，文脈依存的性格
と統語依存的性格の強さとはあくまで傾向の問題であり，語順のあり方に
ついての制約は間接的であると言える．

　両言語の語順のズレが生じる直接的な原因の一つに，韓国語の主語後置
語順の構文的制約が挙げられる．日本語と韓国語の主語と目的語の語順は比
較的に自由であるが，しかし日本語に比べて韓国語の方が主語の後置が構文
的制約を受けることがある．つまり，第3章の連用節の場合にも取りあげた
が，日本語の主語後置文をそのまま韓国語に翻訳すると不自然な文になる
場合がある．次の例文を見てみよう．

(44) a. 「ともかく言われた通りにしろ．おまえの考えていることはよくわか
　　　 る．だが，そういう商売は相手も選んでやれ．いいな，その店は嵌め
　　　 るなよ」経営者として口に出してはならない，「嵌める」という業 界
　　　 用語を，ボスは使った．

　　 b. "아무튼 하란 대로 해. 자네가 무슨 꿍꿍인지는 나도 다 알아. 그렇
　　　 지만 그런 장사일수록 상대를 골라서 해야지. 알겠어? 그 가게는
　　　 끌어넣지마." 보스는, 경영자로서는 입에 담아서는 안 되는 '끌어넣
　　　 다'라는 업계 용어를 사용했다. 『伽羅』(p.178)

(45) a. 洋司が帰ってくると，私はいくつ電話があって，どんな声だったかを
　　　 いちいち伝えるのだが，彼は頓着もせず，すぐに私を抱き寄せた．
　　　 熱い彼の全身からはいつも汗が滴り落ち，まるで動物の交尾のよう
　　　 に真剣で，せっぱつまったようなセックスを彼はした．

　　 b. 나는 요지가 돌아오면 전화가 몇 통 왔었고 어떤 목소리였는지를
　　　 일일이 전해 주었지만 그는 개의치 않고 나를 끌어안았다. 그의 뜨
　　　 거운 몸에서는 언제나 땀이 떨어졌다. 동물의 교미처럼 진지하고
　　　 절박한 섹스였다. 『角砂糖』(p.223)

(46) a. あの夜，つぐみは浜で白い石ころをひろい，それを本棚のすみっこ

　　にずっと今も置いてあるのだ. ……　なぜかそのときのことを<u>私は</u>
　　思い出していた.
　b. 츠구미는 그 밤, 해변에서 주워다가 책꽂이 한구석에 놓아둔 하얀
　　돌멩이는 지금도 그자리에 있다. …… 어째서인가, <u>그때 일을</u> 생
　　각하고 있었다. 『TUGUMI』(p.87)
(47) a. <u>そのままボロ雑巾みたいに寝込みかねない彼を</u>, <u>私は</u>必死にゆさ
　　ぶった.
　b. <u>그대로 누더기 걸레같이 곯아떨어질 것 같은 그를</u> <u>나는</u> 필사적으로
　　흔들었다. 『角砂糖』(p.226)

　例文(44)の日本語の原文は, 長い成分の目的語が主語の前に前置されて
いる. その結果, 主語は目的語に後置され, 述語の直前に置かれることに
なった. 日本語ではこのように, 主語が自由に述語の直前に置かれる. 一
方, 韓国語の場合は, 主語が述語の直前に置かれることは日本語ほど自由で
はない.
　通例, 述語の直前の位置は, もっとも重要な情報を担う成分の置かれる
位置である. 例文(44)で, 主語が述語の直前に置かれるともっとも重要な情
報と誤解されやすいために, 韓国語の訳文では日本語の原文のような主語
の後置がなるべく避けられている. 韓国語の場合, 主語が述語の直前に置
かれるのは, 主語が特別に強調される成分(対比)であるか, 或いは述語が特
別に強調される成分となるときである. また, 動詞と目的語の結合構造は,
統語・意味的にもっとも強い凝集性を持っており, 統語構造依存志向的な韓
国語では, 目的語と述語の結合構造への主語成分の介入がなるべく避けら
れる傾向がある. 勿論, 動詞と述語の結合構造の堅固性は動詞の性質によっ
て程度の差があるが, 例文(45)の「하다(する)」のように, 名詞と結合して
初めて語彙的意味を獲得する形式動詞の場合は, ほかの名詞的成分の介入が
厳しく制限されている. (45)の日本語文では主語が後置され述語「する」の
直前に置かれるが, 韓国語ではそのような後置は違和感が強く, そのため
に原文とは完全に違う表現構造で翻訳されている.
　例文(46)の日本語の主語後置の語順は, 韓国語訳文では主語の後置が好ま

しくないために主語が省略されてしまう．しかし，例文(47)のように，述語
の直前に重要な情報を表すほかの成分が置かれるときは，韓国語の場合も
すんなり主語が目的語に後置される．例文(44)(45)(46)で，韓国語の訳文を
日本語原文のように翻訳しても完全に非文法的な文になるわけではない．
ただ，そのような翻訳は韓国語の言語習慣に合わない，極めて不自然な表現
になるのである．しかし日本語場合はそうでもない．これは，韓国語の語
順は日本語に比べて語用論的条件より文法的条件に依存する傾向が強いこ
とを意味する．

　第3章と第4章で，両言語の語順のズレが生じる原因の一つとして日本語
の主語後置のパターン化傾向の可能性について述べたが，主語と目的語の
語順の場合もそのような可能性が言える．日本語の主語後置のパターン化
傾向は，広い範囲で進んでいる可能性がある．例文(46)で，日本語の主語後
置の語順は，韓国語では主語後置が不自然になるために主語が省略されて
いる．実は，文脈から見ると日本語の場合も主語が省略されてもおかしく
ない．にもかかわらずこれは，日本語の主語後置のパターン化の傾向を窺
わせる例文である．次の例文を見てみよう．

(48) a. 퇴근 후 집으로 돌아온 상혁이 김진우의 서재 앞에서 걸음을 멈췄
　　　 다. 한숨 섞인 목소리로 전화를 끊는 김진우를 똑바로 바라보았다.
　　 b. 仕事から帰ったサンヒョクは，ジヌの書斎の前に立ち止まった．溜息
　　　 混じりの声で電話を切るジヌをサンヒョクはまっすぐ見つめた．

『겨울연가(冬のソナタ)』(p.204)

　例文(48)の韓国語原文で，第二文の主語が省略されている．しかし，日
本語の訳文では主語が省略されず，目的語の後ろに後置されている．日本語
は韓国語より主語の省略が多い言語である．にもかかわらず，なぜ日本語
の訳文では主語が省略されないのか，その原因が見当たらない．日本語の
主語後置のパターン化傾向の可能性を思わせる例文である．つまり，日本
語の主語後置のパターン化傾向も両言語の主語と目的語の語順にズレが生

じる原因の一つとなる可能性がある．例文(45)の日本語原文の語順も，主語後置のパターン化とも関係する可能性が大きいと思われる．そのほかにも，連用節の場合と同様，日本語の読点が主語の後置に与える影響も大きいようである．日本語の文では，韓国語より読点という非文法的手段が語順のあり方に積極的に関与している．

5.5.　まとめ

　本章では，日本語と韓国語の主語と目的語の語順について考察してみた．日韓両言語は主語と目的語の無標の語順が同じであり，また，主語と目的語の語順が比較的自由である．しかし，対訳小説から両言語の語順の対応関係を観察してみると，両言語の語順傾向に微妙な違いが見られる．両言語の主語と目的語の語順にズレが生じる際，日本語は韓国語より主語が目的語に後置される傾向がある．ただし，主語と目的語の場合は主語と連用節の場合に比べて日本語の主語後置の傾向が少々弱まっているように見える．　それは，連用節に比べて目的語は基本的に「軽成分」であることと関係すると考えられる．実際，主語と目的語にズレが生じる用例のほとんどは目的語が長い成分になる場合である．両言語において「重成分」になるほど語順のズレが生じやすい可能性がある．また，連用節，引用節の場合と同様，日韓対訳小説と中日・中韓対訳小説に比べて，韓日対訳小説は比較的に語順が逆になる例文が少なく，更に反例も比較的多く現れている．日韓対訳小説は韓国語母語話者による翻訳であり，韓日対訳小説も基本的に日本語母語話者による翻訳であると考えられるが，韓日対訳小説の場合に限ってズレが少ないのは，言語共同体の価値観や行動様式・気質，つまり国民性に基づく翻訳スタイルと深く関係する可能性がある．そして，韓日対訳小説の場合に反例が多いのは，韓日対訳小説に日本語と韓国語バイリンガルによる翻訳が多いことと何らかの関係があるかも知れない．[77]

　本章で考察した主語と目的語の語順の場合，連用節の場合より両言語間にズレが生じる例文が少ないと言えるが，しかし，全体的にAB/baの反例も少ない．また，目的語成分は直接・間接的に引用節，連用節と連続性を持っており，更に，対訳小説では直接・間接的に日本語の主語後置と韓国語の主語前置の傾向を支持する言語現象も多く見られる．要するに，韓国語と比べるとき，主語の後置は日本語の言語運用上の一つの特徴である可能性が大いにある．当然ながら，主語と目的の語順においての日本語の主語後置と韓国語の主語前置とは，あくまでも傾向の問題であり，逆の語順もある．そのために本研究では，主語の後置を対訳小説における日本語の「文体的特徴」と呼んでいる．両言語の主語と目的語の語順にズレが生じるのは，日本語の文脈依存的性格と韓国語の統語依存的性格が主な原因であると考えられるが，しかしそれは直接的に語順のあり方を制約するものではない．韓国語の旧情報を表す主語が述語の直前に置かれ難いという構文的条件などはズレが生じる直接的な原因の一つであると考えられるが，まだ明らかになっていない部分も多い．

総括 ^{第6章}

6.1. 主語後置志向の日本語と主語前置志向の韓国語

　日本語と韓国語は言語構造が極めて似ている．とりわけ語順においては，同じく基本語順がSOVであり，また，主語の語順が比較的に自由である．一部の文末表現や慣用的表現の語順を除くと，両言語の語順は偶然の一致とは考えられないぐらい類似している．本研究ではこれまで，複文における主語と副詞節の語順，引用表現における主語と引用節の語順，他動詞文における主語と目的語の語順について考察を行ったが，文法性の観点から見ると，両言語においてこれらの文の主語後置の語順も主語前置の語順も基本的に自然な文法的な語順である．つまり，それぞれの言語においてAB(ab)型の語順が無標の語順としてBA(ba)型の語順より優勢であるという違いはあるものの，主語前置のAB(ab)型も主語後置のBA(ba)型も文法的語順となる．このような条件の下で両言語の翻訳(本研究では対訳小説)を考えるとき，AB/ab型とBA/ba型がもっとも基本的なパターンであり，そして何か特別な語順原理が働かないかぎり，AB/ba型とBA/ab型の現れる頻度はかなり低いだろうと考えられる．更に，AB/ba型とBA/ab型の間には大きな開きがない，ということも推測できる．このような推測の根拠となるのは，両言語においてAB(ab)型もBA(ba)型も文法的な語順ではあるがAB(ab)型が無標の語順であることと,「訳文は原文に忠実であるべき」という翻訳の基本原則である. しかし, 第3章～第5章の考察から分かるように, 実際の両言語の対訳小説についての観察からはこのような予測が見事にはずれてしまったことになる. ただ, このような「ハズレ」は, むしろ自然なことでもある. それは, 二つの異なる自然言語において, 語順のあり方に影響を与える制約要素及びその働きがまったく同じであるとは考えられないからである.

　第3章から第5章までの考察をまとめると, 次のような両言語の語順傾向が浮かび上がる. 両言語の対訳小説における四つの可能な対応関係の中, AB/ab型, BA/ba型のパターンがもっとも一般的である. しかし, AB/ba型, BA/ab型のパターンもかなりの高い頻度で現れており, さらに, このAB/baとBA/abの二つのパターンの分布を見ると, BA/ab型が明らかに AB/ba型より優勢である. AB/baのパターンはほとんど見られないか, 個別作品で見られるとしても量的にはBA/ab型に比べて極めて少ない. つまり, 韓国語の主語前置の文が日本語の主語後置の文に対応されるということは多いが, 逆に日本の主語前置の文が韓国語の主語後置の文に対応されるということは非常に少ないのである.

　両言語の語順におけるこのような傾向は, 翻訳の種類, 作者・翻訳者の違い, 構成要素の違いなどによって少しずつ偏りがある. [表6-1]は語順傾向のズレの偏りと何らかの関係があると思われる主な項目をまとめたものである.

[表6-1] 語順傾向ズレの偏りと關係する要素

翻訳方向の別	日本語 → 韓国語　韓国語 → 日本語　中国語 → 日本語/韓国語
作者・訳者別	作者のスタイル　訳者のスタイル(直訳, 意訳)
訳本の性質別	外国語教育の目的　一般讀者の文學鑑賞
語順構成素別	副詞節と主語　引用節と主語　目的語と主語　副詞語と主語

　両言語の語順傾向のズレが翻訳作品のさまざまな種類によって偏りがあるということについては, すでに各章で述べたとおりであるが, ここで第

3章～第5章で考察した全体を念頭においてもう少し考えてみる.

　まずは, 翻訳方向別, つまり原文と訳文という観点から見ると, 本研究では日本語から韓国語, 韓国語から日本語, そして第三言語の中国語から日本語と韓国語への翻訳という三つのパターンに分けて考察した. 三つの種類の資料を選択したのは, 訳文が原文の表現構造に引きずられることも予想されるために, 三つの種類の資料を選択することによってより客観的な視点を持つことができるからである. 中国語原作の資料は, 訳文が相手言語構造の影響(中国語 → 日本語の場合は韓国語, 中国語 → 韓国語の場合は日本語)を受けることがないと考えられ, その意味で中国語原文の資料のもつ意義は大きい. 本研究の調査と考察から見ると, 日本語から韓国語へ翻訳のパターンに両言語のズレが一番多く見られた. 次いで中国語から日本語・韓国語への翻訳であり, 韓国語から日本語への翻訳ではズレがもっとも少なかった. 日韓翻訳と朝韓翻訳でズレの差が見られたのは, 翻訳者の翻訳スタイル・態度, 及びTLの言語使用者側の国民性とも深い関わりがあるように思われる.

　次に, 訳本の性質, つまり翻訳の目的という観点から, 外国語教育を主な目的とした翻訳と一般読者の文学鑑賞を主な目的とした翻訳に分けることができるが, 外国語学習者向けの訳本では語順のズレがほとんど見られない. そして, 一般読者向けの訳本は, 訳者の翻訳スタイルによって再び直訳(FE訳)中心のものと意訳中心のものに分けることができる. 当然, 直訳中心の訳本ではズレがあまり見られない. 日本語と韓国語の場合の直訳とは, 語順も「直訳」できるためにそのズレがほとんど見られないのである.

　最後に, 第3章から第5章では, 主語と副詞節の語順, 主語と引用節の語順, 主語と目的語の語順, 主語と副詞語の語順という, 主に四つの項目の語順に焦点を合わせて調査と考察を行ったが, このような構成素の項目別でも両言語の語順のズレに少しずつ偏りが見られた. これまでの考察に基づいて言うと, 主語と副詞節の語順においては, 両言語のズレが比較的に強い傾向として集中的に現れている. それに対して主語と引用節の語順, 主語と目的語場合は, ズレは見られるがその傾向が前者ほど強くないと言える. 引用節の場合, ズレの傾向が連用節ほど強くないのは, 引用節の独立性が強いことと関係あると思われる. 目的語の場合は, 語(短い成分)どうしの語順が語と節との語順より自由であるということが両言語の語順のズレに反映されたものと考えられる. つまり, 短い成分(軽い成分)の語順には比較的にズレが少ないが, 長い成分(重い成分)になるとズレも起こりやすい傾向があると言える.

　以上のように, 両言語の語順に見られるズレが訳本や語順項目などによって偏っている. しかしながら, 全体においてBA/abが AB/baより優勢であることは一貫している. 大まかに言うとBA/ab型が 明らかにAB/ba型より高い頻度で現れている. 場合によってBA/ab型とAB/ba型に大差が見られないこともあるが, その際にも, AB/ba型が BA/ab型より優勢になるという可能性は, 本研究の考察から見ると考えられない. BA/ab型がAB/ba型より出現頻度が高いということは, 日本語では韓国語より主語後置の語順が多く使われるということを意味する. 更に, これは韓国語に比べて日本語では主語後置の語順が好まれる傾向がある, ということを意味する. 逆に日本語に比べて韓国語では主語後置の語順の出現頻度がかなり低い. つまり, 同じ文脈でほぼ同じ意味を表すにあたって, 日本語は相対的に主語後置の語順を志向する傾向が強く, それに比べると韓国語は主語前置の語順を志向するのである. 両言語の語順選択の傾向という観点からは, 日本語は主語後置志向の言語であり, 韓国語は主語前置志向の言語であると言うことができるかもしれない.

　本研究では, 両言語の主語を中心とした語順を比較するにあたって, 連用節, 引用節, 目的語, 副詞語などを別々の項目として考察を行ったが, 実は, これらの構成素はまったく異なる範疇の独立したものではなく, 互いに強い連続性を持つ言語単位でもある. 連用節と副詞語は勿論連続的な言語単位であり, 副詞語は引用節と, また, 引用節は目的語と強い連続性をもっている. 奥津(1974), 森山(1988)などは引用表現における「〜と」 を格成分(格助詞, 対象格)と位置づけており, 柴谷(1978), 藤田(1988)などは「〜と」を副詞的修飾句と位置づけている. どちらが正しいかという問題ではなく,どのような性格を重視するかによって生じた観点の違いであると考えられる．どちらの立場も問題がないわけではないが，「～と」によって導かれる引用節の持つ副詞的修飾語の性格と補語(目的語)的性格の二重性をものがたっている．日本語の「～ように」によって導かれる引用節と引用動詞を伴わない引用節などは特に副詞的修飾語の性格が強い．また，引用節が地の文に同化される際，目的語になることも多い．連用節と引用節，目的語，副詞語の間の連続性は，韓国語の場合も同じであるが，実際の対訳小説では，引用節が連用節，或いは目的語に翻訳されたり，目的語が引用節に翻訳されたりすることも多い．互いに連続的なものであるが故に起こりやすい現象でもある．連用節，引用節，目的語，及び副詞語の間の連続性を認めるとき，本研究の各章で考察した言語運用における日本語と韓国語の語順の相違は，日本語の主語後置志向と韓国語の主語前置志向という両言語の言語的特徴に収斂されるのである．

　言語運用における両言語の主語の語順を考えるにおいて，もっとも興味深い現象として日本語における主語後置のパターン化傾向と韓国語における主語後置の回避傾向が挙げられる．ここで言う主語後置のパターン化とは，もともとある種の理由によって行われたと思われる主語の後置が，習い性となってそのような理由がなくても主語の後置が習慣的に行われる傾向のことである．例えば，日本語では引用節はどうしても長くなりやすく，理解の経済性を見越して主語を引用節に後置させることが多い．また，引用節は通常重要な情報であることが多く，特に小説などでは会話部分を強調しようとする話し手の意図が強く働き，その結果主語を後置させることも多い．しかし，そのような主語の後置が慣習化され，後置させる理由が見当たらない場合でも主語の後置が行われることがある．このような現象を本研究では主語後置のパターン化と考えている．

　また，日本語の「思う」「考える」など文末思考動詞は，情報の不確実表示用法と主観明示用法で使われることが多いが，そのとき主語の後置もその一役を担うのである．引用節に表された命題内容に対する話し手の確信の度合いをやわらげたり，自分の希望や主張を控えめに表現したりする文末思考動詞の役割を主語の後置が一部分担するわけであるが，当然そのときの主語は一人称主語である．そのような一人称主語の後置が，人間主語を目立たせない手段としてパターン化されている傾向が日本語にはあるように思われる．

　韓国語の場合は，主語の後置が日本語に比べると消極的であるが，対訳小説では日本語の主語の後置が様々な手段により回避されている．その方法としては，各章でも触れているが，日本語の主語後置文を分割して二つの文にしたり，文の構造の一部を変えて主語の後置を回避したりする．また，主語を省略することで主語の後置を避ける場合も多い．

6.2. 日本語と韓国語の語順の自由度

　本研究の考察で，日本語と韓国語の主語と副詞節，主語と引用節，主語と目的語などの語順において，日本語の主語後置の傾向と韓国語の主語前置の傾向が見られたが，これは，共に語順が自由であると言われる両言語の語順の自由度に微妙なズレが存在していることを示唆してくれる．それでは，両言語における語順の「自由度」とは一体どういうものであろうか，両言語の語順の自由度の「ズレ」をどのように捉えるべきであろうか．

　日本語と韓国語における語順の自由度は，「言語能力」(competence)と「言語運用」(performance)の二つの側面から考えることができる．本研究の第2章でも少しばかり触れたが，言語における文の構成素の配列は，言語の統語・文法的規則と言語使用者の認知・心理的働き，または，両者の相互作用によって制約される．本研究では前者のことを語順の統語的制約，後者のことを心理的制約と呼んでいる．

　日本語と韓国語は比較的語順が自由と言われるが，しかし語順が無制限に自由であるわけではなく，基本的な無標の語順がある．無標の語順とは主に統語規則の制約によって配列される語順である．日本語と韓国語の場合，格の文法関係が格助詞によって明確に示されるために，統語規則の語順に対する制約が他の語順の自由でないと言われる言語ほど強力で顕在的ではない(裏を返せば，文法関係の表示において語順の果たす役割がそれほど大きくないということである)．しかし，当然ながらそれは統語規則の制約が全く存在しないということではない．強制的，顕在的ではないが，統語的制約は必ず語順のあり方に何らかの影響を与えているのである．

　次の[図6−1]は，語順と語順の制約要素との関係をグラフで表したものである．X軸は統語的制約，Y軸は心理的制約を表している．

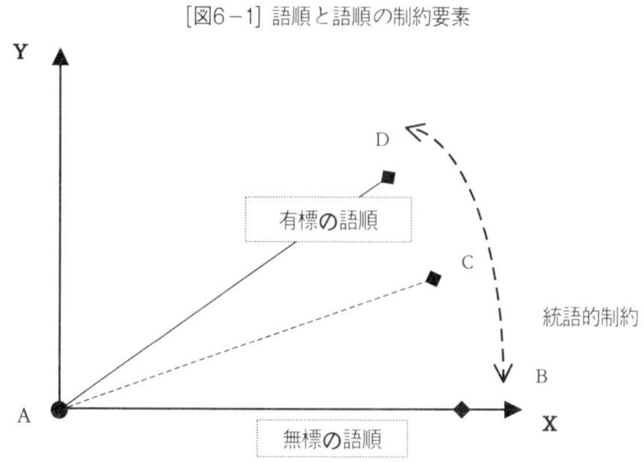

[図6−1] 語順と語順の制約要素

　[図6−1]で，ABで心理的要素の制約が少ない無標の語順を表すと，X軸から離れて行くADは何らかの心理的制約を受ける有標の語順となる．X軸から離れるほどxの値が小さくなり，yの値大きくなる．つまり，統語的制約が弱い分だけ心理的制約が語順に反映される傾向が強い．ただし，心理的制約は言語の統語規則を破壊しないことを前提とする二次的制約要素である．そのために，有標の語順であるADは，統語的制約から解放され完全に自由になることはあり得ない．つまり，ADの変動可能な領域(yの最大値とxの最小値)は言語によって制限されている．Dのxが最小値，yが最大値を持つと

きの AD は，言語の文法的語順と非文法的語順の境界線となり，特定の言語の語順の「自由度」を計る尺度となる．日本語と韓国語の語順が自由と言われるのは，他の言語より AD の AB から離れる幅が大きいということである．また，日本語と韓国語の語順が似ていると言われるのも，両言語における AD の位置(自由度)がほぼ同じということである．しかし，この場合の自由度は，語順がどれくらい自由になり得るか，つまり y の最大値がどこまで大きくなり得るかという言語構造上の「能力」の問題である．

　実際の有標の語順は，x と y の値の大きさによって AB と AD の間で変動可能であるが，それを AC で表すと，「言語運用」の側面から語順の「自由度」を計ることも可能である．日本語と韓国語の場合，AD(言語能力)で計る「自由度」がほぼ同じであるために，AC(言語運用)で計る「自由度」が重要な意義を持つことになる．本研究の考察で，日本語の主語後置の傾向と韓国語の主語前置の傾向が見られたが，それは，韓国語に比べると，日本語の AC が AB から離れて，より AD に近いところに位置していることを意味する．つまり，言語運用という側面から両言語の語順を見ると，日本語は韓国語に比べて心理的制約の影響を受けやすく，逆に韓国語は日本語より統語的制約の影響がやや強いと言える．その意味で，日本語は韓国語に比べて語順がもっと自由であると考えられる．

　本研究ではこれまで，主語と副詞節，引用節，目的語などを中心に両言語の語順を考察したが，日本語の語順が韓国語より自由であることは，主語と副詞の語順，省略などの現象からも観測される．例えば様態副詞の語順を例にして見ると，韓国語の場合，様態副詞は被修飾成文である述語と近い位置を志向する傾向があるのに対して，日本語の場合は様態副詞が述語から離れた位置に置かれる傾向がある．また，主語など成分の省略は日本語の方が韓国語より積極的である．これらの諸現象は，両言語の語順の自由度のズレを示唆するものであると考えられる．

6.3. 日本語と韓国語の類型的特徴

　日本語と韓国語は語順が自由であると言われているが，それはもちろん語順が自由でない言語(英語や中国語など)に対する相対的な特徴である．語順が自由であるというのは，文を構成する構成素の配列が言語の統語的規則の強制的支配を受けないことを指す．日本語と韓国語の場合，かかり成分どうしの語順は基本的に言語の統語的規則の強制的支配を受けない．つまり，格成分どうしの語順と修飾成分どうしの語順などはかなり自由である．

　しかし，かかり成分どうしの語順の位置転換が可能か否かということだけを見ると，それは決して日本語や韓国語のような自由語順言語と言われる言語だけが持っている「特徴」ではない．語順が自由でないと言われる中国語の場合でも，限られた範囲ではあるが，かかり成分どうしの語順が統語規則の強制的支配を受けないことがある．例えが，並列成分の語順は勿論のこと，主語と目的語の語順も入れ替えることができる．ただ，日本語や韓国語に比べるとその範囲はかなり制限されている．通常，自由語順言語，或は非自由語順言語と呼んだりするのは，文の命題的意味に変化をもたらさない語順変換が許容できる範囲をもって区分するのである．

　本研究の第2章の考察からもわかるように，日本語と韓国語は，語順変換が許容できる範囲において非常に類似しており，また，中国語などに比べるとその範囲はかなり広範に渡っている．通常，日本語と韓国語の語順が似ているというのは，主に両言語の基本語順がSOVであることと，語順変換が可能な範囲において類似していることを指す．日本語と韓国語の語順を考察するとき，両言語の語順変換の可能な範囲という「言語能力」(competence) の立場ではなく，その変換可能な範囲の中で，両言語の言語主体がどのように言語能力を行使するかという「言語運用」(performance)の立場からのアプローチも可能である．本研究は，日本語と韓国語の言語使用において，主語前置と主語後置という二つの選択可能な語順が，実際両言語でどのように使われるかという実行上の特徴を考察することを主な目的として，両言語の主語と連用節，引用節，目的語の語順について比較対照を行った．対訳小説から採集した用例を基本資料とした本研究の考察からは，両言語の主語の前置と後置という語順選択において著しい傾向の違いが見られた．つまり，日本語は相対的に主語後置の語順を志向する傾向が強く，逆に韓国語は主語前置の語順を好み，主語後置の語順が回避されることが多い．

　主語後置の語順は有標の語順であり，言語運用において言語使用者が何らかの目的で意図的に構成素の位置を入れ換えた主観的語順である．主語前置の語順は無標の語順であり，言語の統語的制約に従って配列される客観的語順である．日本語に主観的語順が多く使われる傾向があるのに対して韓国語では客観的語順が好まれるということは，実際の言語運用の立場から見ると両言語の語順の自由度に何らかの差があることを意味する．つまり，日本語の語順は韓国語よりもっと自由であるということができるのである．本研究の五章で少しばかり触れたが，一部の様態副詞などの語順を見ると，実際，韓国語のほうが日本語より少しながら統語規則の制約が強いと思われる．

　さて，これまでの日本語と韓国語の類型論的研究では日本語と韓国語が同じ類型に分類されることが多かった．それは勿論，両言語の構造的類似性に基づくものである．これまでの言語類型論は，言語分類の基準となる言語的特徴を，一般化された言語構造，つまり言語能力の側面から議論することが多かったが，しかし言語の研究が必ずしも言語構造の側面から行われなければならない必然性はない．言語機能のもっとも本質的な部分が言語の伝達機能であることを考えれば，言語研究は言語能力と言語運用という二つの側面から行われるべきであり，最近はそのような傾向がますます強くなっている．言語類型とは言語構造の特定のレベルにおける一定の特徴を中心に行われる分類であるが，言語運用という側面からの特徴に基づく言語の分類も十分可能であると思われる．

　実際，特定言語における諸要素の構造を中心に言語及び言語的特徴の分類を目指すものに対して，言語構造そのもの分類ではなく言語的装置(言語構造)の用い方を区分する研究がある．Givón(1979), Gee(1993)などは，言語を語用論的様式の言語(pragmatic mode language) と統語論的様式の言語(syntactic mode language)の二つに区分している．Gee(1993:402)では語用論的様式の言語と統語論的様式の言語の特徴を次のように示している．

[表6−2] 統語論的様式言語と語用論的様式言語の特徴

Syntactic mode language	Pragmatic mode language
High integration	Low integration
Explicitly signals meaning,	Leaves more to inferences
leaves less to inferences	Made by hearer/writer
made by hearer/reader	based on shared knowledge
Public language	More private language
language between strangers	language between peers or intimates
More formal	Less formal

　Givón(1979), Gee(1993)の語用論的様式言語と統語論的様式言語の区分は，言語そのものの分類ではなく，一つの言語における二つの言語的装置の用い方の区分である．すべての類型の言語は，統語論的様式と語用論的様式の二つの言語的装置を持っていることになるが，話し手が場合によって語用論的様式の装置を選択したり統語論的様式の装置を選択したりすることができるのである．しかし，言語によって語用論的様式の装置が多く使われたり，或は統語論的様式の装置が多く使われたりすることもある．

　実際の言語使用において語用論的様式の装置と統語論的様式の装置が使われる程度を基準にして言語を分類するとしたら，日本語はより語用論的様式の性格の強い言語であり，韓国語はより統語論的様式の性格の強い言語であると言える．語用論的様式言語は，話し手中心的で，文脈・状況依存的であり，談話の解釈においてより聞き手の推論を必要とする言語である．一方，統語論的様式言語は，より統語規則依存的で，形式的な言語である．本研究で考察した日本語と韓国語の語順特徴から見ると日本語は語用論的様式の言語であり，韓国語は日本語より統語論的様式の言語であると言える．当然ながら，本研究で考察した両言語の語順特徴だけで日本語は語用論的様式の言語であり韓国語は統語論的様式の言語であると決め付けることはできない．しかし実際，日本語と韓国語の研究では，日本語の語用論的様式言語の性格と韓国語の統語論的様式言語の性格を裏付ける言語事実が多く見られる．

池上(2000)は，日本語における主語の省略という現象から日本語の「主観性」と「自己中心性」を指摘している．通常，コミュニケーションの場面において，話し手は聞き手にとって「復元可能」(recoverable)な要素だけを省略することができるのである．しかし，日本語の場合は「聞き手にとって復元可能」という域を越えるような省略も少なくない．これについて，池上(2000)は，日本語の場合は，「話し手にとって復元可能」という原則によって省略が行われることがあるとする．そして，談話の際の話し手と聞き手の振舞い方において，英語は「話し手責任」(speaker responsibility)の傾向が優越するのに対して，日本語は「聞き手責任」(listener responsibility)の傾向が優越するとされるHindsの観点を援用して日本語の「自己中心性」を指摘している．この場合の「自己中心性」とは，自分が知っていることは当然相手も知っているはずと思い込んでいる所謂「共通の認識」のことを指す．池上(2000)は，また，日本語のコミュニケーションは，安定した形での「聞き手にとっての復元可能性」よりも，「話し手にとっての復元可能性」と「聞き手責任」という二つの要因の間の微妙なバランスの上に立って進められることがしばしばあると指摘している．池上(2000)の指摘した日本語における「話し手にとっての復元可能性」「聞き手責任」「自己中心性」などは，語用論的様式言語の特徴そのものである．

日本語と韓国語の対照研究で明らかになった両言語の特徴からも，日本語の語用論的様式言語の性格と韓国語の統語論的様式言語の性格が読み取れるものが多い．安増涣(2002)は，日本語と韓国語の能動構造と受動構造についての考察で，韓国語は視点が固定的な言語であり，常に動作主に視点が向けられる傾向があるのに対して，日本語は視点の移動が自由な言語であり，親疎関係や上下関係，内外関係，及びその他の状況に応じて視点が変わり，韓国語における単一の表現が日本語では二つの表現になることが多いと指摘している．そして日本語は受動構造が非常に発達した受動構造の言語であり，韓国語は能動構造の言語であると指摘した．

　梅田(1977)，白同善(1993)など多くの日本語と韓国語の敬語対照研究では，韓国語の絶対敬語と日本語の相対敬語を指摘している．日本語は同じ尊敬対象であっても状況・場面，つまり，上下関係，親疎関係，内外関係などによって異なる呼び方をするのに対して，韓国語の場合は基本的にそのような場面的条件の制約を受けない絶対敬語が使われる．

　李殷娥(1995)などは，日本語と韓国語の婉曲表現と挨拶表現の比較分析から韓国語は信頼度の高い「透明な言語」であり，日本語は信頼度の低い「不透明な言語」であると特徴づけている．ここでの言語の「透明性」「信頼度」とは，言語表現が分析的か非分析的か，つまり，表現とおりの解釈が可能か否かの問題であるが，日本語の語用論的様式言語の性格と韓国語の統語論的様式言語の性格が窺われる．

　林八龍(1995)，生越(2002)，金恩愛(2003)などは，日本語と韓国語の言語表現における日本語の名詞志向構造と韓国語の動詞志向構造の傾向を指摘している．例えば，日本語の「雨の日」「兄からの手紙」など名詞的表現は，韓国語では「비 오는 날」「형한테서 온 편지」のように動詞的に具体化して表現するのが普通である．名詞構造の表現はより抽象的・間接的であるのに対し，動詞構造の表現はより具体的・直接的である．その意味では名詞構造志向の日本語は語用論的様式言語の性格が強く，動詞構造志向の韓国語は統語論的様式言語の性格が強いとと言える．

　堀江(1998, 2001, 2002)は，日本語と韓国語における形式(構造)と意味の対応関係に着目して，「日本語は，単一の形式(構造)に複数の意味を対応させる傾向が強く，韓国語は，単一の形式に単一の意味を対応させる傾向が強い」(堀江, 2002:260)と述べている．例えば，日本語では述語の終止形と連体形の区別がほぼ完全に消失したが，韓国語では述語の終止形と連体形を厳密に区別している．日本語では格助詞の交替現象(たとえば主格と属格の交替)が生産的であるが，韓国語では生産的でない．本研究の第2章で，日本語の場合，構成要素の二つの配列の仕方が共存しているのに対して，韓国語ではその中の一つしか存在しない傾向がある語順現象([表2－8]と[表2－9]参照)を指摘した．また，安増煥(2002)でも韓国語における単一表現が，能動構文の発達した日本語では二つの表現になることが多い傾向が指摘された．つまり，形式(構造)と意味の対応関係において，韓国語は単一の形式に単一の意味が対応させる傾向があるのに対して，日本語は，堀江(2002)などの指摘のように単一の形式に複数の意味を対応させる傾向があるだけではなく，複数の形式に単一の意味を対応させる傾向もある．このような形式と意味の対応関係も，両言語の言語的性格の相違，つまり語用論的様式の性格と統語論的様式の性格の相違を示すものである．

　日本語の語用論的様式の性格と韓国語の統語論的様式の性格を裏付ける言語現象は，其の他にもいろいろあるが，本研究で明らかになった日本語の主語後置志向と韓国語の主語前置志向という語順特徴もその重要な根拠の一つとなる．

尾注

1 「構造的借用」(structural borrowing)について詳しくは堀江(2001：188)を参照されたい.

2 佐藤(1998：22-26), 池上(2000：139)参照.

3 詳しくは奥津(1981), 池上(2000)など参照.

4 韓国語と他言語との対照研究には, 政治的イデオロギーと社会的環境の及ぼす影響も少なくない. 例えば, 朝鮮民主主義人民共和国ではロシア語との対照研究が主流であるのに対して, 韓国では英語, ドイツ語との対照研究が多くみられる. 中国では中国語との対照研究が多い. しかし英語, ドイツ語にせよ中国語にせよ, 韓国語とは著しくタイプの異なった言語である. 一つの例として, 中国では『조선어의 민족적 특징』(1, 2, 3)(강은국 등, 1987년, 黒龍江朝鮮民族出版社)という朝鮮語の民族的特性研究シリーズが出版されたが, その「民族的特質」というものはやはり印欧諸言語や中国語に対する特徴であるようだ.

5 日本語と韓国語対照研究の概況については, 塚本(1997)などを参照されたい.

6 池上(2000：31-32)は, 有名な『現代英語文法』(A Comprehensive Grammar of the English Language, 1985)の著者の一人であるグリーンバウムが, レストランでウェイトレスに'I'm fish'と言うのを目撃したことがあると述べている. また, 「もう十数年以上も前に, 鈴木孝夫氏に当時お勤めの慶応大学の研究室で, あるフランス語の小説の中で, 登場人物が'Je suis golf'と言っているところを見せて貰ったことがある.」と述べている.

7 言語は, 右方支配型言語と左方支配型言語に分類されることがあるが, その立場から見ると英語と反対語順の言語はいくらでもあるはずである. 当然, 韓国語も英語とは鏡像関係にある.

8 「言語能力」(competence)と「言語運用」(performance)とはチョムスキーの用いた概念であるが, そもそも「言語運用」とは「言語能力」の実現であり, 言語研究で両者を切り離して考えることはできない. 本研究で敢えて両者を区別して「言語運用」の側面から語順を考察するのは, あくまでも記述の便利を図るためである. また, チョムスキーが, 言語学者が特定の言語を記述するのは，話し手の運用そのものではなく，その運用の根底にあって，それを可能にしている言語能力であるとするが，それは，ソシュールが，個人の「パロール」(parole)の 潜在体系として社会的な「ラング」 (langue)の存在を設定するのに似ている．ただ，ソシュールが言う「ラング」と「パロール」の区別には，一方で可能なものと現実のもの，他方では社会的なものと個人的なものという二つの側面があって，ラングは言語共同体の成員すべてがもつ共通のものであり，社会制度的性格が強調されるのに対して，「言語能力」は，話し手がもつ言語体系についての知識であり，より心理的性格をそなえている．

9 詳細は安藤(1986：242-255)を参照されたい．

10 三枝寿勝訳『濁流』(蔡万植著)の後書き(p.487)から引用．

11 言語類型論に関しては，佐藤(1986)，児玉(1987)，金承烈(1988)，松本(1989) などを参照されたい．

12 池上(1981a)は，言語による表現の対象となる外界の出来事は〈変化〉か〈状態〉のどちらかであり，これらを言語的に表現する形式は有限個の基本的な構造型に還元できるとの前提から出発し，(擬似)場所理論の枠組みを用いてこの構造型についての記述を行った．この作業に基づき外界の出来事を言語で描写するのに，動作主という個体に注目する捉え方と，個体が出来事に関与していても，それを出来事全体に埋没させて際立たせないようにし，全体的状況に注目する捉え方があり，どちらかの捉え方を好むかにより二つの言語類型をたてることができると指摘した．そして，英語は動作主に注目する〈する〉的な言語，日本語は全体的状況に注目する〈なる〉的な言語であると主張した．池上の理論で韓国語を見ると，韓国語は英語よりは＜なる＞的で，日本語よりは＜する＞的であると言えるかも知れない．

13 そもそも「対照言語学」と「言語類型論」とははっきりと区別できる分野ではない．一言で「言語類型論」と言っても，それが目指すところが必ずしも均質ではない．〈一般化志向的〉な類型論があれば〈分類志向的〉な類型論もあり，また，〈個別言語志向的〉なアプローチもある．これについては池上(2000：50-66)を参照されたい．

14 Givón(1979)も，言語は語用論的談話構造(Pragmatic discourse structure)から，文法化された(Grammatical grammaticalized)統語構造 に移行するという仮説を提示した．

15 Keenan(1978)は，Verb-initial型の言語は言語全体の10％もならないと言う．Hawkins(1976)の217の言語を対象とした調査では，VSO型が39，SVO型が83，SOV型が95である．

16 研究者により調査対象とする言語の数がまちまちである為に，統計数字には若干のずれがあるものの大差はない．本研究では松本(1987b)を基準にして記述を行った．

17 児玉(1987)を参照．

18 金承烈(1988：20)，徐正殊(1996：786)，竹沢・Whitman(1998：3-21)などを参照．詳細は，Chomsky, N.1981. Lectures on government and binding. Dordrecht：Foris. また，日本語などに直接言及した研究の詳細は，Hale,K.(1980)を参照されたい．

19 宮島(1964)を参照．

20 金承烈(1980)，角田(1991)を参照．

21　角田(1991)を参照.

22　金承烈(1988)は日本語と韓国語のような自由語順言語をFlat-languageと見ているHale(1980)の観点について同感を示している. 韓国語の語順をスクランブリングの規則で説明しようとする研究には, "Yang(1972), Yang(1973)がある. 日本語の語順をスクランブリング規則で説明した研究には, 竹沢・Whitman（1998:12）などがある.

23　韓国語については, 李南淳(1988), 蔡琬(1990)なども参考になる.

24　「論理的思考の原則」,「時間的順序の原則」,「言語習慣的原則」などの詳細については南宮(1999)などを参照されたい.

25　[表2-9]の名詞の複合形と副詞の複合形は, 複合語が主に名詞的働きをするか副詞的働きをするかによって分けた分類であるが, 複合名詞が副詞的機能をする場合もある. また, 複合副詞も格助詞を持ち名詞的機能をすることもある.

26　名詞複合語の場合でもあったが, 日本語では二つの配列の仕方が共存しているのに対して, 韓国語ではその中の一つしか存在しない現象が多く見られる.

27　副詞どうしの語順について野田(1984)が詳しい. そして, 成分の長さの原則と成分の指示性については佐伯(1998)などが詳しい.

28　単文の一部が拡大され節になると文全体が複文になるが, その際, 節でない部分は「主節」ではなく,「主文」と呼ばれる. 結合説の観点から複文の構造を考えると, 複文は〔従属節＋主節〕という構造になるが, 拡大説の観点から見ると, 複文は主文に節が内包される〔(節)主文〕という構造になり, これは関係節(連体修飾節)などの記述には非常に合理的であると思われる. しかしその反面, 埋め込み節(名詞節)などの記述にはあまり適してない一面もある.

29　南(1974,1993)では,「文に似ている部分」と呼んでいる.

30　日本語や韓国語の場合, 述語が文の中核成分となるために述語だけで文として成り立つ. すると所謂「述語を中心としたまとまり」には述語単独の場合も含まれるはずである. その際, 従属節は主節に従属されるために主節を修飾することが多いが, 複文の従属節と単文の修飾成分の区別が難しくなる. 節を「拡大された成分」と見る場合も同じである. また, 単に文に近い形をしている部分を含んでいるかどうかで複文を画定すると,「毎朝の一時間の散歩が私の健康の秘訣です」の文で,「毎朝の一時間の散歩」が節でないので単文になり,「毎朝一時間散歩するのが私の健康の秘訣です」の文では,「毎朝一時間散歩するの」が節なので複文になってしまうが, 二つの文(単文と複文)の文としての機能と意味には違いがない.

31　과학원언어문학연구소(1963), 최윤갑(1980), 김영황(1983)など朝鮮　民主主義共和国と中国の韓国語研究で多く見られる.

32　韓国語の複文の節の詳細については, 서정수(1996), 최재희(1997), 권재일(1985)を参照されたい.

33　ここでの大きさは, 頁数で表したものある. 括弧内の数値は原文の頁数で, 括弧のつけてない数値が実際調査した範囲である. 以下同様.

34　韓国語から日本語への翻訳の場合はab型がAB型に，ba型がBA型に翻訳される．記述の便
　　利を図るために一々説明しないが，AB/ba型とはABがbaと対応する意味で使う．そのため
　　めに文脈によって，AB/ba型はba/AB型も表す．

35　勿論，ここでいう「文体的」特徴とは，日本語と韓国語を比較対照するときの日本語に対す
　　る，或いは韓国語に対する相対的なものである．

36　そのときの情報には，話し手の主観的意図によって作られた意識の中の「仮の文脈(心理的文
　　脈)」も含まれる．主語の後置には，状況を先に述べようとする話し手の意図もある．

37　池上(1983：10-11)を参照．

38　ここで言う主語の意味機能的役割の退化とは，表層的に従属節における主語の役割の弱
　　体化を指す．主語が頻繁に後置されることにより，表層的に従属節に対する支配が感じ
　　られなくなり，文脈から従属節との統語的関係が読みとれることになる．

39　「引用表現」を使うことには，用語の混乱を避けるという意味以外に，本研究が引用の統
　　語・構文論的研究より表現論的研究の色彩を含んでいるという意味も込められている．

40　佐伯(1998)によると，樺島忠夫(1954)の「倒置法の一効果−文の要素の分凝より−」(『国
　　語国文』12月,京都大学)でも引用の語順について言及しているようだが，残念ながら現時点
　　でその資料が入手できていない．

41　ここで言う「非典型的引用」とは(3)(4)のような引用表現を指す．また，一般的に引用動詞
　　と言えば(1)(2)のような発話動詞，思考動詞，認知動詞などをさすことが多く，(3)(4)の
　　表現は引用動詞が省略されたものであるとする見方が多いようだが，藤田(1988)などはそ
　　れを引用動詞の省略と見ていない．典型的な引用動詞と(3)(4)のような非典型的な引用表現
　　の動詞は本質的な違いがあるが，本章では語順を問題にするために(3)(4)の動詞も広い意
　　味での引用動詞と呼ぶことにする．

42　佐伯(1975b)は，同じ方法で格成分の語順傾向を「位格(トキ＞トコロ)＞主格＞与格＞対
　　格」のように設定しているが，徳永(2000)は計算機用日本語辞書の結合価情報から格の優
　　先順位を計算して，佐伯の研究の妥当性を検証した．

43　宮島(1964)の調査対象は，五部門(①評論・芸文12誌，②庶民14誌，③実用・通俗科学
　　15誌，④生活・婦人14誌，⑤娯楽・趣味35誌)90種の雑誌の，昭和31年1月号から12月
　　号までの本誌・増刊号および付録の本文である．ここで佐伯の言う「一般的な傾向」とは，宮
　　島の五部門全体の数字から見る語順傾向を指す．宮島(1964)の調査の範囲，量のことなど
　　を勘案すると，その調査結果が日本語全般を代表するものと考えることができる．本章で
　　は「一般」という表現を，宮島(1964)の五部門全体の数字を指す場合のほかに，ジャンル
　　を限定しない「日本語全般」，或いは「韓国語全般」という意味で使う．なお，宮島の調査資
　　料五部門の中，第一層の「評論・芸文」には，『群像』，『芸術新潮』，『新潮』，『文芸』，『別冊
　　文芸春秋』など含まれ，佐伯や筆者の小説ジャンルに近いと思われる．

44　日本語と韓国語の現代小説をそれぞれ10篇ずつ選び，各篇から地の文約1万字(韓国語は音
　　節)をスキャナで電子テキスト化して使用した．テキストは，長編の場合100頁目，短編の場
　　合10頁目から括弧付き会話文を含まない地の文1万字にした．ただし，引用表現をカウント

する際は括弧付き会話文を入れるが，長短に関係なく括弧に括られた全体を1つに計算する．Q(quotation)は引用節，Q−Sのようにダッシュ記号でつなぐ場合のSは文(sentence)を指し，SQVのように直接くっ付ける場合のSは主語(subject)を指す．Qが引用動詞を含む地の文と関係なく完全に独立して現われる場合は〈Q〉1つで，Qの前後に引用動詞を含む文があり，ただQと一つの文になっていない場合は〈Q−S〉，或いは〈S−Q〉で表す．この場合はQが単独で引用表現になる．Qが引用標示(マーク)によって引用動詞などと共に一つの文になる場合は〈QV〉，〈SQV〉，〈QSV〉のように表す．本章での主な考察対象は〈SQV〉，〈QSV〉であるが，Qの全体的分布を把握するため一緒に調査を行なった．テキストの配列は全体において引用表現(Q)の多い順に並べた．

45　日本語一般においてSQVが無標の語順であることは，日本語の類型論的特徴(SOV型言語)，言語普遍性から見る主語の位置などさまざまな側面から記述することができる．なお，三矢重松の指摘も貴重な資料となる．三矢は，『高等日本文法』(明治書院1908)の15章の2節「成分の位置」の「倒置」項で，「倒置せる方適当なる者なるが，前項の正置に対して之を倒置といふなり」とした．またそこに，「客部を始に置くもの」を設けて「「縁なき衆生は度し難し」と釈迦は説けり」，「云々と甲問へば云々と乙答ふ」など主語が引用節の後ろに置かれている例を挙げている．主語が引用節の前に置かれる語順を「正置」，つまり無標の語順と見なしているのである．また，厳密に言うと，「主語の後置」という言い方には問題がある．「主語の後置」ではなく，「引用節の前置」という見方もできるからである．この問題に関しては稿を改めて議論することにする．また，ここでの「基本語順」とは佐伯(1975a)の用語を引用したものであり，言語類型論における基本語順とは異なる概念である．概念上の混乱を避けるために本章では以下から「無標の語順」と表現する．

46　佐伯(1975，1998)，児玉(1987)，松本(1989)，野田(2000)など参照されたい．

47　「成分の長さ」の条件に関しては，Dik(1978)の「言語に依存しない構成素の優先配列」原則，Hawkins(1983)の「重さ配列原則」など参照．

48　韓国語の引用研究も主に話法と統語論という二つの側面から行なわれてきた．そして，引用節の統語論的位置づけ，引用標示の統語的機能，引用動詞の分類と意味・機能の分析など，日本語の場合と同じ問題が議論の対象となっている．また，藤田(1988)の所謂α類に関して，韓国語の場合も省略か否かという問題が提起されるが，韓国語の引用標示「hago」が形式動詞の「hada」から派生されたということは日本語の引用標示研究にも示唆を与えるものがある．つまり，日本語の所謂引用格の統語的機能にも動詞的性格があるように思われる．本章は主語と引用節の語順だけを問題にするためそれらについて触れる余裕がないので次稿に譲ることにする．韓国語の引用表現の語順に関する調査と研究は管見の限りは見当らない．

49　日本語と韓国語の引用表現が必ずしも一対一で対応するわけでもない．日本語の引用表現が韓国語では名詞的表現など異なる形で表現される(或いはその逆)場合もあり，それが引用表現の全体的数値に影響を与える可能性もあるので，これについてももっと調べてみる必要がある．

50　翻訳の態度に関して，『濁流(탁류)』の訳者三枝寿勝は訳書の後書で次のように述べている．「…(今回の翻訳に当たって)採用しようとしたのは原文にある文の要素をいちいち訳文に反映させるというやり方である．いわゆる直訳といわれ評判のよくないやり方に近いかも

しれない．　私はこのやり方で意識的にできるかぎりぎごちない日本語の表現を提示しようとした．　…双方の習慣が違っているというなら，こちら側が相手の習慣に合わせる可能性だって残されているはずである．」(『濁流』蔡万植著，講談社P 487)

51 大江健三郎の『死者の奢り』と浅田次郎の作品は短編小説である．양윤옥訳の浅田次郎の短編は『鉄道員』ほかに『ラブ・レター』，『悪魔』，『角笛にて』，『伽羅』，『うらぼんえ』，『ろくでなしのサンタ』，『オロヲン座からの招待状』が含まれ，김미란訳には『月のしずく』のほかに『聖夜の肖像』，『銀色の雨』，『琉璃想』，『花や今宵』，『ふくちゃんのジャック・ナイフ』，『ピエタ』が含まれる．

52　一つの可能性として考えられるのは翻訳者層の違いである．朝日翻訳の作品は，日韓翻訳とは比べることができないほど量的に少ない．朝鮮半島での日本語学習と使用の歴史は長く，今日も韓国には日本語学習者数が非常に多い．それが翻訳者層に大きく影響していると思われる．朝日翻訳の訳者がほとんど韓国語母語話者であるのに対して，日韓翻訳の場合は必ずしもそうではないようである．在日韓国人・朝鮮人による翻訳が多く見られるが，日本語に精通しているとしても微妙に韓国語的な発想に引きずられることが多いのではないかと思われる．筆者は，両言語の語順のズレは単に語用論的条件の問題だけでなく，もっと深い文化的な要素とも関係していると考えている．

53 引用節の統語的位置づけの詳細については森山(1988)，柴谷(1978)，藤田(1988，2000)，鎌田(2000a，2000b)などを参照されたい．

54 奥津(1970)，井上(1983)，鎌田(1983，2000a)などを参照．間接引用について，奥津(1970.4)は，「間接引用句とは直接引用文の内容を地の文の話し手の立場に翻訳した文であり，この手続きを間接化と呼ぼう」と述べている．英語とは違って，日本語と韓国語においては，直接引用と間接引用の区別が必ずしも明らかなものではない．日本語と韓国語における直接引用と間接引用の中間的ものの存在は多くの研究者によって指摘されている．本研究では，引用の同化の度合，つまり，元の発話の地の文への同化の程度によって間接引用の間接度に差があると認識している．ただし，ここで言う「同化」とは，文の話し手が元の発話(思惟・認知)を自らの立場に即して再構成していく間接化のことを指す．同化の度合は，文末構造・モダリティや主語の人称などによって判断されることが多い．

55 砂川(1978，1982)は，「私は彼が犯人だと思います」の発言に対して，聞き手が「そうでしょうか」と応じたとき，引用節を除いた「私が思う」の部分は情報としてはあまり重要でないとする．

56 修飾成分どうしの語順という場合，連体修飾成分どうしの語順，或いは，副詞的修飾成分どうしの語順，つまり，同一範疇に属する成分どうしの語順を指すことが多い．ただ，述語が文をまとめる中心的な核成分であるとすると，その述語にかかる他の成分は述語の修飾成分であるということができる．本研究では「修飾語成分どうしの語順」と「係り成分どうしの語順」を基本的に同じ意味で使うが，格成分の場合に限っては「係り成分の語順」という呼び方をもする．

57 Hawkins(1983)の「重さによる配列原則(Heaviness Serialization Principle)」(略称HSP)の用語．機能文法の立場から語順の形式特性の問題に取り組んだDik(1978)も，「言語に依存しない構成素の優先配列LIPOC(Language Independent Preferred Order of Constituents)」という語順に関する普遍原則を提案した.

58　Slobin(1979), 金承烈(1988)など参照.

59　Lehmann(1978), Slobin(1979), 金承烈(1988)など参照.

60　久野(1973)は, 目的格を表す「ガ」を認め, 「状態を表す他動詞, 他形容詞, 他形容動詞は目的語をマークする助詞として「ガ」をとる」と主張する. そして「僕がお金がほしい, 僕が花が好きだ」のような文を二重主格文と区別し, 「お金が」「花が」を目的語とみなす.

61　詳細は, 第2章の2.2.2を参照されたい.

62　国立国語研究所の統計は, 宮島(1964)を参照.

63　Hawkins(1983), 蔡琬(1988)を参照.

64　厳密な意味では「前置」と「後置」の用語を使い分けなければならないが, 本研究では主語を中心に語順を記述するために, 他の成分が主語に「前置」することも主語の「後置」という表現をする. ただし, 主語の「後置」とは, 述語の直前位置までを前提とする.

65　国立国語研究所の調査は, 90種雑誌の, 昭和31年1月から12月までの本誌増刊号および付録の本文を調査の対象としている. 資料は五部門に分類し, 一部門は評論・芸文の12誌, 二部門は庶民の14誌, 三部門は実用・通俗科学の15誌, 四部門は生活・婦人の14誌, 五部門は娯楽・趣味の35誌が含まれる. 詳細は, 宮島(1964)参照されたい.

66　ここで言う「準文法的」「非文法的」とは, 特定の文が, 文法に合うか合わないか, 文法的文であるか非文法的文であるか, という判断をするときの文法性ではない.

67　蔡琬(1986), 金承烈(1988), 中島(2000)を参照.

68　大きさはページ数で計っている. 括弧のない数字は全文を調査, 括弧付きの数字は原文の実際のページ数である. 以下も同様である.

69　実際, 本研究の対訳小説における語順調査では, 作品の発行年月が新しいほどズレが多く現れる傾向が見られた. ただ, それについてはもっと詳細な研究が必要である.

70　第4章の注52を参照されたい.

71　日本語の格成分の語順について, 佐伯(1975a)は, 「位格(トキ→トコロ)→ 主格 → 与格 → 対格」となる傾向を指摘している. 韓国語については, 李南淳(1988：175)は, 「主格 → 共同格 → 道具格 → 処格(与格)→ 対格」となる語順を基本語語順としている. これから見ると, 主語, 目的語, 間接目的語, 補語の基本語順(無標語順)は両言語とも同じであるが, 状況語の語順には微妙な違いが存在するようである.

72　仁田(1997：177)によると, 「補語」とは, 「述語の表す動きや状態や関係などの成立にとって, 非中心的に参画する構成要素, 言い換えれば, 述語が必須的に要求される要素のうち, 動きや関係などの体現主として表層に実現される要素(主語)以外の要素である」. そして, 仁田(1997)は補語を「直接補語」(一次補語)と「間接補語」(副次補語)とに分けるが, 本章の例文(15)〜(19)は仁田(1997)の「間接補語」にあたる成分である. ただ, 本研究では「目的語」という概念を使っているために, 仁田(1997)の「間接補語」から「間接目的語」だけを取り出して別の呼び方をした.

73 仁田(1997:147)は, 「状況語とは, 述語や主語や補語によって形作られた事態の成り立つ所や時や原因といった, 事態成立の外的背景や状況を表したものである」と定義している. そして状況語と副詞的修飾語(言表事態修飾語と言表態度修飾語)の区別は截然としない場合もある.

74 韓国語のカテゴリーの層状構造については野間(1997:128), 日本語のカテゴリーの層状構造については仁田(1997:142)などを参照されたい.

75 金龍(2003a)を参照されたい.

76 例文(38)の中国語の「這事阿Q后来才知道」のような文については, 目的語が前置した「倒装句」(変異語順)とみなす観点と, 「這事(その事)」を主語, 「阿Q后来才知道」を述語とした「正装句」(基本語順)とみなす観点がある. 前者は, 中国語の基本語順がSVOであるということを前提にした観点である. 中国語の基本語順がSVOであるとすれば, 当然, 例文(38)はOSVの変異語順が使われた文であると言える. しかし, 例文(38)の語順を変異語順だとするとき, 中国語の言語事実としてはそのような変異語順が多すぎる. 中国語では, 例文(38)のような「鶏我不吃」型の文が数多く存在する. 「変異」とは, 特殊な現象として扱われるべきものであるが, その「変異」が多すぎると「特殊性」が失われ, 一般的な現象となる. また, 例文(38)の語順を「変異」語順と見なすと, 「這事我不感興趣」(この事に私は興味を持っていない)のような, 構造的に(38)の「這事阿Q后来才知道」と同じであるが, 目的語を元の文末位置に戻すことのできない文(「*我不感興趣這事」)について, その理由が解釈できないのである. 一方, 後者は中国語を主題優勢(topic−prominent)言語であることを前提にした観点である. つまり, 「這事」を主語(topic), 「阿Q后来才知道」全体を述語(comment)と見なすわけであるが, この観点は, 高度の抽象性を持ち, 複雑な言語現象を概括的に説明できる利点はあるが, 逆に抽象過ぎて, 文構造の記述が曖昧な嫌いもある.

77 つまり, バイリンガルには在日韓国人・朝鮮人がほとんどであると考えられるが, 日本語に精通していながらも, どちらかと言うと韓国語的な発想にも馴染んでいるのではないかと思われる.

主要参考文獻

青山文啓(2000), 「日本語の主語をめぐる問題」, 『日本語学』19(5), 88-99.

安藤真雄(1986), 『英語の論理・日本語の論理』. 大修館書店.

李殷娥(1995), 「透明な言語・不透明な言語－韓日の婉曲表現と挨拶表現をめぐって」, 『朝鮮学報』
　　　　157, 1-46.

李基文(1974), 「日本語の系統論によせて」, 『言語』3(1), 33-40.

池上嘉彦(1981a), 『「する」と「なる」の言語学』大修館書店.

池上嘉彦(1981b), 「言語の型と文化の型」, 『言語』10(12), 36-44.

池上嘉彦(1983), 「テクストとテクストの構造」, 国立国語研究所(編)『談話の研究と教育Ⅰ』 大蔵省,
　　　　10-21.

池上嘉彦(2000), 『「日本語論」への招待』, 講談社.

石綿敏雄・高田誠(1990), 『対照言語学』おうふう.

磯部文(1994), 「かかり語順を支配するもの－意味を中心に」, 『千里山文学論集』54, 関西大学大学
　　　　院, 51-61.

市川保子(1995), 「従属度の低い従属節の主語」, 仁田義雄(編)『複文の研究(下)』くろしお出版,
　　　　265-283.

井筒勝信(2000), 「文頭位置・節頭位置の意味・機能」, 『札幌大学外国語学部紀要』52, 71-91.

井上和子(1983), 「日本語の伝聞表現とその談話機能」, 『言語』(12)11号, 113-121.

井上優・木村英樹・生越直樹(2002), 「日本語/中国語/朝鮮語研究と「対照研究」」, 国立国研究
　　　　所, 『日本語と外国語の対照研究Ⅹ　対照研究と日本語教育』くろしお出版, 131-140.

林八龍(1995), 「日本語と韓国語における表現構造の対照考察－日本語の名詞表現と韓国語の動詞
　　　　表現を中心として」, 宮地裕・敦子先生古稀記念論集刊行会(編)『宮地裕・敦子先
　　　　生古稀記念論集　日本語の研究』, 明治書院, 264-281.

浮田三郎(1993), 「挨拶表現に見られる日本的表現法」, 『広島大学留学センター紀要』4, 15-27.

氏家洋子(1996),『言語文化学の視点－「言わない」，社会言葉の力』おうふう.

内田賢徳(1985),「主語的なる現象」,『日本語学』4(10), 17-29.

楳垣実(1975),『日英比較表現論』, 大館書店.

梅田博之(1977),「朝鮮語における敬語」,『岩波講座日本語4敬語』, 岩波書店.

江口巧(2000),「日本語の後置文－情報提示の方略」,『言語文化論究』12, 九州大学大学院言語
　　　　　文化研究院, 81-93.

恵谷容子(2002),「説明文と随筆の文章における主語の省略」,『日本語教育研究』1, 早稲田大学大
　　　　　学院日本語教育研究科, 101-112.

大石俊一(1990),『「英語」イデオロギーを問う－西欧精神との格闘』, 開文社出版.

岡田正美(1899),『日本文法文章法大要』, 勉城出版.

奥津敬一郎(1970),「引用構造とその転形」,『言語研究』56, 1-25.

奥津敬一郎(1974),『生成日本文法論』, 大修館書店.

奥津敬一郎(1975),「主語とは何か－無主語文・主語省略文・有主語文をめぐって」,『言語』4(3), 11-19.

奥津敬一郎(1981),『「ボクハウナギダ」の文法－ダとノ』, くろしお出版.

生越直樹(1984),「日本語複合動詞後項と朝鮮語副詞・副詞的な語句との関係－日本語副詞指導
　　　　　の問題点」,『日本語教育』52, 55-64.

生越直樹(2002),「日本語・朝鮮語における連体修飾表現の使われ方」, 生越直樹(編),『シリーズ言
　　　　　語科学 4 対照言語学』, 東大出版社, 75-98.

呉玹定(2000),「連体修飾句の語順－動詞を中心に」,『計量国語学』22(5), 183-201.

甲斐ますみ(1998),「発話における省略とその解釈」,『世界の日本語教育』8, 257-271.

甲斐ますみ(2000),「談話における1・2人称主語の言語化・非言語化」,『言語研究』117, 71-100.

影山太郎(2000),『ケジメのない日本語』, 岩波書店.

金谷武洋(2002),『日本語に主語はいらない』, 講談社.

樺島忠夫(1965),「語順の理論と実際」,『口語文法講座 2』, 明治書院, 94-119.

鎌田修(1983),「日本語の間接話法」,『言語』12(9), 108-117.

鎌田修(1988),「日本語の伝達表現」,『日本語学』7(9), 59-72.

鎌田修(2000a),『日本語の引用』, ひつじ書房.

鎌田修(2000b),「日本語の引用」,『日本語学』19(5), 140-152.

川口義一(1978),「現代日本語のかかり成分の語順」,『国語学研究と資料 4』, 早稲田大学, 2-25.

北嶋静江(1977),「日本語朝鮮語対照研究の展望」,『朝鮮学報』85, 1-13.

北原保雄(1975),「日本語の主語－三上文法の再評価のために－」,『言語』4(3), 3-10.

北原保雄(1982),「日本語の特質」,『言語』11(7), 38-44.

金仁炫(2004),『韓・日語の対照研究と日本語教育』, 語文学社.

金恩愛(2003),「日本語の名詞志向構造(nominal-oriented structure)と韓国語の動詞志向(verbal-
　　　　　oriented structure)構造」,『朝鮮学報』188, 1-83.

金東俊(1997),「韓国人の日本語観」, 国立国語研究所(編),『日本語と朝鮮語(上巻)』くろしお出版,
　　　　　143-150.

金珍娥(2004),「韓国語と日本語のturnの展開から見たあいづち発話」,『朝鮮学報』191, 1-28.

金田一春彦(1975),『日本人の言語表現』, 講談社.

金田一春彦(1981),『日本語の特質』, 日本放送出版協会.

金仁炫(2004),『韓・日語の対照研究と日本語教育』, 語文学社.

金龍(2000),「日本語・朝鮮語の語順に関する対照研究－主語の位置を中心に」, 広島大学大学院国際協力研究科修士論文.

金龍(2003a),「日本語の複文における主語の出現位置について－韓国語と比較する場合の特徴」,『日本学報』54, 33-46.

金龍(2003b),「語順から見た日本語らしさ－朝鮮語との比較の視点から」,『東アジア言語研究』 6, 39-54.

金龍(2004),「日本語における主語と引用句の語順について－日本語と朝鮮語の現代小説対訳本の比較を中心に」,『国際協力研究誌』10(2), 49-65.

京都大学人類学研究会編(1974),『目で見る人類学』(第二版)ナカニシヤ出版.

工藤浩・小林賢次・仁田義雄等(1993),『日本語概説』ひつじ書房.

久野暲(1973),『日本文法研究』, 大修館書店.

久野暲(1977),「日本語の主語の特殊性」,『言語』6(6), 11-18.

久野暲(1978),『談話の文法』, 大修館書店.

熊代敏行(2002),「日本語の「に－が」構文と分裂主語性」, 西村義樹(編),『認知言語学I：事象構造』, 東京工学出版社, 243-260.

グロータース, W. A.(1985),「日本語に特色などない」, 日本語国語学会(編),『外から見た日本語, 内から見た日本語』, 武蔵野書院.

権奇洙(2005),『韓・日両国後語の受動表現の対照研究』, J&C.

小池清治(2000),「形容詞の語順」,『言語』29(9), 28-34.

児玉徳美(1987),『語順の普遍性』, 山口書店.

佐伯哲夫(1975a),「かかり語順の文体論的考察」,『国語国文』1, 15-34.

佐伯哲夫(1975b),『現代日本語の語順』, 笠間書院.

佐伯哲夫(1983),「意味と語順」,『日本語学』2(12), 30-38.

佐伯哲夫(1998),『要説日本文の語順』, くろしお出版.

崎山理(1992),「言語と文化のかかわり方－普遍的現象と個別的現象」,『日本語学』11(3), 4-11.

佐藤昭裕(1986),「言葉の類型－言語類型論」, 西田竜雄編,『言語学を学ぶ人のために』, 世界思想社, 176-197.

佐藤茂男(1998),「日本人の歪んだ日本語観－外国語教育の在り方を考える」,『東北学院大学論集(人間・言語・情報)』120, 111-165.

佐藤茂男(1999),「日本人の日本語観の発生起源を探る」,『東北学院大学論集(人間・言語・情報)』123, 35-55.

柴谷方良(1978),『日本語の分析－生成文法の方法』, 大修館書店.

柴谷方良(1981),「日本語は特異な言語か」,『言語』10(12), 46-53.

柴谷方良・影山太郎・田守育啓(1982),『言語の構造, 意味・統語篇－理論と分析』, くろしお出版.

柴谷方良(1989),「主題と主語」,『講座　日本語と日本語教育4文法・文体(上)』, 97-126.

鄭恵先(2002),「日本語と韓国語の人称詞の使用頻度」,『日本語教育』114, 30-39.

白川博之(1986),「連体修飾節の状況提示機能」,『言語学論叢』5, 筑波大学一般応用言語学研
　　　　　究室, 1-15.

鈴木重幸(1975),「主語の問題点」,『言語』4(3), 21-27.

鈴木孝夫(1985),「日本語の抽象性・具体性」,『言語』14(12), 50-53.

鈴木孝夫(1987),『ことばの社会学』, 新潮社.

砂川有里子(1987),「引用文の構造と機能－引用文の三つの類型について」,『文芸言語研究(言語篇)』
　　　　　13, 73-91.

砂川有里子(1988a),「引用文の構造と機能(その二)－引用句と名詞句をめぐって」,『文芸言語研究
　　　　　(言語篇)』14, 75-91.

砂川有里子(1988b),「引用文における場の二重性について」,『日本語学』7(9), 14-29.

砂川有里子(1989),「引用と話法」,『講座日本語と日本語教育4　日本語の文法・文体(上)』, 明治
　　　　　書院, 355-387.

砂川有里子(1990),「主題の省略と非省略」,『文芸言語研究』18, 15-34.

砂川有里子(1995),「日本語における分裂文の機能と語順の原理」, 仁田義雄(編),『複文研究(下)』,
　　　　　くろしお出版, 353-388.

高原脩(1980),「語順倒置の語用論的機能」,『神戸外大論叢』31(4), 1-28.

高見健一(1995),『機能的構文論による日英語比較　－受身文, 後置文の分析』, くろしお出版.

竹沢幸一・John Whitman(1998), 中右実(編),『日英比較選書9格と語順と統語構造』, 研究社.

竹中憲一(1988),「中国と日本語における字順の逆転現象」,『日本語学』7(10), 55-64.

田中克彦(1989),『国家語をこえて』, 筑摩書房.

田中春美・田中幸子(1996),『社会言語学への招待』, ミネルヴァ書房.

玉村文郎(1998),「対照研究と日本語学」, 玉村文郎(編),『新しい日本語研究を学ぶ人のために』, 世
　　　　　界思想社.

千野栄一(1975),「日本語と日本人」,『言語』4(1), 11-18.

塚田浩恭(2001),『日英語の主題, 主語そして省略』, リーベル出版.

塚本勲(1997),「日本の朝鮮語観－体験をふまえて」, 国立国語研究所(編),『日本語と朝鮮語(上巻)』,
　　　　　くろしお出版, 117-142.

塚本勲(1976),「日朝比較表現論」, 国立国語研究所(編),『日本語と日本語教育(文字・表現篇)』
　　　　　89-102.

塚本秀樹(1986),「数量詞の遊離について－日本語と朝鮮語の対照研究」,『朝鮮学報』, 119・120,
　　　　　33-69.

塚本秀樹(1993),「複合動詞と格支配－日本語と朝鮮語の対照研究」, 仁田義雄(編),『日本語の格
　　　　　をめぐって』, くろしお出版, 225-246.

塚本秀樹(1995),「膠着言語と複合構造－特に日本語と朝鮮語の場合」, 仁田義雄(編),『複文の

研究(上)』, くろしお出版, 63-85.

塚本秀樹(1997), 「日本語と朝鮮語の対照研究」, 国立国語研究所(編), 『日本語と朝鮮語(上巻)』, くろしお出版, 37-50.

角田太作(1991), 『世界の言語と日本語』, くろしお出版.

角田太作(1992), 「日本語と日本文化についての覚え書き」, 『日本語学』11(3), 12-24.

徳永健伸(2000), 「結合情報を用いた語順の推定」, 『言語』29(9), 68-75.

外山滋比古(1985), 「文化的省略」, 『言語』14(12), 46-49.

中島平三(2000), 「語順から言語能力と言語運用を考える」, 『言語』29(9), 48-53.

中村敬(1989), 『英語はどんな言語か－英語の社会的特性』, 三省堂.

仁田義雄(1997), 『日本語文法研究序説』, くろしお出版.

仁田義雄(2002), 『新日本語文法選書3副詞的表現の諸相』, くろしお出版.

仁田義雄(2004), 「意志性から見た主語」, 『言語』33(2), 41-49.

野田時寛(1999), 「複文研究メモ(3)－連体節・連用節」, 『人文研紀要』34, 21-45.

野田時寛(2000), 「複文研究メモ(4)－単文と複文の連用成分」, 『人文研紀要』39, 169-192.

野田尚史(1984), 「副詞の語順」, 『日本語教育』52, 79-90.

野田尚史(1996), 『「は」と「が」』, くろしお出版.

野田尚史(2000), 「語順を決める要素」, 『言語』29(9), 22-27.

野田尚史・益岡隆志等(2002), 『日本語の文法4 複文と談話』, 岩波書店.

野田尚史(2002), 「主語と主題－複合的な概念である「主語」の解体に向けて」, 『言語』31(6), 38-49.

野田尚史(2004), 「見えない主語を捉える」, 『言語』33(2), 24-31.

野間秀樹(1993), 「現代朝鮮語의 接続形 <-다가>에 対하여」, 『朝鮮 学報』149, 1-62.

野間秀樹(1997), 「朝鮮語の文の構造について」, 国立国語研究所(編), 『日本語と朝鮮語(下巻)』, くろしお出版, 103-138.

架谷真知子(1991), 「日本語の主語と目的語の省略－学習者の習得過程」, 『日本語学』10(1), 65-74.

長谷川信子(1999), 『生成日本語学』, 大修館書店.

浜田敦(1969), 「尊敬と謙譲」, 『国語国文』38(11), 1-11.

林部英雄(1986), 「日本語における語順の決定について」, 『横浜国立大学教育紀要』26.

ハリデー, M.A.K.(2001), 山口登・筧寿雄　訳, 『機能文法概説－ハリデー理論への誘い』, くろしお出版.

半沢幹一(1997), 「文体から見た日本語らしさ」, 『日本語学』16(7), 43-52.

朴在権(1997), 『日本語・韓国語の格助詞の比較研究』, 勉城社.

白同善(1993), 「絶対敬語と相対敬語－日韓敬語法の比較－」, 『世界の日本語教育』3, 195-207.

平川八尋(1988), 「主語省略の再生メカニズムにおける日本人と外国人日本語学習者の相違」, 『日本語と日本文学』11, 1-8.

広瀬幸生(1988), 「言語表現のレベルと話法」, 『日本語学』7(9), 4-13.

広瀬幸生(1988), 「私的表現と公的表現」, 『文芸言語研究(言語篇)』14, 37-56.

深見兼孝(2000), 「現代朝鮮語における連続した2形容詞の語順について－現代日本語についての同様の研究結果と対照して」,『広島大学留学生センター紀要』10, 17-29.

福地肇(1983),「語順にみられる談話の原則」,『言語』12(12), 48-57.

藤井洋子(1995),「日本語の語順逆転について－会話の中の情報の流れを中心に－」, 高見健一編,『日英語の右方移動構文』, ひつじ書房.

藤田保幸(1983),「従属句「～カ(ドウカ)」の述部に対する関係構成」,『日本語学』2(2), 76-83.

藤田保幸(1986),「文中引用句「～ト」による「引用」を整理する－引用論の前提として」, 宮地裕編,『論集日本語研究(一)現代編』, 明治書院.

藤田保幸(1988),「「引用」論の視界」,『日本語学』7(9), 30-45.

藤田保幸(1996),「引用研究と「メタ言語」の概念」,『日本語学』15(11), 44-52.

藤田保幸(2000),『国語引用構文の研究』, 和泉書院.

堀江薫(1997),「構文から見た日本語らしさ」,『日本語学』16(7), 14-22.

堀江薫(1998),「コミュニケーションにおける言語的・文化的要因－日韓対照言語学の観点から」,『日本語学』17(11), 118-127.

堀江薫(2001),「膠着語における文法化の特徴に関する認知言語学的考察：日本語と韓国語を対象に」, 山梨正明他(編),『認知言語学論考1』, ひつじ書房, 185-226.

堀江薫(2002),「日韓両語の補文構造の認知的基盤」, 大堀寿夫(編),『シリーズ言語科学3 認知言語学Ⅱ：カテゴリー化』, 東大出版社, 255-276.

許卿姫(1991),「韓国語話者の日本語」,『日本語学』10(5), 94-102.

本城二郎(2002),「スラブ語比較語順論－前依辞の配列と機能を中心として」,『ニダバ』31, 21-30.

マーチン, S.E.(1985),「日本語の将来(講演)」, 日本国語学会(編),『外から見た日本語, 内から見た日本語』, 武蔵野書院.

益岡隆志・田窪行則(1992),『基礎日本語文法 改訂版』, くろしお出版.

町田健(1999),『言語学が好きになる本』研究社.

松本克己(1987a),「日本語の類型論的位置づけ」,『言語』16(8), 42-52.

松本克己(1987b),「語順のタイプとその地理的分布－語順の類型論的研究：その1」,『文芸言語研究(言語篇)』12, 1-20.

松本克己(1989),「語順のタイプと線状化の原理－語順の類型論的研究：その2」,『文芸言語研究(言語篇)』15, 1-40.

三浮つとむ(1976),『日本語はどういう言語か』, 講談社.

三尾砂(1965),「主語・総主・題目語・対象語」,『口語文法講座』, 明治書院, 141-164.

三上章(1953),『現代語法序説』, くろしお出版.

三上章(1970),『文法小論集』, くろしお出版.

南不二男(1974),『現代日本語の構造』, 大修館書店.

南不二男(1975),「「主語」の周辺」,『言語』4(3), 29-33.

南不二男(1993),『現代日本語文法の輪郭』, 大修館書店.

南不二男(1997),『現代日本語研究』, 三省堂.

三宅知宏(2004),「敬意から見た主語」,『言語』33(2), 62-67.

三矢重松(1908), 『高等日本文法』, 明治書院.

宮地裕(1984), 「倒置考」, 『日本語学』3(8), 75-86.

宮島達夫(1962), 「かかりの位置」, 『計量国語学』23, 3-11.

宮島達夫(1964), 「助詞・助動詞の用法」, 国立国語研究所編, 『現代雑誌九十種の用語用字』第
　　　　　　三分冊, 69-239.

村田美穂子(1997), 『助詞「は」のすべて』, 至文堂.

メイナード, 泉子・K(1993), 『会話分析』, くろしお出版.

メイナード, 泉子・K(1997), 『談話分析の可能性』, くろしお出版.

森下喜一・池 景来(1992), 『日・韓語対照言語学入門』, 白帝社.

森田富美子(1994), 「連接された2形容詞の語順－調査報告」, 『東海大学紀要　留学生センター』14.

森田良行(1985), 「動詞慣用句」, 『日本語学』4(1), 37-44.

森田良行(1995), 『日本語の視点』, 創拓社.

森田良行(2000), 『日本語文法の発想』, ひつじ書房.

森本順子(1994), 『話しての主観を表す副詞について』, くろしお出版.

森本順子(2000), 「副詞の現在」, 『日本語学』19(5), 120-129.

森山卓郎(1988), 『日本語の動詞述語文の研究』, 明治書院.

森山卓郎(1992), 「文末思考動詞「思う」をめぐって－文の意味として主観性・客観性」, 『日本語学』11(9),
　　　　　　105-116.

矢沢真人(1992), 「格の階層と修飾の階層」, 『文芸言語研究(言語篇)』21, 53-67.

安本美典(1991), 「日本語の類型論的特性」, 『日本語学』10(5), 23-31.

柳父章(1979), 『比較日本語論』, 日本翻訳家養成センター.

柳父章(2003), 『日本語をどう書くか』, 法政大学出版局.

山岡政紀(2000), 『日本語の述語と文機能』, くろしお出版.

山中桂一(1988), 『日本語のかたち－対照言語学からのアプローチ』, 東京大学出版社.

油谷幸利(1992), 「文末表現の語順　－丁寧・否定・過去」, 『言語』21(3), 46-51.

尹鎬淑(1998), 「近代日・韓両語における受身表現の対照研究－新聞を中心として」, 『朝鮮学報』
　　　　　　168, 39-92.

渡辺吉鎔・鈴木孝夫(1981), 『朝鮮語のすすめ－日本語からの視点－』, 講談社.

渡辺吉鎔(1987), 「韓日語文法対照研究の諸問題」, 『日本語学』6(10), 67-75.

강범모(1999), 『한국어의 텍스트 장르와 언어 특성』, 고려대학교 출판부.

康寿彦(1989), 『韓国語와 英語의 比較研究』, 翰信文化社.

과학원 언어문학연구소(1963), 『조선어문법 2』, 과학원출판사.

권재일(1985), 『국어 복합문 구성 연구』, 집문당.

김귀화(1994), 『국어의 격 연구』, 한국문화사.

김상혁(1995), 「기본어순과 사격성을 이용한 한국어의 부분 자유어순 처리에 관한 연
　　　　　　구」, 『경주전문대학논문집』 9.

김수태(1999), 『인용월연구』, 부산대학교출판부.

김승렬(1988), 『国語語順研究』, 翰信文化社.

김승렬(1990), 「VOB原則」, 『韓国語学新研究』, 翰信文化社, 261-274.

김영황(1983), 『문화어문장론』, 김일성종합대학출판사.

김영희(1997), 「한국어 비우기 현상」, 『国語学』 29, 171-198.

김용(1988), 『조선어 성구의 특성』, 연변대학 석사학위논문.

김용(1993), 「성구와 자유로운 단어결합」, 『중국조선어문』 63, 21-23.

김용하(1999), 『한국어 격과 어순의 최소주의 문법』, 한국문화사.

金銀淑(2003), 『일·한 양언어의 복문에 관한 연구』, 보고사.

김정남(1998), 「국어의 생략현상에 대한 반성－동사구 내포문에서의 주어 삭제를 중심
　　　　　으로－」, 『国語学』 32, 201-215.

김종택(1973), 「語順変換에 따른 表現価値의 変換에 関한 研究」, 『大邱教大論文集(人
　　　　　文·社会科学篇)』 9(1), 74-95.

김진호(2000), 『국어 특수조사의 동사·의미 연구』, 도서출판 역락.

南宮良錫(1999), 「現代中国語 語順 決定要因의 考察」, 中国語文論 叢』 17(1), 115-146.

노석기(1990), 「우리말 담화의 결속 관계 연구」, 『한글』 208.

박승빈(1932), 『朝鮮語語学講義要旨』, 朝鮮語語学研究会.

森本勝彦(2004), 『한국어와 일본어의 양태에 관한 대조 연구』, 제이앤씨.

서정수(1990), 『국어 문법의 연구 Ⅱ』, 한국문화사.

서정수(1996), 『현대 국어 문법론』, 한양대학교출판원.

성기철(1992), 「국어 어순 연구」, 『한글』 218, 101-138.

손남익(1995), 『국어부사연구』, 박이정출판사.

신서인(2007), 「한국어의 어순변이 경향과 그 요인에 대한 연구」, 『국어학』 50.

신선경(1986), 「인용문의 구조와 형분류」, 『국어연구』 73, 23-34.

안명철(2001), 「이중주어 구문과 구－동사」, 『国語学』 38, 181-207.

안증환(2002), 『능동구조의 한국어와 피동구조의 일본어』, 제이앤씨.

양명희(1994), 「국어 대용어의 특성과 기능」, 『국어학』 24, 259-289.

이광호(1988), 『国語 格助詞 '을/를'의 研究』, 国語学会.

이기갑(1989), 「한국어의 어순뒤섞기와 용인성 측정법」, 『어학연구』 25(1), 141-150.

이남순(1988), 『国語의 不定格과 格標識 省略』, 탑출판사.

이미숙(2005), 『한·일어 대조연구』, 제이앤씨.

이상복(1983), 「한국어의 인용문 연구」, 『말』 1, 연세대.

이윤표(1997), 『韓国語 空範疇論』, 태학사.

이은경(2000), 『국어의 연결어미 연구』, 태학사.

이익섭(2003), 『국어 부사절의 설립』, 태학사.

이익섭·임홍빈(1983), 『국어문법론』, 학연사.

이필영(1995), 『국어의인용구문연구』, 탑출판사.

이정택(2000), 「우리말 어순 발견의 원리」, 『한말연구』 7.

이홍식(2000), 『국어 문장의 주성분 연구』, 월인.

이희자(1994), 「국어의 '주제부/설명부' 구조 연구」, 『국어학』 24, 319-351.

임유종(1999), 『한국어 부사 연구』, 한국문화사.

우순조(1996), 「자유어순 언어의 형상성」, 『언어』 21(3).

유길준(1909), 『大韓文典』, 隆文館.

유동석(1986), 「국어의 目的語移動과 主題化」, 『국어학신연구』, 65-78.

兪長玉(2005), 「한·일 양국어의 수종표현에 관한 대조연구」, 제이앤씨.

장광군(1999), 『한국어의 연결어미의 표현론』, 월인.

전정례(1995), 「국어의 어순과 통사적 제약」, 『한말연구』 1.

全在昊·洪思滿(2005), 『한·일언어문화대조연구』, 도서출판 역락.

전학석, 강은국 등(1986), 『조선어 민족적 특질(1)(2)(3)』, 흑룡강조선민족출판사.

정희자(1998), 『담화문법』, PUFS.

정연창(2002), 『담화기능론』, 한국문화사.

정재형(1991), 「국어의 어순과 초점에 대하여」, 『우리말연구』 1.

鄭炳南(2004), 「한·일어의 접속표현 대조연구」, 어문학사.

최규수(1999), 『한국어 주제어와 임자말 연구』, 부산대학교출판부.

최윤갑(1980), 『현대조선어문법』, 료녕인민출판사.

최재희(1997), 「국어 종속 접속의 통사적 지위」, 『한글』 238(12), 119-144.

채완(1986), 『国語 語順의 研究』塔出版社.

채완(1990), 「国語 語順의 機能的 考察」, 『同大論叢』 20(1), 103-119.

클라우스 브링커(1994), 『텍스트언어학의 이해』, 이성만 옮김, 한국문화사.

홍사만(2002), 『한·일어 대조분석』, 도서출판 역락.

홍종선(1990), 『国語体現化構文의 研究』, 高麗大学校民族文化 研究所.

曹聪孫(1996), 「語言類型学与漢語的SVO和SOV之争」, 『天津師大学報』 8, 75-80.

鄧思穎(2000), 「自然語言的詞序和短語結構理論」, 『当代語言学』 2(3), 138-154.

董爲光(2004), 「漢語時間順序的認知基礎」, 『当代語言学』 6(2), 110-114.

胡裕樹·陸丙甫(1987), 「関於制約漢語語序的一些因素」, 『第二届国際漢語教学討論会
　　　　　　論文選』, 北京語言学院出版社.

李臨定(1985), 「主語的語法地位」, 『中国語文』 No.5, 62-70.

廖秋忠(1984), 「≪語言的共性与類型≫(Comrie)述評」, 『国外語言学』 No. 4 .

陸丙甫(2005), 「語序優勢的認知解釈(上, 下) 論可別度对語序的影響」, 『当代語言学』 7(1).

潘海華·梁昊(2002), 「優選論与漢語主語的確認」, 『中国語文』 No.1, 3.

栄晶(2000), 「漢語語序研究的理論急考及其考察」, 『語言文字应用』 No.3, 25-30.

石毓智(2002), 「論語言的基本語序对其語法系統的影響」, 『外国語』 No.137.

唐正大(2006), 「与関係従句有関的三条語序類型原則」, 『中国語文』 No.5, 409-422.

呉為章(1995),「語序重要」,『中国語文』No.6, 429-436.

文煉・胡附(1984),「漢語語序研究中的幾個問題」,『中国語文』No.3, 161-165.

小川泰生(1997),「日漢翻訳時的主語省略問題」, 柳英緑, 金基石主編,『対外漢語教学的
　　　　理論与実践』延辺大学出版社, 371-380.

張宜生・張愛民(1996),「漢語語序研究要略」,『江蘇社会科学』No.3, 109-112.

Comrie, Bernard. 1989. *Language Universals and Linguistic Typology*. Chicago：U
　　　　of Chicago P. (松本克己・山本秀樹訳,『言語普遍性と言語類型論』, ひつじ
　　　　書房)

Dik, S. C. 1978. *Functional Grammar*. Amsterdam：North-Holland.

Givón, T. 1979. *On Understanding Grammar*. New York：Academic Press.

Gee, J. P. 1993. *An introduction to human language：Fundamental concepts in
　　　　linguistics*. New Jersey：Prentice Hall.

Greenberg, J. H. 1963. Some universals of grammar with particular reference to
　　　　the order of meaningful elements, in Greenberg (ed.), *Universals of
　　　　Lan- guage*, 73-113. Mass：MIT P. (陸丙甫・陸致極訳, 某些主要和語序
　　　　有関連的語法普遍現象,『国外語言学』, 1984, No.2)

Gundel, J. K. 1988. Universals of Topic-Comment sturcture, in M. Hammond et
　　　　al, (eds.), *Studies in Syntactic Typology*. Amsterdam：John Benjamins,
　　　　209-239.

Hale, K. 1980. on Japanese phrase structure：Comments on the papers on
　　　　Japanese syntax. In. and A. (eds.), *Theoretical Issues in Japanese
　　　　Linguistics, MIT Working Papers in Linguistics Vol.2*. 185-203.
　　　　Department of Linguistics and Plosophy, Cambridge Mass：MIT.

Hawkins, J. A. 1983. *Word Order Universals*. New York：Academic Press.

Keenan, E. L. . The syntax of subject-final languages, in Winfred P. Lehman,
　　　　(ed.), *Syntactic Typology Studies in the Phenomenology of Language*.
　　　　Sussex：The Harvester Press, 267-326.

Lehmann, W. P. 1973. A structural principle of language and its implications.
　　　　Language 49, 47-66.

Lehmann, W. P. 1978. *Syntactic Typology*. Austin Texas：University of Texas
　　　　Press.

Li, C. N. & Thompson, S. A. 1976. Subject and topic：A new typology of Language,
　　　　in C. N. Li(ed), *Subject and Topic*. York：Academic Press, 458-489.
　　　　(李谷城抄訳, 主語与主題：一種新的語言類型学,『国外語言学』, 1984,
　　　　No.2)

Lindsay J. Whaley. 1997. *Introduction to typology：The unity and diversity of*

　　　　　language. Newbury Park：Sage.（大堀寿夫・古賀裕章・山泉実 訳『言語
　　　　　類型論入門 言語の普遍性と夢様性』, 岩波書店, 2006年）
Ross, J. R. 1967. *Constraints on Variables in Syntax.* Diss., Cambridge Mass：
　　　　　MIT.
Slobin, D.I. (1979). *Psycholingustics*(2nd edition). Glenview IL：Scott Foresman
　　　　　and Co.
Shibatani, M. 1990. *The Languages of Japan.* Cambridge：Cambridge University
　　　　　Press.
Tesnière, L. 1959. *Éléments de syntaxe structurale.* Klincksieck, Paris.
Thomason, S. G, & Kaufman, T. 1988. *Language Contact, Creolization, and Genetic
　　　　　Linguistics.* Berkeley and Los Angeles：University of California Press.
Tomlin, R.S. 1986. *Basic Word Order：Functional Principles.* London：Croom
　　　　　Helm.
Vennemann, T. 1974. Topics, subjects, and word order：From SXV to SVX via
　　　　　TVX, in Anderson, J.M. and Jones, C.(eds), *Historical Linguistics,*
　　　　　North- Holland Linguistic Series 12. Amsterdam：North-Holland,
　　　　　339-376.
Weil, H. 1887. *The Order Of Words in the Ancient Languages Compared with That
　　　　　of the Modern Languages.* Boston. Translated by Super, Charles W.
　　　　　Boston. Amsterdam：J. Benjamins, 1978.
Yang, I.S. 1972. *Korean Syntax.* Ph.D. dissertation, University of Hawaii.
Yang, D.W. 1973. *Topicalization and Relativization in Korean.* Ph.D. dissertation,
　　　　　Indiana University.

用例採集文獻

⊙ 中国語原文小説と訳本

戴厚英, 『人啊, 人！』
　　　日本語訳, 『ああ, 人間よ』(大石智良, サイマル出版会, 1988)
　　　韓国語訳, 『사람아 아, 사람아!』(신영복, 다섯수레, 1991)
魯迅, 『故郷』
　　　日本語訳, 『故郷』(竹内好, 『魯迅』, 河出書房新社, 1980)
　　　韓国語訳, 『고향』(윤화중/강계철, 学園社, 1983)
魯迅, 『阿Q正伝』
　　　日本語訳, 『阿Q正伝』(竹内好, 『魯迅』, 河出書房新社, 1980)
　　　韓国語訳, 『阿Q正伝』(윤화중/강계철, 学園社, 1983)
　　　　　　　　『阿Q正伝』(김준배, 학문사, 1995)
茅盾, 『子夜』
　　　日本語訳, 『夜明け前』(竹内好, 平凡社, 1963)
　　　韓国語訳, 『칠흙같이 어두운 밤도』(김하림, 한울, 1986)
莫言, 『紅高粱』
　　　日本語訳, 『赤い高粱』(井口晃, 徳間書店, 1989)
　　　韓国語訳, 『붉은 수수밭』(심혜영, 문학과지성사, 1997)
余華, 『活着』
　　　日本語訳, 『活きる』(飯塚容, 角川書店, 2002)
　　　韓国訳, 『살아간다는 것』(백원담, 푸른숲, 1997)
周衛慧, 『上海宝貝』
　　　日本語訳, 『上海ベイビー』(桑島道夫, 文芸春秋, 2001)
　　　韓国語訳, 『상하이 베이비』(김희옥, 집영출판사, 2002)

⊙ 日本語原文小説と訳本

芥川龍之介，『羅生門』，『라쇼몽』(다락원출판부, 1998)
　　　　　　　　　　『나생문』(박진배, 도서출판 인덕, 1999)
　　　　　　　　　　『나생문』(김욱/박지영, 문예춘추,2001)
芥川龍之介，『杜子春』，『두자춘』(다락원출판부, 1998)
　　　　　　　　　　『두자춘』(박진배, 도서출판 인덕, 1999)
　　　　　　　　　　『두자춘』(김욱/박지영, 문예춘추, 2001)
浅田次郎，『月のしずく』，『달빛 방울』(김미란, 문학동네, 2002)
浅田次郎，『聖夜の肖像』，『성야의 초상』(김미란, 문학동네, 2002)
浅田次郎，『銀色の雨』，『은빛 비』(김미란, 문학동네, 2002)
浅田次郎，『琉璃想』，『류리에 대한 추억』(김미란, 문학동네, 2002)
浅田次郎，『花や今宵』，『꽃과 밤』(김미란, 문학동네, 2002)
浅田次郎，『ふくちゃんのジャク・ナイフ』，『후쿠짱의 잭 나이후』(김미란, 문학동네, 1999)
浅田次郎，『ピエタ』，『페에타』(김미란, 문학동네, 2002)
浅田次郎，『鉄道員』，『철도원』(양윤옥, 문학동네, 1999)
浅田次郎，『ラブ・レター』，『철도원』(양윤옥, 문학동네, 1999)
浅田次郎，『悲魔』，『철도원』,(양윤옥, 문학동네, 1999)
浅田次郎，『角笛にて』，『철도원』(양윤옥, 문학동네, 1999)
浅田次郎，『伽羅』，『캬라』(양윤옥, 문학동네, 1999)
浅田次郎，『うらぼんえ』，『백중맞이』(양윤옥, 문학동네, 1999)
浅田次郎，『ろくでなしのサンタ』，『메리크리스마스, 산타』(양윤옥, 문학동네, 1999)
浅田次郎，『オリヲン座からの招待状』，『오리온좌에서 온 초대장』(양윤옥, 문학동네, 1999)
石川達三，『挫折』，『좌절』(오경, 小花, 2001)
遠藤周作，『従軍司祭』，『종군사제』(유숙자, 小花, 2001)
大江健三郎，『ブラジル風のポルトガル語』，『브라질푸의 포르투갈어』(이영아, 小花, 2001)
大江健三郎，『死者の奢』，『죽은자의 사치』(김욱/박지영, 문예춘추, 2002)
逢坂剛，『過ぎし日の恋』，『지난날의 사랑』(정태원, 태동출판사, 1999)
川端康成，『雪国』，『설국』(하근찬, 학원사, 1983)
川端康成，『山の音』，『산의 소리』(하근찬, 학원사, 1983)
川端康成，『千羽鶴』，『학무늬』(하근찬, 학원사, 1983)
川端康成，『伊豆の踊り子』，『이즈의 무희』(다락원출판부, 1998)
川端康成，『百日堂先生』，『백일당 선생』(다락원출판부, 1998)
今野敏，『部下』，『부하』(정태원, 태동출판사, 1998)
谷崎潤一，『小さな王国』，『작은 왕국』(장남호, 시사일본어사, 1994)
夏目漱石，『坊ちゃん』，『도련님』(장남호, 시사일본어사, 1994)
　　　　　　　　　　『도련님』(오류리, 문예출판사, 2001)

夏目漱石, 『道草』, 『한눈팔기』(김정숙, 문학과 의식, 1998)
新津きよみ, 『時効を待つ女』, 『시효를 기다리는 여자』(정태원, 태동출판사, 1999)
平野敬一郎, 『日蝕』, 『일식』(양윤옥, 문학동네, 1999)
富士本由紀, 『角砂糖』, 『얼음사탕』(정태원, 태동출판사, 1999)
丸山健二, 『惑星の泉』, 『밤의 기별』(김춘미, 하늘연못, 1997)
武者小路実篤, 『愛と死』, 『사랑과 죽음』(장남호, 시사일본어사, 1993)
武者小路実篤, 『友情』, 『우정』(장남호, 시사일본어사, 1993)
村上龍, 『KYOKO』, 『교코』(양억관, 민음사, 1997)
安岡章太郎, 『ガラスの靴』, 『유리구두』(김욱/박지영, 문예춘추, 2001)
吉本ばなな, 『TUGUMI』, 『티티새』(김난주, 민음사, 2003)

⊙ 韓国語原文小説と訳本

강용준, 『화령장기행』, 『化寧場紀行』(小野尚美, 柏書房, 1992)
김동인, 『감자』, 『甘藷』(長璋吉, 岩波書店, 1984)
김은희/윤은경, 『겨울연가』, 『冬のソナタ』(宮本尚寛, 日本放送出版協会, 2003)
김원일, 『마당깊은 집』, 『庭の深い家』(李銀沢, 柏書房, 1992)
김준성, 『문명인쇄소』, 『文明印刷所』(姜尚求, 柏書房, 1992)
김정현, 『아버지』, 『アボジ』(田嶋きよ子/岡崎美江子/金恵淑, 双葉社, 1998)
나도향, 『뽕』, 『桑の葉』(三枝寿勝, 岩波書店, 1984)
박완서, 『서있는 여자』, 『結婚』(中野宣子, 学芸書林, 1992)
윤흥길, 『에미』, 『エミ』(安宇植, 新潮社, 1982)
윤흥길, 『장마』, 『長雨』(姜舜, 東京新聞出版局, 1979)
이문열, 『젊은 날의 초상』, 『若き日の肖像』(根本理恵/長谷川由紀子, 柏書房, 1992)
이상, 『날개』, 『翼』(長璋吉, 岩波書店, 1984)
이청준, 『자유의 문』, 『自由の門』(李銀沢, 柏書房, 1992)
이호철, 『남풍 북풍』, 『南風北風』(姜尚求, 柏書房, 1992)
정동주, 『신의 지팡이』, 『神の杖』(根本理恵, 解放出版社, 1997)
채만식, 『탁류』, 『濁流』(三枝寿勝, 講談社, 1999)
한설야, 『황혼』, 『黄昏』(李殷直, 朝鮮文化社, 1960)
현진건, 『운수 좋은날』, 『運がよい日』(三枝寿勝, 岩波書店, 1984)

著者 金龍

略歷
延辺大学中国言語文学部中国語学科 卒業
延辺大学大学院朝鮮言語文学科 文学修士
広島大学大学院国際協力研究科 学術博士
延辺大学朝鮮言語文学部専任講師 歴任
韓国韓国学中央研究院客員研究員 歴任
現中国大連外国語大学韓国語学部 副教授

論文
「日本語の複文における主語の出現位置について」
「語順からみた日本語らしさ」
「日本語における主語と引用句の語順について」
「韓国語と日本語の基本語順について」
「韓・日他動詞構文における変異語順の対応関係」等

日本語と韓国語における語順の対照研究

인 쇄　2008년 11월 3일
발 행　2008년 11월 12일

저 자　김 용
펴낸이　이대현
편 집　김지향
펴낸곳　도서출판 역락
　　　　서울 서초구 반포 4동 577-25 문창빌딩 2층
　　　　전화 02)3409-2060(편집)　02)3409-2058(영업)
　　　　FAX 02)3409-2059
　　　　이메일 youkrack@hanmail.net
　　　　등록 1999년 4월 19일 제303-2002-000014호

정 가　12,000원
ISBN　978-89-5556-636-9 93700